LA
DÉGRINGOLADE
IMPÉRIALE

HISTOIRE TINTAMARRESQUE
DE
NAPOLÉON III
Par TOUCHATOUT

Deuxième Partie

LA DÉGRINGOLADE

AVANT-PROPOS

La publication de la première partie de l'Histoire tintamaresque de Napoléon III (*les Années de chance*) n'a pu s'achever qu'à grand'peine, au milieu d'un feu nourri de persécutions, de taquineries censoriales, d'interdictions, de saisies, de poursuites, enfin de toutes les brogliades imaginables.

En nous arrêtant au bout de la première étape de notre travail, nous avons dit à nos lecteurs, après leur avoir raconté toutes nos peines :

« Les historiens ont cela de commun avec les gens qui
« sont sortis sans parapluie, qu'ils se voient obligés de
« se réfugier sous toutes les portes cochères et de faire
« leurs courses par petits morceaux, en passant entre
« deux averses. »

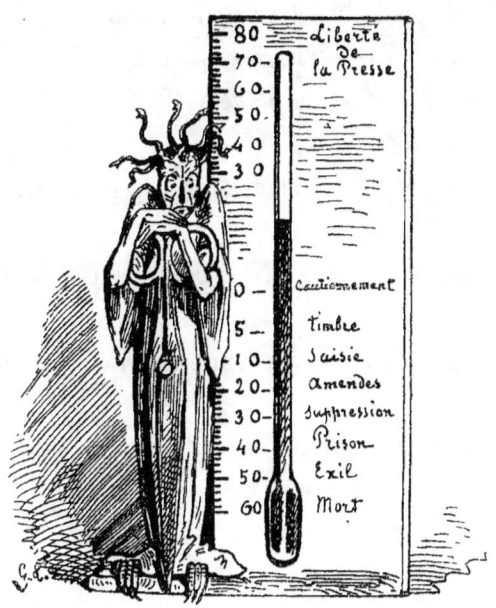

Et nous leur avons promis de reprendre notre travail
au premier jour de beau temps, en leur racontant la
seconde partie de l'épopée napoléonesque et fangeuse :
la *Dégringolade* (de 1867 à la mort de notre héros).

Nous entreprenons cette tâche aujourd'hui. Choisissons-nous bien notre moment?... Le temps est-il réellement au beau?... Et serons-nous assez agiles pour passer entre les deux averses en question!...

Dieu seul le sait!... Et il n'a pas voulu nous le dire.

Nous nous risquons néanmoins. Le baromètre politique, sans être précisément au beau fixe, remonte légèrement. Et puis, il a tant plu depuis quelque temps!

Après l'averse de Broglie, qui nous a forcé de replier notre travail, est venue l'averse-Buffet, qui nous a empêché de le redéplier.

Puis les giboulées-Dufaure, puis la grêle-censure, puis le givre-Ladmirault.

Et brochant sur le tout, les bourrasques du plus âpre des états de siége.

Il eût fallu de l'aplomb pour essayer de sortir par des temps pareils.

Mais nous apercevons enfin un peu de bleu en l'air. Profitons-en vite. Un nuage est si vite arrivé.

LIVRE DEUXIÈME
De 1866 à 1872

CHAPITRE Ier

LA DÉTENTE

Dès l'année 1866, ainsi que nous l'avons constaté dans le dernier chapitre de la première partie de cette histoire, il fut facile de voir que l'aigle impériale avait du plomb dans l'aile.

A l'extérieur, Napoléon III et sa cour ne jouissaient pas d'une considération beaucoup plus grande que celle dont on entoure le personnel des cirques forains dans les villes de province.

A l'intérieur, le prestige de l'Empire était à l'avenant. Un réveil du sens moral s'annonçait.

La France, légèrement tirée de son engourdissement par une nouvelle génération succédant à celle qui avait été sallandrouzée en décembre 1851, commençait à se demander si vraiment la grandeur d'une nation consistait bien à avoir des généraux qui fussent les premiers cotillonneurs de l'Europe, une essayeuse de modes pour souveraine, et un jeune vélocipédiste pour prince du sang.

Tout cela produisait un malaise que l'Empereur voulut essayer de conjurer avant qu'il ne dégénérât en crise aiguë.

Depuis 1865, Emile Ollivier, qui avait été longtemps un des fameux *cinq* de la gauche, avait proposé à Napoléon III de traiter l'Empire, déjà malade, par quelques infusions de libéralisme léger.

L'Empereur s'y était toujours refusé, comptant sans doute qu'il pourrait se passer d'avoir recours à ce moyen extrême, et toujours si pénible pour les souverains.

Mais la situation se tendait de jour en jour, et il se décida à faire appeler Emile Ollivier.

De cette entrevue sortit le décret du 19 janvier, qui ac-

cordait ces fameuses « libertés nécessaires », autrement dites : part du feu, en langue politique.

On rétablissait au Corps législatif la tribune, qui avait été supprimée depuis le coup d'État.

De cette entrevue sortit le décret du 19 janvier, qui ac-

cordait ces fameuses « libertés nécessaires », autrement dites : part du feu, en langue politique.

On rétablissait au Corps législatif la tribune, qui avait été supprimée depuis le coup d'État.

Et on replaçait la presse sous le régime du droit commun ; c'est-à-dire en conservant les cautionnements énormes et le timbre écrasant des journaux.

Quelques jours après, l'Empereur ouvrit la session législative par un discours où il était dit, pour la seizième fois depuis 1851, que la France était « calme au dedans et respectée au dehors » et que le Gouvernement allait s'occuper d'alléger les misères du peuple, d'augmenter le bien-être des masses, d'accorder toutes les libertés imaginables..., etc., etc.

L'Empereur n'alla pas, ce jour-là, jusqu'à s'engager à guérir par décrets spéciaux les gastralgies et les engelures de ses sujets, ni à leur faire repousser les cheveux.

Ce fut la seule différence que l'on remarqua entre son boniment de parade et ceux des marchands d'élixir de la foire au pain d'épices.

* * *

Ce fut dans ce discours qu'il essaya d'expliquer pourquoi il avait laissé la Prusse écraser l'Autriche à Sadowa. L'explication fut ce qu'elle ne pouvait manquer d'être en pareille circonstance, c'est-à-dire complétement obscure ; mais la claque officielle, qui avait reçu des ordres spéciaux, donna avec vigueur, avant la fin de la phrase, et fit à cette partie du discours impérial un brillant succès qui doit certainement compenser la journée de Sedan aux yeux des abonnés de l'*Ordre*.

Au Sénat, la session qui suivit les réformes libérales du 19 janvier 1867 fut presque sans intérêt. Mais celle du Corps législatif mérite qu'on s'y arrête.

Il y avait un parti qui était très-opposé au système des concessions que voulait inaugurer Emile Ollivier.

Dès la première séance, ce parti donna une preuve de son charmant caractère en n'élisant au bureau de la Chambre aucun membre de la gauche.

Ainsi commença la lutte entre les impérialistes radicaux ou olliviéristes, c'est-à-dire ceux qui voulaient sauver tout le morceau, et les concessionnistes ou rouhéristes, c'est-à-dire ceux qui croyaient habile d'en abandonner quelques bribes pour conserver le reste...

CHAPITRE II

SESSION LÉGISLATIVE DE 1867

Cette session s'ouvrit par un incident secondaire, mais qui fit briller dans tout son éclat la moralité des mœurs gouvernementales de l'époque.

Depuis longtemps, le comte de Chambord inondait périodiquement le pays de petits manifestes sans importance, et dont le plus grand danger était de jeter le trouble dans l'orthographe française en substituant partout des Y antiques aux simples I modernes.

* * *

Le gouvernement de Napoléon III ne s'était jusqu'alors aucunement ému de cette propagande innocente, quand tout à coup l'idée lui vint d'y prendre garde et de s'opposer à la distribution de ces prospectus du droit divin.

On apprit qu'obéissant à des ordres supérieurs, M. Vandal, alors directeur des postes, avait fait décacheter des lettres suspectes.

Et M. Pelletan s'éleva avec indignation contre cette restauration du fameux *cabinet noir*.

M. Vandal se défendit comme un vilain diable, prétendit que le *cabinet noir* n'existait plus et qu'il avait été tout simplement remplacé par le *bureau de retard*.

En creusant la chose, on découvrit que ce qui se faisait dans le *bureau de retard* était exactement ce qui s'était fait dans le *cabinet noir*. Et M. Ernest Picard refusa de se déclarer satisfait que le gouvernement prétendît se faire absoudre d'une gredinerie, rien qu'en donnant comme excuse qu'il en avait changé le nom.

o °o o

— D'ailleurs, objecta M. Picard, quelle confiance les particuliers peuvent-ils avoir désormais en une administration qui, en décachetant les lettres supposées politiques, peut parfaitement ouvrir les autres et apprendre un tas de polissonneries privées qu'on n'oserait même pas faire insérer dans les petites annonces alphonsines du *Figaro*.

C'est ici que se place la célèbre réponse de M. Vandal.

Rassurant M. Picard, le directeur des postes lui donna l'assurance qu'il n'y avait à cet égard aucun danger, « l'habitude de manipuler les lettres donnant au sens du « toucher une délicatesse exceptionnelle. »

o °o o

M. Rouher vint au secours de M. Vandal et l'Assemblée passa à l'ordre du jour sur l'interpellation de la gauche, admettant sans sourciller qu'il était très-admissible qu'un facteur, rien qu'en palpant une enveloppe, pût dire au juste si elle contenait une invitation à dîner, un rendez-vous d'amour, une réclamation d'argent ou une demande d'abonnement au *Tintamarre*.

A cette discussion en succéda une plus importante à propos de la politique étrangère.

L'attitude de la Prusse depuis Sadowa semblait inquiétante aux députés de la gauche, qui ne trouvaient pas suffisante, au point de vue de notre armement militaire, l'énorme quantité de bombes... glacées qui se consommaient aux petits raouts des Tuileries.

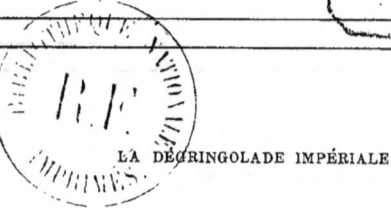

o°o

Mais 219 voix de la droite déclarèrent contre 45 que tout était pour le mieux au delà de nos frontières, du moment que la route de Paris à Compiègne était soigneusement arrosée par une armée de cantonniers, au traitement desquels participaient les contribuables des quartiers pauvres, qui n'avaient jamais vu la couleur d'un tonneau d'arrosage.

o°o

Le Corps législatif s'occupa cependant d'un projet de loi sur l'armée.

Il augmenta de deux ans la durée du service militaire ; mais il se garda soigneusement de supprimer l'exonération et de rendre l'impôt du sang obligatoire pour tous les citoyens.

Il continua à sembler tout naturel aux législateurs de cette époque que les enfants de riches et les enfants de gueux s'acquittassent chacun de leur dette envers la patrie :

ceux-ci en versant leur sang, ceux-là en versant leur cent... pièces de vingt francs.

On ne devait, hélas! s'apercevoir que plus tard, en vérifiant la comptabilité cascadeuse de l'Empire, que l'argent versé pour les remplacements militaires était beaucoup moins déposé sur l'autel de Mars, son destinataire naturel, que sur le coin de la cheminée de Vénus.

Mais n'anticipons pas sur des événements dont nous aurons bien assez de rougir une fois quand viendra le moment de les raconter.

Le Corps législatif s'occupa ensuite d'une nouvelle loi sur les réunions publiques, auxquelles on appliqua les règlements de police qui régissent les établissements les plus honteux.

On voulut qu'il devînt aussi difficile à vingt citoyens de s'assembler pour discuter sur les affaires publiques qu'il l'est de rentrer dans une somme d'argent déposée à la Caisse des consignations.

✻

On imagina des écheveaux d'autorisations préalables, de déclarations, de démarches, de difficultés, de délais, de formalités, qui s'enchevêtraient de façon à ne pouvoir être démêlés, — même avec beaucoup de talent et d'adresse, — que huit jours après que la réunion projetée était devenue sans objet.

✻

On inventa des obstacles, des prétextes à refus, à suppressions, à interdictions. Et surtout on créa, à l'intention des organisateurs de réunions publiques, une série très-copieuse de pénalités qui devaient atteindre non-seulement les orateurs, le président et les membres du bureau, mais encore les auditeurs, le contrôleur des billets d'entrée, l'industriel qui avait loué la salle, le balayeur qui l'avait nettoyée et l'allumeur de gaz qui l'avait éclairée.

Dans ces conditions, l'exercice du droit de réunion devenait une partie de plaisir comparable à une promenade les yeux bandés dans un amas de démolitions et de tessons de bouteilles.

Et l'effroi qu'inspirait le voisinage, même accidentel,

d'un lieu de réunion publique, était devenu si grand, qu'un soir un incendie s'étant déclaré à la salle de la Redoute, où se tenait une innocente assemblée des vitriers réunis, personne ne voulut aller faire la chaîne dans la crainte d'être compromis et condamné à cinq ans de prison.

Après s'être occupé, comme nous l'avons vu, du droit

de réunion, le Corps législatif mit sur le chantier une nouvelle loi contre la presse.

L'autorisation préalable fut supprimée, mais on créa tant de délits nouveaux auxquels on appliqua des mois de prison si nombreux que les journalistes ne trouvaient plus à se marier qu'à des veuves de capitaines au long cours, habituées, comme on le sait, à ne voir leurs maris que six semaines tous les cinq ans.

Cette loi portait en outre que l'écrivain condamné ne pouvait plus être ni électeur ni député.

Adorable disposition qui privait du droit de s'occuper des affaires de son pays un citoyen qui n'avait pu retenir un calembour sur l'homme insondable auquel étaient attachés le bonheur de la France et celui de Marguerite Bellanger.

° °
°

Ce fut pendant cette session que Napoléon III fit voter une pension de 25,000 francs en faveur du poëte Lamartine.

La France fut péniblement impressionnée de voir l'homme du 24 février tendre sa sébile au héros cagneux du 2 décembre.

Mais M. Belmontet — poëte aussi — poussa un cri d'enthousiasme après ce vote.

On a découvert depuis la véritable cause de cet élan de joie. M. Belmontet s'était dit :

— Puisque l'on vote 25,000 francs de rente à Lamartine qui n'a fait en somme que des alexandrins de douze syllabes, quand on verra les miens, on ne pourra m'accorder une pension de moins de 42,000 francs.

⁂

En juillet 1867, une double interpellation de MM. Ernest Picard et Jules Simon, à propos des affaires extérieures et intérieures, mit un instant le gouvernement impérial dans des souliers beaucoup trop petits pour lui.

M. Jules Simon reprocha à l'Empire d'avoir gaspillé les finances de la France et de s'apprêter à en gaspiller les hommes. Il s'agissait de la réorganisation de l'armée.

⁂

Le coup portait juste. M. Rouher le para d'une façon bien originale.

Il répondit à M. Jules Simon que des réfugiés politiques venaient de célébrer à Londres l'anniversaire des journées de juin 1848.

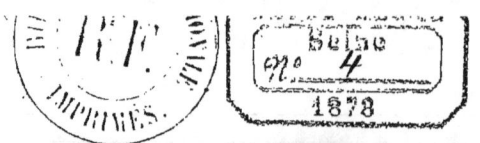

Capitaine d'état-major du Cotillon impérial.

Depuis le fameux « voilà pourquoi votre fille est muette » on n'avait jamais entendu riposte plus étrangère à l'attaque.

Mais la majorité de l'Assemblée trouva l'argument accablant et étouffa la discussion soulevée par M. Jules Simon à l'aide d'un ordre du jour dont le sens était celui-ci :

« L'Assemblée, reconnaissant que le gaspillage des
« forces vives de la France depuis seize ans est plus que
« suffisamment motivé par l'orgie à trente sous par tête
« à laquelle se sont livrés, il y a huit jours, les commu-
« nards réfugiés à Londres, félicite le Gouvernement de
« son attitude vigoureuse et passe à l'ordre du jour. »

La discussion du budget fournit aux représentants de la gauche de nombreuses occasions de lancer quelques pommes cuites à l'Empereur par-dessus la tête de M. Rouher.

En dépouillant le budget de la justice, — celui qui pourtant devrait toujours être le plus pur et le plus irréprochable, — M. Lanjuinais fut tout étonné — ou du moins feignit de l'être — de voir que le Gouvernement transformait les juges de paix et même les juges de première instance, en véritables agents électoraux.

Il signala le fait, ne fût-ce que pour démontrer que la magistrature avait fortement modifié ses attributions depuis le jour où un magistrat avait dit : *La cour rend des arrêts et non pas des services.*

Hippolyte Briollet, dans ses dictons retournés, avait même, à cette occasion, risqué celui-ci :

« *La cour vend ses arrêts et Maupas ses services.* »

L'examen du budget de la guerre remit naturellement sur le tapis l'expédition du Mexique dont le dénoûment avait été si piteux que les obligataires en étaient réduits à ne plus attendre qu'une augmentation d'un sou par kilog. de vieux papiers pour vendre leurs titres aux marchandes de pommes de terre frites.

Comme toujours, M. Rouher défendit cette expédition comme glorieuse et déclara qu'elle était à ses yeux « la plus grande des pensées du règne ».

Quelques sténographes, placés un peu loin de la tribune, entendirent mal et écrivirent : « la plus grande dépensée du règne ».

* * *

Ce fut à cette séance que M. Jules Favre apostropha en ces termes celui qu'on appelait déjà le vice-empereur :

« Quand vous avez compromis les finances de la France,
« quand vous avez fait du sang de la France un usage qui
« doit peser si lourdement sur vos consciences, j'ai le
« droit de vous dire que dans un pays libre vous seriez mis
« en accusation. »

* * *

Le lendemain, l'Empereur, pour venger M. Rouher de ces attaques, lui envoyait la plaque en diamant de grand-croix de la Légion d'honneur.

Les crachats se suivent et ne se ressemblent pas.

Quand vint la discussion du budget de l'instruction publique, M. Pelletan protesta contre la prétention du Gouvernement qui voulait mettre les bibliothèques populaires en tutelle en leur imposant des livres de son choix et en leur interdisant les autres.

M. Pelletan trouvait étrange que des ouvriers se réunissant dans un local à eux, achetant des livres avec de l'argent à eux, pour les lire entre eux, dussent aller demander au préfet de police de leur indiquer quels ouvrages il lui plaisait qu'ils choisissent.

Le député de la gauche ne craignit même pas d'indisposer le *Tintamarre* en jetant au milieu de la discussion cet à-peu-près dont l'intention était plus pure que la forme :

— L'ouvrier émancipé, comme électeur, reste donc mineur, comme lecteur?

※

Ainsi se termina la session de 1867, dont les douloureuses séances indiquaient l'approche d'un violent orage.

Malgré tout, M. Rouher s'était encore maintenu tout-puissant, grâce à la discipline des couteaux à papier de la droite.

Mais il était aisé de prévoir que les assauts livrés à ce

mastodonte en baudruche allaient devenir plus fréquents et plus énergiques.

Et dès la fin de la session de 1867, un commissionnaire au Mont-de-Piété n'eût pas avancé vingt-cinq centimes sur le portefeuille du ronronnant Auvergnat, derrière lequel l'Empire en décomposition cherchait à dissimuler son commencement de gâtisme.

Cet état piteux du prestige impérial, M. Ollivier l'avait constaté lui-même dans la séance où M. Jules Favre avait frotté le nez de Napoléon III et de M. Rouher dans l'expédition mexicaine.

« Il y a — dit-il — un commencement de désaffection

« dans les populations et une sorte de décomposition
« générale. »

Et ce futur homme au « cœur léger » concluait ainsi :
« Il n'y a que deux moyens de sortir de là : la guerre
« ou la liberté. »

˚ ˚ ˚

Émile Ollivier était dans le vrai. Jeter le pays dans une guerre étrangère ou lui donner la liberté. L'Empereur n'avait plus le choix qu'entre ces deux moyens.

Nous ne ferons pas à sa mémoire l'injure de croire qu'il hésita un seul instant.

˚ ˚ ˚

Il ne restait plus qu'à trouver une bonne occasion — ou même une mauvaise.

Napoléon III tourna immédiatement son œil plombé du côté de M. de Bismark, encore tout engloriolé de Sadowa, et se dit :

— Voilà mon affaire !...

Nous allons voir aux prises, dans le chapitre suivant, ces deux hommes célèbres qui étonneront l'histoire tous deux au même degré : l'un par son adresse et l'autre par sa stupidité.

CHAPITRE III

LA NEUTRALISATION DU LUXEMBOURG

Napoléon III s'étant aperçu un peu tard que le triomphe de la Prusse sur l'Autriche à Sadowa avait fait perdre à l'Empire beaucoup plus de prestige que l'expédition du Mexique ne lui en avait rapporté, résolut de se relever par un coup d'éclat.

Il réclama à la Prusse des compensations territoriales.

M. de Bismark lui rit au nez, naturellement.

Il n'est pas dans les habitudes des industriels qui ont réussi à *faire* une demi-douzaine de montres dans une foule de feu d'artifice, de les partager à ceux qui les ont regardé faire.

o o o

Ah!... Si Napoléon III, au lieu d'attendre que les six montres fussent faites pour en demander sa part, eût, dès le début de l'opération, dit à la Prusse :

— Qu'est-ce que vous me donnerez si je ne vous dérange pas dans votre travail?

La Prusse eût sans doute répondu :

— Eh bien!... nous partagerons.

Mais venir, une fois les six montres en poche, dire en vainqueur :

— Et ma petite remise ?...

C'était une de ces pensées naïves qui ne peuvent germer que dans le cerveau d'un homme déjà fortement ramolli.

Aussi, nous l'avons dit, M. de Bismark reçut-il Napoléon III avec un sourire de pitié écrasant.

Il lui répondit cependant en s'efforçant de ne pas éclater de rire :

— Rien !... je ne puis rien pour vous sur la rive gauche du Rhin ; mais je vous laisse absolument libre de chercher des compensations en Belgique et en Suisse.

Traduction libre :

— Vous êtes encore bon, vous... j'ai voulu des montres, j'en ai chipé ; si vous en voulez, chipez-en... seulement pas les miennes.

∗ ∗ ∗

Le plus joli de la chose, c'est que cette autorisation donnée par M. de Bismark à la France d'un côté qui ne gênerait pas la Prusse, était encore une superbe bourde.

Aussi, quand il fut question pour nous d'acheter le Luxembourg, que le roi de Hollande voulait bien nous céder contre espèces, M. de Bismark s'y opposa et tout ce qu'il consentit à faire pour nous fut de permettre qu'on neutralisât le Luxembourg.

✵

Ainsi, dès 1867, la Prusse traitait la France en petite Cendrillon et l'enfermait à double tour après que celle-ci lui avait tenu la chandelle et l'avait complaisamment regardée se mettre sur son trente et un pour aller faire des conquêtes au bal de Sadowa.

✵

Il semblait qu'une aussi dure leçon dût indiquer à l'Empire la marche qu'il avait désormais à suivre pour ne pas exposer la France à en recevoir de plus cruelles.

Tout autre souverain que Napoléon III se fût mordu les lèvres après l'affront en se disant : Préparons notre année en vue du choc prochain que de pareilles vexations rendent inévitable... complétons tranquillement nos contingents, formons de bons officiers, ayons une artillerie irréprochable, organisons nos intendances... etc..., etc...

✵

On ne sait que trop, hélas !... comment Napoléon III

exécuta ce programme que lui dictaient impérieusement les circonstances.

La plus grosse partie du budget de la guerre et de la caisse des exonérations militaires n'en continua pas moins à passer en sucreries et en dotations plus ou moins avouables d'hommes publics et de femmes *Idem*.

o o o

Si bien qu'un jour la France devrait se réveiller un matin, sans autres ressources, contre une invasion de huit cent mille Prussiens, que quarante-sept canons sans obus, cinq ou six cents obus sans canons, quelques dizaines de mille hommes sans souliers, et trois commandants en chef dont deux n'étaient capables de rien et le troisième était capable de tout. (Voir l'affaire Bazaine.)

Bref, après quelques bruits de guerre et une inquiétude générale, une conférence européenne se réunit et le Luxembourg fut neutralisé.

Les journaux à la solde du gouvernement applaudirent à tout rompre à ce glorieux résultat de la politique impériale.

La conférence eût décidé que Napoléon III devrait par-dessus le marché cirer une paire de bottes à M. de Bismark et culotter une pipe au roi Guillaume, que ces mêmes journaux eussent encore trouvé cet arrangement des plus brillants pour nous.

○ ○ ○

Mais l'opinion publique à qui le gouvernement impérial ne donnait pas deux mille cinq cents francs par mois pour trouver parfumés tous les miasmes nauséabonds qui commençaient à se dégager de sa gangrène galopante, ne vit dans ce rafistolage diplomatique qu'une trêve de courte durée.

Et si Napoléon III crut avoir pour quelque temps consolidé sur ses épaules le manteau impérial qui tombait en lambeaux, la France, elle, ressentit vivement l'affront qui venait d'être fait à sa dignité par M. de Bismark triomphant.

Tout le monde pressentait des complications prochaines; mais une diversion puissante devait atténuer ces alarmes.

Une Exposition universelle allait s'ouvrir à Paris; et la France, préoccupée de cette immense fête de l'intelligence préparée depuis longtemps, avait donné à ses inquiétudes quelques mois de congé.

CHAPITRE IV

L'EXPOSITION UNIVERSELLE DE 1867

Quoique les travaux gigantesques nécessités par les préparatifs de l'Exposition eussent été poussés avec une vigueur haussmannesque, ils étaient loin d'être achevés le 1ᵉʳ avril, jour fixé pour l'inauguration.

Quand on ouvrit les portes au public, rien n'était prêt ; on eût dit une expédition militaire préparée par les soins du maréchal Le Bœuf.

Peu à peu tout s'organisa et, pendant quelques mois, Paris, visité par des milliers d'étrangers, eut un semblant d'air de fête.

Nous disons « un semblant », parce que tout ce mouvement, tout ce bruit, toute cette fièvre, n'étaient pas plus l'expression d'une joie nationale que l'activité d'un directeur de magasin de nouveautés débordant de clients ne ressemble à du patriotisme.

Paris vendait, louait, trafiquait, nourrissait, camionnait, habillait, désaltérait, voiturait et encaissait.

Mais la France ne vibrait pas plus pendant ces quatre mois de prospérité en décor qu'elle n'avait vibré depuis seize ans d'Empire.

On peut entasser réjouissances sur réjouissances, illuminations sur feux d'artifices, oriflammes sur arcs de triomphe, lanternes sur lampions, salves d'artillerie sur concerts en plein vent ;

On peut faire couler le vin des fontaines publiques, pavoiser les maisons du haut en bas, donner des permissions de minuit à tous les soldats afin qu'ils se mêlent à la foule et l'égayent de leurs bariolages de grande tenue ;

On peut attirer en quatre mois à Paris cent mille Anglais, cinquante mille Italiens, autant d'Espagnols, d'Autrichiens, de Brésiliens et de Chinois, leur faire payer 30 francs par nuit une chambre à coucher prise dans l'épaisseur d'un placard et 45 francs une omelette de six œufs ;

On peut, pendant ces quatre mois, faire faire des journées de 23 francs de pourboires à tous les cochers de fiacre, enrichir huit mille restaurateurs et autant d'hôtels meublés ;

o °o o

On peut tout cela, et la preuve, c'est que l'Empire l'a fait en 1867 avec le concours de M. Haussmann.

Mais quand on a fait ce « tout cela » et que l'on vient trouver l'histoire pour lui demander de dire aux âges futurs : « Le second Empire a donné au monde le spectacle grandiose d'une immense fête nationale », l'histoire vous envoie porter votre modèle de réclame frauduleuse aux *petites annonces* indécentes du *Figaro* en vous répondant :

o °o o

— Vous n'avez rien fait qui ressemble à ce que vous voulez que je dise de vous. Espérez-vous donc que je me respecte assez peu pour présenter comme une fête nationale l'enfièvrement de bazar dans lequel vous avez mis les camelots de Paris en 1867?... Non. Il n'y a pas de fête nationale pour un pays qui n'a plus ni liberté, ni dignité, ni amour du juste, ni respect de lui-même ; il n'y a pas de fête nationale pour un peuple qui n'est plus composé que de jouisseurs et d'esclaves.

Des fêtes nationales !... vos Expositions universelles !... Allons donc !... Tout au plus des soirées... dansantes offertes par une maison de joie aux invités *payants* des alentours.

De mai à juillet 1867, Paris vit défiler sur ses boulevards les souverains du monde entier. Il y en avait tant que c'étaient eux qui faisaient la haie dans les rues pour voir passer les Parisiens.

C‍ⁱᵉ G‍ᵃˡᵉ DES OMNIBUS

Ce fut le roi des Belges qui vint le premier. Quelques bruits d'annexion forcée de son territoire à la France avaient couru. Et il s'empressait de venir incliner devant

Mme de Montijo sa casquette en or ciselé, afin de conjurer s'il était possible le péril qui menaçait sa liste civile.

Cette politesse produisit, dit-on, le meilleur effet ; tant il est vrai qu'une boîte de bonbons bien placée est d'un poids énorme dans les destinées des peuples.

* * *

Le Czar, lui, ne demandait pas mieux que de venir visiter l'Exposition universelle et y acheter comme souvenir, moyennant 2 francs, une jolie petite pipe turque fabriquée rue Chapon.

Mais il hésitait. Il savait que nulle part mieux qu'en France on n'appréciait à sa juste valeur le cliché fameux : L'ordre règne à Varsovie.

Il savait que, lors de la dernière insurrection polonaise, le *Tintamarre* avait publié un article à sensation commençant par ces mots :

« Le Czar, désireux de diminuer les souffrances de la
« Pologne, vient de diminuer le nombre des Polonais de
« huit à dix mille. »

* * *

L'empereur de Russie craignait que la population parisienne, qui jouit de la réputation d'avoir la tête très-près du bonnet, profitât de l'occasion qui se présentait de lui montrer que ses procédés de pacification ne lui avaient pas convenu.

Alexandre II, à notre avis, n'avait pas tous les torts. Quitter un bon chez soi où personne n'ose lever ni le nez ni la langue, quelles que soient les injustices et les cruautés que l'on ait commises, pour venir se promener

au milieu d'un peuple voisin, qui a la pomme cuite beaucoup plus facile, et s'y faire dire des vérités désagréables, ce n'est pas là ce qu'on peut appeler un voyage d'agrément.

***

Le Czar avait donc beaucoup hésité et se fût certainement décidé à rester chez lui s'il n'eût été rassuré par M. Piétri, le préfet de police de l'Empire, qui lui assura que non-seulement il n'avait rien à redouter de la population parisienne, mais qu'au contraire un enthousiasme de première classe avait été commandé à son intention aux frais du Trésor français.

Voici copie de la dépêche que M. Piétri adressait au

Czar, pour le décider à venir admirer notre nouveau boulevard de Sébastopol :

« Sire, — venez, rien à craindre. Polonais Paris sur-
« veillés par mes agents, garderont à vu, pendant séjour
« Votre Majesté. — Population parisienne pas oser pi-
« per, trop peur se faire sallandrouzer comme savons
« faire. »

o o o

Complétement rassuré par ce télégramme qui lui prouvait que l'Empire n'avait pas rompu avec les excellentes traditions du 2 décembre, le Czar vint à Paris accompagné de ses deux fils, et y fut reçu avec une grande solennité.

Le lendemain de son arrivée, en rentrant changer de chemise à l'Elysée (car l'Empereur n'avait pas voulu qu'il descendît à l'hôtel), il trouva sur sa table de nuit deux coupons de loges : l'un pour les Variétés, où l'on jouait *la Belle-Hélène*, l'autre pour le Théâtre-Français.

C'était une délicate attention de l'Impératrice.

o o o

Le Czar fut très-touché de cette complaisance. Mais

que se passa-t-il dans ce crâne d'homme du Nord, pendant les trois minutes qu'il tint entre ses doigts les deux coupons, semblant se demander auquel des deux il donnait la préférence?

D'un côté, la maison de Molière avec Got, Delaunay, Coquelin, Mme Arnould Plessy.

De l'autre, le temple de la basse gomme d'alors, que l'on nommait le Crevey-Club, avec Mlle Schneider et Dupuis.

o °o o

Nul ne sut jamais quelles pensées traversèrent l'esprit du Czar pendant ces trois minutes solennelles.

Toujours est-il qu'il rejeta le coupon du Théâtre-Français sur la cheminée, mit celui des Variétés dans son portefeuille, fit sa toilette et partit pour le boulevard Montmartre.

o °o o

Le valet de chambre du Czar, seul témoin de cette scène muette, a raconté qu'en apercevant les deux coupons que l'Impératrice Eugénie lui avait envoyés, l'empereur de toutes les Russies se mit à sourire.

Était-ce de plaisir pour lui?
Était-ce de pitié pour nous?
Qui le sait!...

Il y a deux versions. Les uns prétendent que ce sourire signifiait :

— Tiens, je suis bien content d'aller voir jouer *la Belle Hélène* ; il paraît qu'il y a là-dedans des scènes un peu... croustillantes.

Les autres affirment, au contraire, que le Czar choisit *la Belle Hélène* par condescendance pour de Montijo et afin de passer à ses yeux comme un homme de goût ; mais que son sourire amer voulait dire :

— Pauvre grand peuple !... qu'es-tu devenu !... Si un étranger vient te visiter, la première chose que tu penses à lui offrir, comme échantillon de ta gloire artistique et nationale, c'est une opérette lubrique... Et c'est ta souveraine, c'est-à-dire la première femme, la première mère de France !... dont le soin le plus pressé, en recevant son hôte, est de placer sur sa table de nuit, à côté du verre d'eau, du bougeoir et des allumettes, une entrée de faveur pour l'un des lieux les plus mal hantés du quartier : Pauvre grand pays, t'ont-ils assez mornyfié !...

˚ ˚

Ce pieux hommage rendu à la décadence de l'art français et à l'esprit parisien, Alexandre II visita les principales curiosités de Paris et des environs.

En dépit des engagements de M. Piétri, le Czar, dans ses promenades, entendit retentir plus d'une fois à ses oreilles, le cri de : *Vive la Pologne !...*

On n'a jamais su le plaisir que cela lui faisait, parce qu'il s'empressait, à chaque occasion, de le mettre tout de suite dans sa poche et son mouchoir par-dessus.

L'Exposition universelle amena aussi le roi de Prusse à Paris. Il n'y vint pas de beaucoup meilleure grâce que son neveu Alexandre II.

Comme ce dernier, Guillaume était si populaire en France que lorsqu'on les voyait passer sur les quais avec Vélocipède père dans la même calèche, on ne pouvait se retenir de penser avec terreur que si, par malheur, l'atte-

lage s'emportait et allait précipiter dans la Seine son royal chargement, les pères du peuple réunis seraient bien exposés à se noyer tous les trois pendant le temps que leurs enfants mettraient à se demander lequel il faut sauver le premier.

Le séjour du roi Guillaume à Paris ne fut pas précisément pour lui une partie de plaisir. Ce qu'il mijotait déjà contre la France ne le mettait pas à l'aise pour répondre aux amabilités dont on l'accablait aux Tuileries.

Il était tenu à beaucoup de dissimulation ; et il n'osait jamais regarder l'heure nulle part dans la crainte que l'on s'aperçût qu'il *prenait connaissance* de la pendule.

C'était surtout dans les entretiens qu'il avait avec Napoléon III et Eugénie, que Guillaume se trouvait fort embarrassé.

Ceux-ci l'accablaient de questions touchant l'équilibre européen, afin de tâcher de savoir — comme disait la princesse Mathilde — ce qu'il « avait dans le ventre ».

Il lui fallait un sang-froid énorme pour ne pas se trahir.

⁎ ⁎ ⁎

Il est vrai qu'en partant de Berlin il avait reçu de

M. de Bismark des instructions très-serrées relativement à la contenance qu'il devrait avoir à Paris.

Le grand chancelier lui avait même rédigé, sous le titre de *Guide-Conty du conquérant en visites*, un petit manuel contenant les principales questions qui pourraient lui être faites par Napoléon, avec réponses toutes préparées en regard.

Ce ne fut qu'en se conformant scrupuleusement à ce formulaire que Guillaume put éluder, pendant tout le temps qu'il vécut aux Tuileries, les demandes indiscrètes dont on l'accablait.

Voici, pour l'édification de nos lecteurs, quelques extraits de ce guide que Guillaume avait appris par cœur en chemin de fer et qu'il repassait tous les soirs avant de se mettre au lit, pour ne point être exposé à répondre quelques bêtises le lendemain.

Reporter de la presse de tolérance.

Demandes.

NAPOLÉON III. — Eh bien, mon cher frère, Sadowa a dû être une bonne affaire pour vous, hein ?

EUGÉNIE, *avec finesse*. — Est-ce que vous comptez vous agrandir encore prochainement ?

NAPOLÉON III. — Il paraît que vous avez un nouveau canon merveilleux !... on parle d'une portée et d'une justesse extraordinaires.

EUGÉNIE, *en tendant son verre*. — Sire, nous buvons avec joie à vos succès passés (avec une intention malicieuse) et à vos victoires et conquêtes futures, *plus conséquentes* encore, je l'espère...

Réponses.

GUILLAUME. — Oh! comme ci, comme ça... Les conquêtes nouvelles, ça demande beaucoup d'entretien.

GUILLAUME, *vivement*. — Oh! non, belle dame !... j'ai horreur des annexions.

GUILLAUME, *hochant la tête*. — On exagère tout... Pas si merveilleux que ça... Je crois même qu'il doit éclater très-facilement.

GUILLAUME, *avec bonhomie*. — Belle dame, je vous remercie de vos souhaits... mais loin de moi le désir qu'ils se réalisent... un petit chez soi bien modeste, là est le bonheur.

Le *vade-mecum* de M. de Bismark contenait 64 pages en texte très-serré, sur ce ton humble et bon enfant.

Tout avait été prévu par l'illustre homme d'État de façon à éviter à son roi les occasions de *s'emballer* dans la conversation, à table ou à la promenade.

* * *

Nous cueillons même dans le chapitre des recommandations générales cet alinéa, qui est une merveille de prudence et de diplomatie :

« En passant devant la colonne Vendôme, se moucher
« bruyamment afin de dissimuler la mauvaise humeur
« que la vue de ce monument élevé à nos anciennes
« défaites pourrait amener sur votre visage. »

* * *

Malgré, ou plutôt à cause de toutes ces précautions auxquelles il était astreint sans relâche, Guillaume ne tarda pas à s'ennuyer fortement à Paris.

Il craignait sans cesse d'oublier son bréviaire et de commettre quelque imprudence.

* * *

Un soir, il fut sur le point de se trahir d'une façon irrémédiable.

C'était au château de Saint-Cloud ; on venait de passer au salon après un dîner qui s'était un peu prolongé. Le roi Guillaume avait le teint très-animé et causait avec une certaine volubilité.

༺ ✦ ༻

Dans une éclaircie de la conversation, dix heures sonnèrent à une magnifique pendule qui se trouvait sur la cheminée juste en face du roi de Prusse.

Le timbre de cette pendule était merveilleux de sonorité et l'attention de Guillaume fut appelée vers le point d'où il se faisait entendre.

— Oh! la belle pendule!... s'écria-t-il, l'œil allumé.

— Vous trouvez, sire!... reprit l'impératrice Eugénie d'un ton câlin.

— Oui, belle dame!... je trouve. Seulement, elle me

semble bien grande... je crois que je serai obligé de faire élargir mon dessus de cheminée.

Puis, s'apercevant qu'il avait fait une boulette, il se mordit la moustache, et ajouta avec empressement :

.... Quand j'en aurai acheté une pareille.

L'incident passa inaperçu, mais en rentrant chez lui, Guillaume se promit bien de repartir pour Berlin le plus tôt possible, afin de ne point s'exposer plus longtemps à perdre en une seconde d'oubli le fruit de tout le guide-manuel de M. de Bismark.

Effectivement, quarante-huit heures plus tard, il remontait en chemin de fer après s'être suffisamment convaincu que la France n'était pas plus en état de repousser une invasion étrangère, que des planches à bouteilles ne sont propres à construire une écluse.

*

Et pendant qu'il se disait en roulant vers Berlin :
— Les ai-je assez roulés ces deux imbéciles !...
Napoléon III et Eugénie se félicitaient de l'adresse avec laquelle ils croyaient lui avoir tiré les vers du nez, et se répétaient avec complaisance :
— As-tu vu ?... il a une peur de tous les diables que nous lui déclarions la guerre.

*

Pas mal d'autres princes étrangers défrayèrent aussi la curiosité publique ; mais aucun ne fit autant sensation que le sultan et le vice-roi d'Egypte.

Ismaïl-Pacha fut pendant un mois une providence pour les reporters de la presse de tolérance qui rendirent compte avec un respect religieux de ses campagnes galantes avec les filles de joie les plus en renom.

Ils allèrent jusqu'à publier honteusement le prix de leur cachet, et c'est tout au plus si ces journaux officiels de la haute prostitution n'insérèrent pas des rectifications ainsi conçues :

« Monsieur le Rédacteur,

« Vous dites dans votre numéro que mes prix sont de
« 50 francs la séance (500 francs en en prenant une
« douzaine), votre reporter commet une erreur qui peut
« me porter le plus grand préjudice, et j'attends de votre
« courtoisie une rectification à laquelle j'ai droit. —
« Depuis l'ouverture de l'Exposition, je n'ai jamais donné
« de séances de conversation à moins de 125 francs
« (100 francs par abonnement).

« Recevez, Monsieur, etc., etc.

« ARMANDINE DE CHIGNONROUX.
« Rue Notre-Dame-de-Lorette, 117. »

ₒ ⁰ ₒ

Au beau milieu de tous ces bruits de fêtes et de plaisirs, un accident terrible vint attrister la population parisienne.

Un jeune Polonais nommé Berezowski eut le poignet fracassé par l'explosion d'un pistolet qu'il avait voulu décharger sur la voiture où se trouvaient Napoléon III et le Czar revenant d'une grande revue.

Berezowski, le jeune Polonais qui avait tiré un coup de pistolet sur le Czar, ne fut pas condamné à mort. Le jury lui accorda les circonstances atténuantes.

Il n'avait d'ailleurs que dix-huit ans. Mais les Russes ne purent jamais digérer cette mansuétude, et, aujourd'hui encore, on affirme qu'ils gardent quelque rancune à la France de ne point avoir fait à leur souverain la gracieuseté de lui offrir un bon fauteuil à l'exécution de Berezowski entre un bal costumé aux Tuileries et une représentation de la *Belle-Hélène*.

° °
°

Depuis cet attentat, jusqu'au jour de son départ, le Czar dissimula mal sa mauvaise humeur de ne pouvoir faire un pas à 600 lieues de chez lui, sans se cogner dans un Polonais se souvenant de la Pologne.

❖

Aussi, le 4 juillet quitta-t-il Paris avec un plaisir à peine dissimulé, emportant de son séjour en France un souvenir sympathique sur lequel il ne serait peut-être pas très-raisonnable de notre part d'asseoir de bien grandes espérances pour la revendication future des deux provinces que nous a coûtées l'Empire.

❖

L'Exposition universelle fut close le 2 juillet par une fête magnifique, — magnifique doit s'entendre ici dans le sens impérial du mot, — c'est-à-dire luxueuse sans goût, et brillante sans gaieté.

En un mot, de la joie nationale réglée au métronome césarien. Une de ces fêtes populaires dont l'âme du peuple est absente et représentée en décor par des milliers de mètres cubes de gaz flambant, des boîtes d'artifices assourdissantes et les vivats enthousiastes des agents de la police secrète.

* * *

On distribua de nombreuses récompenses aux industriels des deux mondes. Et quelle ne fut pas la joie de la France en apprenant que Napoléon III avait obtenu un premier prix hors classe.

Ce fut d'abord une surprise générale. On ne croyait pas

que l'Empereur fût susceptible d'exposer autre chose que le sang et l'argent des Français au Mexique.

On se trompait.

○ ○
○

Napoléon avait exposé un spécimen de maisons ouvrières à bon marché.

Pour 1,500 ou 2,000 francs, d'après les plans de Napoléon III, une famille de travailleurs pouvait se faire construire un petit logis très-confortable et très-sain.

De l'avis des hommes du bâtiment, ces petits chalets de nécessiteux n'étaient ni plus ni moins remarquables que ceux construits par le premier entrepreneur venu.

Cependant, il est juste de tenir compte à Napoléon III

de cette bonne pensée renouvelée de Henri IV qui voulait que chacun de ses sujets eût la poule au pot.

L'Empereur, lui, voulait que tous les ouvriers eussent une maison à eux ; et ce qu'il trouvait de mieux à faire pour obtenir ce résultat, c'était de leur dire :

— Voici un bon modèle ; vous n'avez plus qu'à en acheter une pareille.

Beaucoup de gens qui ne touchent pas trente millions de liste civile pourraient accabler la classe ouvrière de bienfaits de cette nature.

o o

Quoi qu'il en soit, Napoléon III fut couronné par la commission de l'Exposition universelle comme entrepreneur de bâtisse.

Ainsi s'accomplit la parole de l'Écriture mise en alexandrin par Boileau :

Soyez plutôt maçon, si c'est votre métier.

o o

Après avoir reçu son prix d'honneur comme compagnon de la truelle, l'Empereur gâcha un discours au sas, comme souverain, sur la grande fête de l'industrie qui venait de s'accomplir.

Il était dit dans ce discours que « de pareilles solenni-
« tés ont pour résultat de rapprocher les peuples en diri-
« geant leurs forces et leur génie vers ces grandes luttes
« pacifiques qui... vers ces immenses tournois de l'intelli-
« gence que... »

Enfin tout le répertoire des balivernes ampoulées de M. Prudhomme — qui y croit, lui, du moins, — débité par un sinistre saltimbanque — qui n'y croyait pas — et qui savait qu'avant deux ans il allait être obligé de recourir, pour caler son trône percé et consolider l'héritage du petit Potassium Ier, aux « luttes pacifiques » de deux millions d'hommes s'entr'égorgeant sur les frontières et peut-être sur le territoire même de la France.

Ce boniment de fermeture ne trompa personne, pas

plus que la prospérité postiche dont l'Empire avait affublé Paris pendant les trois mois d'Exposition, n'avait trompé les étrangers aux yeux desquels on avait voulu jeter cette poudre.

Aussi peu de temps qu'ils fussent restés en France, les souverains d'alentour avaient pu se faire une idée exacte du degré de décomposition auquel nous étions arrivés.

Et ce spectacle, joyeux pour eux, les avait fait plus d'une fois sourire en leur rappelant la fameuse pichenette légendaire du docteur Ricord.

Ce qu'ils avaient pu voir de nos mœurs, de la stupidité des gouvernants, de la honteuse insensibilité des gouvernés, ne pouvait les faire douter un seul instant que nous ne fussions à la veille d'être mûrs pour « la pichenette. »

Ils n'avaient plus qu'à attendre l'occasion de la décocher.

L'Empire, payant d'audace — comme toujours — avait

voulu étonner les souverains étrangers en les conviant au spectacle de la puissance de la France.

Il avait fait défiler devant eux ce qu'il avait de mieux en fait de gloires nationales, c'est-à-dire ses chevaliers d'industrie chamarrés, ses opérettes en vogue et ses courtisanes de choix.

o ? o

Mais ce que l'Empire n'avait pu leur montrer, parce qu'il ne tenait pas cet article-là, c'était un peuple libre et vivace, prompt à l'enthousiasme, aimant le beau et le grand, orgueilleux de ses droits, soucieux de son honneur, prêt à souffrir pour une cause et à mourir pour une idée.

o ? o

Ce que ne put pas montrer non plus l'Empire hâbleur de Napoléon III aux visiteurs couronnés qu'il avait prétendu « esbrouffer », ce fut une armée forte et disciplinée, des généraux capables et instruits, des officiers d'état-major n'allant pas chercher Asnières en Picardie, des intendances militaires n'envoyant pas les fourrages à l'infanterie et les cartouches de chassepots à l'artillerie, des commandants de place capables de s'engloutir sous les ruines de leur forteresse plutôt que de la rendre, de brûler jusqu'au dernier de leurs drapeaux plutôt que de les livrer à l'ennemi.

Non, l'Empire ne put rien montrer de tout cela. Et les souverains étrangers qui, à part le plaisir que pouvait leur procurer un séjour de trois semaines à portée des coulisses des Bouffes-Parisiens, étaient bien un peu venus en France avec l'intention de prendre la mesure de nos forces et de nos vertus civiques, s'en retournèrent chez eux souriants et tranquilles.

Rien ne leur avait échappé de notre minable situation.

Napoléon III les avait fait venir dans l'espoir qu'ils jugeraient nos géants, nos hercules et nos tombeurs, d'après la parade bruyante qu'il avait préparée à leur intention.

* * *

Leurs Majestés voulurent bien sourire des pitreries de la porte ; mais ils n'en furent pas dupes.

Ils n'eurent qu'à regarder par une fente dans l'intérieur de la baraque pour voir qu'elle était vide d'athlètes.

* * *

Tel fut le fruit que l'Empire recueillit à l'étranger de la clinquante Exposition universelle de 1867.

Il facilita à l'Europe les moyens de se convaincre — ce dont celle-ci se doutait déjà d'ailleurs très-fortement — que Napoléon III avait fait de la France une nation abrutie et corrompue, à laquelle un reste de vantardise chauvine tenait lieu de patriotisme, la musique d'Offenbach de grand art et les racontars figarotins de haute littérature.

En un mot, qu'elle était désormais sans défense pour avoir abdiqué pendant quinze ans, en faveur de la bourse et des filles de joie, son honneur et sa virilité.

CHAPITRE V

PARIS ET LES FRANÇAIS EN 1867

En 1867, Paris fut, en quelque sorte, à l'apogée de sa transformation matérielle. La vieille ville que la France avait mis des siècles à faire avait été métamorphosée en moins de dix ans par M. Haussmann, préfet de la Seine.

Des quartiers presque tout entiers avaient disparu, tronçonnés par une foule de boulevards rectilignes, aboutissant tous à une imposante caserne, car au plus fort de sa fièvre d'embellissements, Napoléon III n'oublia jamais qu'il avait dû sa fortune à un intelligent balayage des trottoirs par l'artillerie française, et il voulut que Paris fût à toute heure du jour et de la nuit aussi facile à passer au plomb qu'une bouteille vide.

* * *

Il se plaisait même à répéter à ce propos, avec un sourire gouailleur et sinistre :

— La ligne droite est le plus court chemin d'une mitrailleuse à une barricade.

○○

Les constructions, d'ailleurs uniformes, vulgaires et lourdes, s'élevaient comme par enchantement.

Une maison de six étages sortait plus vite de terre qu'une pièce de dix sous de la poche du duc d'Aumale.

○○

Quand on était resté huit jours sans aller dans un quartier, on ne pouvait plus s'y reconnaître tant il était changé.

Le soir, on se couchait à l'entre-sol dans une petite rue étroite ; le lendemain, on se réveillait au troisième étage, par suite des nivellements de chaussée, et l'on se trouvait en face d'un grand square tout planté.

⁂

Ces démolitions incessantes avaient fait naître une industrie, très-lucrative quand on avait la chance d'être bien renseigné : celle d'exproprié.

Il y avait des gens doués d'un flair extraordinaire et qui allaient s'établir marchands de cure-dents avec 200 francs de loyer et un bail de 54 ans, juste aux endroits qui devaient être traversés par une rue nouvelle.

⁂

Quand on venait leur demander combien ils réclamaient d'indemnité, ils répondaient sans aucune hésitation :

Dix-huit cent mille francs !

Et soutenaient devant le jury d'expropriation qu'un changement de domicile leur causerait au moins cette perte, attendu que rien n'épointait les cure-dents en plume d'oie comme de les transporter dans des voitures.

 * *

Le jury accordait une indemnité de vingt-cinq mille francs, et l'exproprié, avisant un autre coin de Paris n'ayant point encore été bouleversé par M. Haussmann, allait s'y installer et y renouvelait au bout de trois mois sa petite opération.

o ° o

Outre ces gagne-petit de l'expropriation forcée, il y avait aussi les gros faiseurs qui achetaient à raison de cinq sous le mètre des terrains dont ils prévoyaient que la ville allait avoir envie.

Quelque temps après, ils les lui revendaient 140 francs.

o ° o

C'était une opération fort simple : acheter très-bon marché et attendre l'occasion de revendre très-cher.

La chronique a même prétendu que lorsque l'occasion ne venait pas, certains spéculateurs assez puissants pour la faire naître ne s'en privaient pas.

o ° o

Ce n'était pas seulement à Paris que régnait ce *demolirium-tremens*. Dans toutes les grandes villes et même

Une honnête bourgeoise en 1867.

dans les petites, on votait les sommes les plus excentriques pour se mettre au diapason architectural de la capitale.

Partout rues et boulevards se tiraient au cordeau allant en droite ligne, de l'occiput d'un bureau d'octroi au sinciput d'un autre, comme la raie d'un petit crevé.

Partout ces grands carrefours qu'on ne peut traverser sans risquer vingt fois la mort : par l'insolation en été et par l'écrasement en toutes saisons.

Partout les mêmes rangées assommantes de maisons épaisses et bêtes.

*

Nous pensons qu'il n'est pas nécessaire de faire plus longuement ressortir ici à quel point cette manie de l'alignement imbécile est anti-artistique, et devait fatalement contribuer à raccornir chez la nation qui y était en proie le sentiment du beau, de l'originalité et de la fantaisie.

*

Cette décadence s'accentuait d'ailleurs partout avec la même violence. Dans les mœurs, dans la littérature, dans le costume et jusque dans les plaisirs des Français.

La femme honnête copiait servilement la mise provocante et les allures effrontées de la fille de joie.

Les gens du monde n'avaient plus ni idées, ni passions. ni enthousiasmes, ne connaissaient plus ni devoir, ni amour, n'avaient plus qu'un mot d'ordre, le plaisir, qu'un but : la satisfaction de leurs vices.

✦

Le nombre des célibataires augmentait chaque jour.

Cupidon, pour enlever la clientèle de son compère l'Hymen, baissait ses prix, organisait des voyages à Cythère à la course, à l'heure et même à la demi-heure, faisait des rabais importants sur les cachets pris par douzaines.

✦

Aussi la dégringolade physique s'était-elle produite non-seulement dans la quantité des hommes, mais encore dans la qualité.

Une grande partie des conscrits échappaient à la conscription en passant — sans se baisser — sous le niveau minimum exigé pour le service militaire.

Et nous nous acheminions à grands pas vers le moment suprême où la population française abêtie, rachitique, corrompue et ruinée jusqu'à la moelle, allait devenir la proie facile du premier peuple venu, convoitant le sol fertile, le ciel clément et le soleil généreux dont nous n'étions plus dignes.

o °o

La vie de famille était morte, ainsi que les sentiments honnêtes et virils, la dignité, l'honneur, l'amour de l'indépendance, le culte de l'honneur, le respect de la femme, la simplicité, la vertu, la sobriété, la foi, l'enthousiasme.

Et tout cela avait été remplacé par toutes sortes de divinités païennes et paillardes.

La famille par l'amour au compteur cupidométrique.

L'honneur par la Bourse.

La femme par la catin.

La vertu par l'hypocrisie.

L'amour du beau par l'opérette.

La foi par le ventre.
L'enthousiasme par l'égoïsme.
Le sentiment de la liberté par les plébiscites.

o o o

En quinze années, voilà où nous avait conduits Napoléon III, flanqué de ses courtisans véreux, de ses fonctionnaires tarés, de ses souteneurs interlopes, de ses hommes de guerre, de ses femmes de peu et de ses filles de rien.

CHAPITRE VI

DÉNOUEMENT DE L'AVENTURE DU MEXIQUE (1867).

Comme nos lecteurs ont pu le voir dans la première partie de cette histoire (*les années de chance*) Napoléon III avait, en 1867, demandé à la maison impériale d'Autriche un de ses rejetons pour en faire une bouture qu'il chargea la maréchal Bazaine d'aller planter au beau milieu de la République mexicaine.

* * *

Rien n'avait été négligé pour faire réussir cet essai d'arboriculture. Le rejeton, — qui était le jeune Maximilien, — avait été repiqué soigneusement et Napoléon III lui avait mis un tuteur composé de 20,000 baïonnettes françaises, afin qu'il pût pousser droit et dru et qu'il ne fût pas renversé par un orage.

* * *

De plus, il avait amplement fumé et engraissé le terrain avec de nombreux millions habilement soutirés aux capitalistes français au moyen de la promesse d'une bonne part des fruits que produirait le sauvageon quand il serait devenu arbre.

Enfin, le pied du jeune prince autrichien, transplanté au Mexique et greffé pour le transformer en empereur de ce pays, avait, dès les premiers jours de sa plantation, été généreusement arrosé d'une forte liste civile et du sang de pas mal de républicains mexicains.

Comme on le voit, l'opération paraissait avoir toutes les chances de réussite, et les détenteurs d'obligations mexicains avaient, dès le début, acheté des coffres-forts Fichet pour y resserrer leurs futurs dividendes ; mais les choses tournèrent tout autrement qu'on ne l'avait espéré, et l'insurrection mexicaine, grandissant chaque jour, ne laissa bientôt plus aucun doute sur l'avenir réservé au jeune arbuste, si imprudemment rapporté d'Autriche : le climat ne lui valait décidément rien.

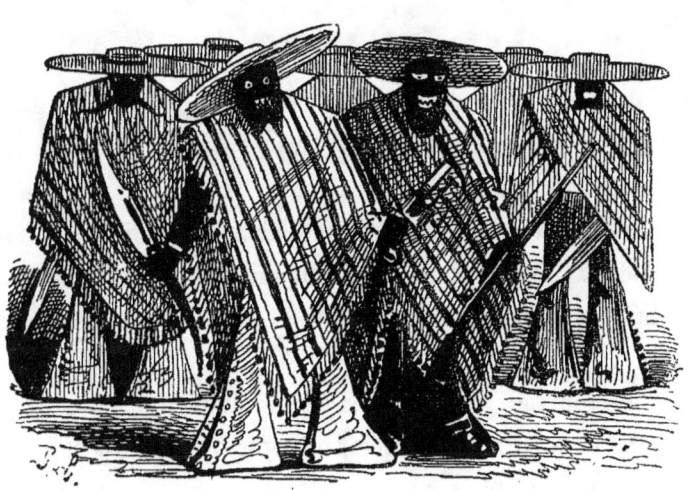

Cependant Maximilien, « pour ne pas ternir la gloire de ses aïeux, » voulut tenir bon et resta sur son trône.

Mais les républicains étaient lâchés, et le maréchal Bazaine n'eut que le temps de quitter le Mexique avec son armée, laissant le jeune Autrichien se débarbouiller tout seul avec les habitants du pays dont il avait, à quelques mille lieues de distance, formé l'innocent projet d'aller se faire empereur, comme on se dit un beau matin dans la vie usuelle :

— Tiens !... j'ai envie d'aller m'établir papetier à Montauban.

о о о

Pendant que Bazaine voguait vers le port de Toulon, rapportant aux Français, à-compte sur le premier dividende de leurs obligations mexicaines, une immense veste et une courte honte, les républicains de là-bas assiégeaient Queratero, faisaient Maximilien prisonnier, le traduisaient devant un conseil de guerre, le condamnaient à mort et le fusillaient.

Le tout au grand ébahissement du monde entier, trop habitué depuis quelque temps à voir les peuples que des usurpateurs ont opprimés, reconduire poliment ceux-ci au premier train et les envoyer monter pour graine à l'étranger.

о о о

Le bruit a couru que le maréchal Bazaine, avant de quitter le Mexique, avait tenté de tirer personnellement son épingle du mauvais jeu dans lequel s'était emballé Napoléon III, et qu'il avait proposé au général républicain Porfirio Diaz de lui livrer — moyennant on ne sait quel salaire, mais on le devine, — les villes qu'occupait l'armée française, 6,000 fusils, 4 millions de cartouches, et par-dessus le marché, l'empereur Maximilien lui-même.

On ne sait au juste à quoi s'en tenir sur la véracité de

cette version ; et beaucoup de gens refusèrent longtemps de croire à une telle félonie.

Mais quatre années plus tard, la resplendissante conduite du maréchal Bazaine à Metz vint ébranler leur foi.

Ils se firent alors une idée plus exacte de ce que le maréchal avait pu faire au Mexique par ce qu'il venait de faire en France.

Et aujourd'hui, on trouverait plus aisément quinze individus persuadés que M. Dufaure est un républicain, qu'un seul convaincu que le maréchal Bazaine n'a pas commis au Mexique les bonnes petites farces dont on l'accuse.

Le supplice de Maximilien fit un bruit immense, il serra

le cœur de tous les monarchistes en général et en particulier de ceux qui avaient des obligations mexicaines en portefeuille.

o o o

On cria à la cruauté, et le sort du jeune prince autrichien navra une foule de gens qui devaient quelques années après se faire un velours sur l'estomac de l'exécution de Rossel.

o o o

Quant à nous, notre devoir est de nous efforcer d'envisager ce triste événement avec le calme et l'impartialité de l'histoire.

Nous croyons que l'on peut avoir le cœur des plus tendres, être incapable de faire le moindre mal à un abonné du Vaudeville et professer en même temps le respect le plus profond pour la théorie de la légitime défense.

o o o

Maintenant, si le cas de légitime défense n'est pas surabondamment établi par le fait d'un peuple *mexicain* se voyant imposer de force par une armée *française* un empereur d'origine *autrichienne*, nous nous demandons, ahuri, ce qui constituera ce cas.

o °o o

Sans doute, l'exécution d'un homme est toujours chose douloureuse, et nous n'avons pas attendu les lecteurs de la *Patrie* pour nous apitoyer sur le sort du député Millière fusillé sommairement pour avoir été pris sans autres armes qu'une cigarette non encore allumée, par un certain capitaine Garcin, qui lui, par exemple, avait bien les armes à la main.

Car on sait que ce capitaine, traduisant mal les instructions que l'armée de Versailles venait de recevoir en entrant à Paris à la suite de M. Ducatel, avait compris que cette phrase :

« *Tout individu pris les armes à la main*, etc., etc., » signifiait qu'il fallait fusiller tout individu pris par des soldats ayant eux les armes à la main.

C'est de cette fausse interprétation qu'est résulté ce que l'on sait.

o°o

Nous disions donc qu'il est toujours pénible d'assister soit au *Cerro de las campanas*, soit sur les marches du Panthéon, soit au plateau de Satory à l'exécution d'un homme quel qu'il soit.

Cependant, si l'on veut se donner la peine de songer aux résultats que procurent aux nations plus... doucereuses que le Mexique, la mansuétude dont elles font preuve envers les rois qu'elles renversent de temps en temps, on arrivera peut-être à comprendre qu'en certains cas, épargner une existence équivaut à en condamner des millions d'autres qui la valent.

o°o

Au nombre des causes qui font que les prétendants poussent comme du chiendent sur tous les sols possibles, nous croyons qu'il faut mettre au premier rang le peu de risques de l'opération qu'ils répètent sans cesse sur le dos des peuples.

Sauf de très-rares exceptions : Charles Ier, Louis XVI, et peut-être un ou deux autres, tous les souverains découronnés s'en tirent à très-bon compte.

Un beau matin ils montent sur le trône, soit par le fait de la mort de leur prédécesseur, soit par un mauvais coup nocturne qui leur a réussi. Ils restent là pendant dix, douze, quinze, vingt ans — le temps que la corde casse.

Et le jour où la corde a cassé, ils font tranquillement leurs petits paquets — plus souvent leurs gros — et s'en vont.

Et les peuples, dans leur joie enfantine d'en être débarrassés, poussent l'obligeance jusqu'à porter eux-mêmes leurs bagages à la gare et à bourrer de provisions de bouche leur sac de voyage pour qu'ils ne manquent de rien pendant le trajet.

* * *

Aussi, qu'arrive-t-il ?... C'est que tout le monde mord à un métier qui a tant de beaux côtés quand ça réussit et pas le moindre revers quand celui qui l'exerce a « cessé de plaire, » comme disent les réclames des magasins de confections.

De là cette foule de prétendants qui assiègent les trônes vacants — et même ceux qui ne le sont pas encore — comme les Parisiens, par un temps d'orage, assiégent les omnibus arrivant à la station, sur le pied de 158 concurrents par place disponible.

* *

Certes, nous ne prétendons pas par là applaudir à l'exécution de Maximilien ni encourager d'autres Républiques à en faire autant que la République mexicaine, si pareille occasion se présentait pour elles.

Mais nous avons voulu simplement établir que lorsqu'une nation veut bien sérieusement dégoûter les prétendants quels qu'ils soient de venir à chaque instant manger le dîner qu'elle a eu tant de peine à préparer pour elle, il faut absolument qu'elle trouve moyen de leur faire comprendre qu'ils risquent de trouver un cheveu dessus.

Il est évident que le jour où il sera bien convenu qu'un roi ne peut perdre sa couronne qu'au ras des épaules, on trouvera peu de gens qui se résoudront à être décoiffés de cette façon-là.

Ce qu'il y a de bien certain, en tous cas, c'est que depuis l'exécution de Maximilien, les Mexicains n'ont jamais été troublés par les « espérances factieuses » de ce jeune et infortuné prince, tandis que certaines nations, qui passent pour plus civilisées que le Mexique, sont journellement tourmentées par les intrigues et les complots des ex-familles régnantes qu'elles ont mises trop souvent en fiacre et pas assez souvent en accusation.

⁂

Ce qui prouve une fois de plus l'éclatante logique de cet axiome fameux :

« Il vaut encore mieux qu'un roi soit divisé en deux
« parties qu'une nation en trois. »

⁂

Le 5 mai, le maréchal Bazaine arrivait devant Toulon, retour de cette expédition lucrative à rendre jaloux les actionnaires des *Galions de Vigo*.

Aussi peu soucieux que pût être Napoléon III d'avoir fait tuer inutilement quelques milliers de Français et ruiné quelques autres milliers d'imbéciles du même pays,

Napoléon se montra vexé de la façon dont Bazaine avait conduit l'affaire.

o °o

A défaut de patriotisme, un souverain a toujours l'instinct de la conservation de sa liste civile; et l'empereur comprenait très-bien que le dénoûment de la pitrerie du Mexique ne pourrait guère passer pour un pendant de la bataille d'Austerlitz.

o °o

Aussi le maréchal Bazaine fut-il accueilli plus que froidement par le préfet maritime de Toulon qui avait reçu l'ordre de ne pas lui rendre les honneurs militaires à son arrivée.

Le maréchal Bazaine rentra donc en France avec tout le cérémonial dû à un domestique à qui l'on a donné de l'argent pour aller chercher du beurre et qui revient sans beurre et sans argent.

o * o

Bien mieux!... le préfet de Toulon, — agissant toujours d'après les ordres supérieurs qu'il avait reçus, — ne lui fit même pas la réception ordinaire due à un maréchal.

C'était dur. Mais le maréchal Bazaine avait, comme il l'a prouvé depuis, un estomac à digérer des affronts en silex.

D'ailleurs, il savait que sa disgrâce ne pouvait durer longtemps. Il n'ignorait pas que l'empereur le considérait à juste titre comme le soldat le plus redoutable de l'armée française.

Et il ne faisait aucun doute pour lui que Napoléon III, surtout dans un moment où l'Empire commençait à se dépopulariser, y regarderait à deux fois avant d'être trop sévère et de faire un mécontent d'un homme d'armes qu'il savait si capable... de tout.

o * o

En effet, le vieux dicton : *Querelle de gueux dure peu,*

fut entièrement justifié : Bazaine rentra bientôt en faveur à la cour et fut appelé au grand commandement de Nancy où il se rendit immédiatement, quoique la ville ne fût pas à cette époque assiégée par les Prussiens.

⁂

Ce fut le dernier mot de cette expédition qui se termina par deux ou trois douzaines de cruelles exécutions dont une au Mexique et les autres à la Bourse.

Les agioteurs de Paris n'en voulurent pas trop à l'Empire, parce qu'ils savaient bien que sous ces régimes-là on peut se rattraper sur autre chose.

Quant à Maximilien, il faudrait être spirite pour savoir ce qu'il pense, à l'heure qu'il est, des agences matrimo-nimpériales qui — dans le seul but de percevoir une bonne prime sur la dot, — s'entêtent à marier de force des républiques mexicaines avec des princes autrichiens, sans s'inquiéter si la fiancée est fille à se laisser violer sans se défendre.

LES POURRIS DE L'EMPIRE

Un gros fabricant en 1867.

CHAPITRE VII

LES CONGRÈS

L'année 1867 fut fertile en réunions de démocrates.

A Lausanne et à Genève un grand nombre d'hommes éclairés se rencontrèrent et agitèrent pacifiquement tout un monde d'idées.

Questions économiques, questions religieuses, questions sociales, toutes furent, sinon étudiées à fond, du moins soulevées.

∘_∘∘

Les orateurs accouraient de tous les pays.

La jeunesse d'Allemagne, d'Angleterre, de Belgique, de France, se mêlait, discutait.

∘_∘∘

Le nez que faisaient les différents souverains d'Europe pendant ce temps-là, rien n'en peut donner une idée.

Qu'on se figure quatre ou cinq mauvaises commères ayant tout fait pour entretenir la zizanie entre tous les habitants d'une maison de six étages, et les voyant un beau matin, de derrière leurs rideaux, se parler tous très-amicalement dans la cour, s'expliquer, éclaircir les potins, bref, jeter les bases d'une réconciliation complète.

La tête des cinq mauvaises vieilles doit représenter à peu près celle que firent les différents souverains d'Europe en voyant leurs sujets se réunir en Suisse et s'occuper d'un tas de questions dont la solution aurait pour premier effet de démontrer l'inutilité des listes civiles.

En même temps que se tenaient ces différents congrès une réunion autrement importante avait lieu.

L'association internationale des travailleurs consolidait son œuvre récemment fondée.

La commission émettait de grandes idées, créait des comptoirs d'échange, organisait le crédit mutuel, étudiait la transformation de l'enseignement professionnel, etc., etc.

*_**

Toutes choses enfin destinées à jeter dans une joie profonde les fabricants de seltzogènes en gros qui font fortune en quinze ans en gagnant trente sous par jour sur chacun des soixante-quinze ouvriers qu'ils regardent trimer.

*_**

L'Internationale manœuvrait d'ailleurs avec un rare bon sens qui lui ralliait beaucoup de partisans.

En même temps qu'elle soutenait énergiquement la grève des ouvriers bronziers et faisait accorder à ceux-ci la faible augmentation de salaire qu'ils avaient réclamée, elle condamnait avec vigueur les ouvriers de Roubaix qui avaient poussé l'idiotisme jusqu'à briser leurs machines sous prétexte qu'elles faisaient trop de travail et les laissaient sans ouvrage.

* * *

C'était évidemment de la démence que rien ne peut excuser, mais que la misère peut jusqu'à un certain point expliquer.

L'Internationale fit vite comprendre aux ouvriers de Roubaix combien leur mouvement de colère avait été insensé.

* * *

Et ces braves gens comprirent bientôt qu'il serait injuste de supprimer les machines, pour la seule raison qu'elles suppriment les ouvriers.

C'est la loi du progrès de déplacer constamment les intérêts.

Et s'il fallait que les travailleurs se ruassent sur les nouvelles mécaniques qui, du jour au lendemain, se mettent à faire très-facilement et en grande quantité les ouvrages qu'ils faisaient, eux, fort lentement et fort péniblement, ils ne laisseraient rien debout des nouvelles découvertes.

On verrait les anciens conducteurs de diligences se précipiter sur les locomotives et les casser à coups de merlin.

Les brodeuses accrocher M. Maquaire à un reverbère, après avoir pulvérisé ses machines à coudre.

Les fabricants d'anciennes seringues à piston enclouer tous les irrigateurs à ressort.

Et les belles-mères incendier le *Figaro*, sous prétexte qu'à elles seules revient le soin d'abrutir leurs gendres.

※

Quelques bruits de guerre étant survenus, les membres de l'*Internationale* y répondirent chaudement en proposant une ligue de désarmement général et d'organisation des milices.

Ce programme était évidemment très-prématuré et la réalisation n'en semblait point assez proche pour inquiéter sérieusement les rois et empereurs de l'Europe.

Mais comme poil à gratter jeté sur les coussins de leurs trônes, c'était déjà réussi.

Et plusieurs d'entre eux, dit-on, ressentirent, dès cette époque, quelques légères démangeaisons à la fesse.

Aussi l'Internationale ne tarda-t-elle pas à devenir l'objet de leur vive sollicitude.

※

Ils surveillèrent ses progrès avec une extrême vigilance et créèrent bientôt entre eux pour les combattre une contre-association, connue sous le nom de l'Internationale des casquettes en or ciselé.

※

Les membres de cette association s'engageaient à se soutenir mutuellement contre l'ennemi commun : l'esprit révolutionnaire, et à resserrer de plus en plus étroitement les liens qui les unissaient en entre-mêlant leurs familles, en entre-mariant leurs fils, nièces, neveux et

cousins, de façon à former d'un bout de l'Europe à l'autre, et par-dessus le dos de leurs peuples variés, une vaste toile d'araignée dont chaque fil s'appuyât solidement sur les autres.

o o o

Les membres de l'Internationale des casquettes en or ciselé devaient aussi, pour consolider les mailles de ce filet de résistance, s'entr'octroyer des brevets de colonels de leurs régiments respectifs. — Ce qu'ils ne manquèrent jamais de faire.

Si bien qu'aujourd'hui il n'est pas de roi ou d'empereur qui n'ait son régiment dans l'armée de son voisin, comme on a sa pipe dans une maison intime où l'on va dîner souvent.

Ce qui n'empêche pas que ce soient justement ces particuliers-là qui trouvent mauvais ou antipatriotique que quelques milliers de pauvres bougres, qui ne gagnent que trois francs cinquante centimes par jour à tourner des bâtons de chaises, s'entendent par-dessus les frontières avec les tourneurs de bâtons de chaises d'un autre pays, pour tâcher d'obtenir trois francs soixante-quinze.

CHAPITRE VIII

ENTREVUE DE SALZBOURG (1867)

Napoléon III venait à peine d'annoncer solennellement la paix dans un de ces grands discours, tous taillés sur le même patron, par lesquels les souverains promettent invariablement à leurs peuples la « prospérité au dedans et la tranquillité au dehors », que les bruits de guerre les

plus inquiétants se répandaient en France avec une incroyable rapidité.

Ce fut alors que l'Empereur et l'Impératrice partirent à Salzbourg près de l'empereur d'Autriche.

On fit annoncer dans les journaux officieux qu'il ne s'agissait là que d'une simple visite de politesse ; mais la vérité est que Napoléon III mijotait une alliance avec l'Autriche.

* * *

Comptant sans doute sur les charmes enveloppants d'Eugénie la Rousse, l'empereur l'avait emmenée avec lui, espérant que les rayons chatoyants de la séduisante cotillonneuse troubleraient l'empereur d'Autriche au point de lui faire signer sans le lire un traité sur lequel on paraissait compter beaucoup.

* * *

Le couple Tricoche et Cacolette revint bredouille, et les rumeurs belliqueuses persistèrent en s'accentuant.

D'une part, on apprenait que Garibaldi s'apprêtait à marcher sur Rome pour faire comprendre au pape — ou passer outre s'il ne le comprenait pas — qu'il n'avait pas besoin d'une ville tout entière sur la terre pour capitale d'un royaume céleste qui était en l'air.

D'autre part, M. de Bismark se montrait visiblement irrité de l'entrevue de l'empereur d'Autriche avec Napoléon III et sa femme, entrevue qui, à ses yeux, ne pouvait avoir eu pour but que de lui être hostile.

La situation était tendue. Pour comble de malheur, M. Fould mourut le 6 octobre ; et la mort de ce ministre que l'opinion publique savait homme de sens et partisan de la paix, vint raviver les inquiétudes.

La France souffrait réellement d'une position qui devenait de plus en plus fausse ; car elle était placée dans une alternative cruelle.

D'un côté, elle sentait bien que son prestige s'affaiblissait à vue d'œil en Europe et que son influence s'amoindrissait chaque jour, ce qui lui faisait presque désirer une guerre qui pût la remettre à flot.

◦ ◦ ◦

Mais de l'autre, elle pensait à Sadowa, au Mexique, et elle se disait non sans quelque raison :
— Une guerre, avec le coco qui nous gouverne, et qui ne nous fait que bêtises sur bêtises, ça peut nous coûter diablement cher.

◦ ◦ ◦

La France n'avait pas tort de raisonner ainsi, l'avenir l'a cruellement prouvé.

◦ ◦ ◦

Napoléon III vit ces inquiétudes de la nation ; il voulut pacifier les esprits et faire une habile diversion.

Le 15 août, jour de sa fête, il annonça solennellement l'achèvement en dix ans de tous les chemins vicinaux de France.

Cela ne calma que très-imparfaitement les inquiétudes. L'opinion publique ne prit pas le change sur cette mesure, à en juger par la façon dont le *Tintamarre* de l'époque l'apprécia dans le quatrain suivant :

« Grâce à ce décret, que j'applaudis des deux mains,
« Bien qu'à l'enseigne il ne change que peu de chose,
« On dira désormais : l'Empire se compose
 « De *voteurs* de grands chemins. »

CHAPITRE IX

MENTANA

Nous avons parlé, dans le chapitre précédent, du projet qu'avait formé Garibaldi de rendre à l'Italie sa capitale naturelle : *Rome*.

* * *

Pie IX, lui, n'était pas de cet avis-là. Il trouvait tout naturel de se planter dans le beau milieu d'un pays composé de vingt millions d'habitants obéissant aux mêmes lois, sous le même gouvernement, et de faire là un gouvernement et des lois pour lui tout seul, sans s'inquiéter s'il ne gênait pas la circulation.

L'idée que le roi d'Italie allait lui demander poliment s'il ne pourrait pas dire aussi bien sa messe tous les matins sans avoir autour de lui, en guise d'enfants de chœur, cent mille soldats armés jusqu'aux dents, et s'il ne lui serait possible de servir le Seigneur à l'aide des simples canons de l'Eglise pour toute artillerie, mettait le Saint-Père hors de lui.

Aussi, quand il apprit que Garibaldi allait tenter de reprendre Rome pour en faire ce que les Français — qui auraient tort d'en être plus fiers pour ça — ont fait de Versailles, c'est-à-dire : la capitale et le siége de leur

gouvernement, Pie IX jeta des regards affolés vers les puissances aux souverains desquelles il avait expédié naguère des roses d'or, pour les supplier de lui envoyer un peu de secours.

⁂

Napoléon III hésitait. Au fond, il comprenait très-bien que les Italiens étaient assez dans leur droit en revendiquant comme capitale une ville placée au centre de leur royaume.

Au conseil des ministres il montra même quelque humeur à ce sujet, et répondit sèchement à Eugénie, qui le poussait à défendre le pape.

— Hé sapristi, Madame!... les Italiens ne peuvent pourtant pas venir chercher leur capitale à côté d'Asnières!

○ ○
○

Malgré tout, l'Impératrice l'emporta, et le général de Failly fut envoyé en Italie avec un corps d'infanterie armé des nouveaux chassepots.

Le 4 novembre, à Mentana, nos troupes se couvrirent d'une gloire toute sallandrouzienne en massacrant, à l'aide de mauvais fusils qui tiraient à peine douze coups à la minute, les garibaldiens armés de superbes arquebuses à mèche — mais sans mèche — empruntées aux magasins d'accessoires des théâtres italiens.

o °_o

Le général de Failly, qui avait conduit cet héroïque cotillon, que cette vieille prostituée d'histoire aura peut-être le toupet d'appeler : la bataille de Mentana, adressa à Napoléon III un rapport que la phrase suivante a rendu à jamais célèbre :

« Nous avons eu 2 morts et les garibaldiens 600. Les chassepots ont fait merveille. »

Cet échantillon de style donne la mesure du caractère

des grands capitaines du second Empire en général, et en particulier de celui qui, trois ans plus tard, devait, pendant la campagne de 1870, oublier son artillerie sur toutes les routes, comme on oublie des parapluies dans les antichambres ou dans les estaminets.

* * *

Notre éclatant fait d'armes à Mentana avait dû disperser les garibaldiens ; mais il n'avait pas convaincu Garibaldi, qui persistait à ne pas vouloir admettre que Rome ne fût pas en Italie.

Aussi fallut-il que la France entretînt à Rome un corps d'occupation.

En se prolongeant, cet état de choses fut bientôt à charge à tout le monde, et menaçait même de devenir pour nous un pendant à l'expédition du Mexique.

* * *

Un instant, l'impératrice Eugénie et la reine Isabelle eurent ensemble, pour dénouer cette situation, l'idée lumineuse d'entortiller l'Espagne et de la fourrer dans la combinaison jusqu'à ce qu'elle envoyât trois mille soldats espagnols relever de faction, à Rome, les trois mille soldats français qui y gardaient le pape.

Malheureusement ce beau projet ne put se réaliser à cause de la révolution espagnole qui éclata juste à ce moment.

La France perdit là une bien belle occasion de repasser à une puissance voisine une corvée qu'elle avait entreprise un peu à la légère, sans se rendre compte où cela pouvait l'entraîner.

Il faudrait n'avoir jamais eu la joie de rencontrer sur

sa route quelqu'un qui vous débarrasse d'un paquet insupportable pour ne pas se faire à peu près une idée du bonheur que frisa la France, quand elle entrevit la bonne fortune de faire endosser à l'Espagne son mandat de fille aînée de l'Eglise.

CHAPITRE X

POINTS NOIRS 1867

Napoléon III employait volontiers les fêtes comme dérivatif aux inquiétudes publiques.

Aussi profita-t-il avec empressement du voyage de l'empereur d'Autriche à Paris, pour organiser un de ces raouts brillants qu'il servait de temps en temps à son peuple, en guise de haschich, pour lui faire voir en rose les situations les plus sombres.

Cette fois, l'Empereur manqua son but. La France n'avait pas envie de rire du tout.

Et l'on sait que lorsque quelqu'un n'a pas envie de rire, les grimaces que l'on vient lui faire sous le nez pour le dérider, n'ont souvent pour effet que d'augmenter sa mauvaise humeur.

Ce fut le cas.

⁂

Un banquet splendide avait été offert à François-Joseph dans la salle de l'Hôtel de Ville.

On mangea et l'on but assez gaiement. Au dessert Napoléon III chanta des chansons lestes et son hôte sembla s'amuser beaucoup.

Mais le public, qui attendait les deux empereurs à la sortie, leur offrit un pousse-café qui n'était pas de nature à faciliter leur digestion.

⁂

A peine avaient-ils mis le pied sur la place que la foule cria de toutes ses forces : Vive l'Italie !... vive Garibaldi !...

On voit d'ici la tête que durent faire les deux souverains qui avaient bien dîné.

Avant de sortir, Napoléon III, entre deux bouffées de cigare, avait dit tout bas à François-Joseph :

— Vous allez voir comme on va vous acclamer!...

Et François-Joseph avait répondu en rotant :

— Vous êtes vraiment bien aimable; quand vous viendrez me voir à Vienne, je vous ferai rendre cette politesse par mon peuple.

Ils arrivaient bras dessus, bras dessous, le teint rubicond, l'œil émerillonné, la peau de la panse tendue, et s'apprêtaient à saluer de la main cette populace en délire qui allait les étourdir de cris d'enthousiasme.

Mais, comme nous l'avons vu tout à l'heure, il leur en fallut rabattre.

∗

A ces cris de *vive l'Italie!... vive Garibaldi!...* François-Joseph et Napoléon III se regardèrent interloqués.

L'empereur d'Autriche semblait dire : Qu'est-ce que cela signifie?... C'est ce que vous appelez m'offrir une ovation?...

Napoléon III répondit d'un air très-embarrassé : Je n'y comprends rien du tout..... Pietri m'avait pourtant promis une belle salve.

— Qu'est-ce que c'est que ça, Pietri?... demanda Francois-Joseph.

— C'est mon chef de claque, répondit l'Empereur.

— Je ne vous en fais pas mon compliment.

∗

Les deux souverains rentrèrent se coucher d'assez mauvaise humeur.

Le lendemain, Napoléon III, pour donner une réparation à son hôte auguste, fit empoigner et traduire en police correctionnelle quelques-uns des perturbateurs qui avaient proféré les cris en question.

∘°∘

Ceux-ci furent condamnés ; mais l'effet n'était pas moins produit.

∘°∘

Le 2 novembre, jour des Morts, les démocrates, voulant manifester en faveur de l'unité de l'Italie et contre tous les Mentana passés, présents et futurs, allèrent au cimetière Montmartre déposer des couronnes sur la tombe de Manin.

A cette occasion, des agents de police déguisés en bourgeois arrêtèrent un assez grand nombre de personnes.

Ce fut un tableau assez... impérial que ces anciens forçats plus ou moins libérés, grimés en honnêtes gens, s'agenouillant aux encognures des tombes *séditieuses*, feignant de prier avec ferveur, et se jetant tout à coup, casse-tête au poing, sur les paisibles républicains qui venaient honorer la mémoire de grands citoyens n'ayant de leur vivant sallandrouzé personne.

Quelques jours après, les ouvriers qui avaient pris

part à la manifestation du 2 novembre envoyèrent, chez M. Jules Favre, une députation chargée de sommer les représentants de la Seine de donner leur démission.

Ce mouvement d'humeur des électeurs parisiens contre leurs élus provenait de ce qu'aucun de ceux-ci ne s'était montré à la manifestation du cimetière Montmartre.

Le peuple commençait déjà à trouver plus ou moins drôle que ses députés ne prissent de leur mandat d'opposants que les côtés les plus faciles, et ne fussent jamais là quand il s'agissait de se placer bien en face de l'Empire et de lui dire son fait dans la rue en présence même des gardes-chiourme de la brigade de sûreté.

On raconte aussi que, profitant de cette entrevue avec M. Jules Favre, les ouvriers délégués lui demandèrent « si le prolétariat pourrait être guidé dans la lutte par la bourgeoisie libérale, le jour où il se lèverait en masse pour la République».

La question ne laissait pas que d'être embarrassante. M. Jules Favre y répondit d'une façon peut-être un peu dure, mais fort sensée à notre avis.

— C'est vous, leur dit-il, messieurs les ouvriers, qui avez fait l'Empire! à vous seuls de le renverser!

La sentence était amère; mais combien nous la préférons à celle plus récente de Gambetta, faisant reluire aux yeux des ouvriers « *l'alliance de la bourgeoisie et du prolétariat* », alliance aussi impossible que celle du brochet avec le goujon.

* * *

Selon nous, M. Jules Favre eut, à cette époque, le courage qui a manqué depuis à ses successeurs, de dire durement au peuple :

— Non, ne te leurre jamais d'obtenir pour l'œuvre démocratique l'appui de la bourgeoisie. Ses intérêts à elle sont opposés aux tiens, sa situation prépondérante ne se compose que de tes misères, ne crois pas qu'elle t'aide à t'élever, toi qu'elle veut exploiter toujours et diriger quand même. Ne compte donc que sur toi pour améliorer ton sort. Quant à la bourgeoisie, dont tu as pu rêver un instant l'alliance, tu la retrouveras toujours devant toi, sous quelque régime que ce soit, égoïste, lâche, vénale, dure au pauvre, insolente pour le travailleur, corrompue et hypocrite, stupide et intolérante... En un mot, ta plus implacable ennemie.

* * *

Nous savons bien que, depuis, M. Gambetta a trouvé

bon de promettre au goujon et au brochet de les marier prochainement ensemble.

Le brochet en a frétillé de joie. Cela lui va... et ça se comprend.

Mais c'est le goujon qui nous inquiète !... Nous lui souhaitons bien du plaisir.

o °o

Comme nous l'avons vu, la France avait de grosses inquiétudes à l'intérieur. Aussi l'Empereur, pour calmer l'émotion générale, fit-il, le 18 novembre, en ouvrant la

session législative, un discours dans lequel il disait que tout irait bien..... à l'intérieur.

* *

Dans ce discours, il ne soufflait pas mot des complications étrangères que le pays redoutait ; mais il promettait de défendre vaillamment sa liste civile contre les ennemis du dedans, avec l'aide de la gendarmerie impériale.

— Vous semblez craindre que nos frontières de l'Est soient envahies par l'ennemi, disait-il aux Français, soyez tranquilles!... je vous jure que Blanqui ne fera pas de barricades à la porte Saint-Denis.

o °o

Napoléon était dans le vrai. Ce qui le préoccupait surtout à cette époque, c'était beaucoup moins M. de Bismark que Delescluze.

o °o

L'Empereur avait eu toujours beaucoup de chance. Juste au moment où il éprouvait le besoin de terrifier un peu le peuple français, son préfet de police lui découvrit un complot dans lequel une douzaine de républicains étaient compromis.

Il s'agissait d'une société secrète nommée : *Commune révolutionnaire des ouvriers de Paris.*

On amalgama adroitement à cette chose assez inoffensive un tas de faits qui n'avaient avec elle aucune espèce de rapport; et l'on essaya de faire du tout un événement retentissant.

L'opinion publique, cette fois, ne donna pas la réplique. Elle commençait à connaître par cœur ce genre de trucs dont usent les empires décrépits pour se refaire un peu de prestige, à l'instar des vieilles cocottes fourbues qui se rappellent de temps en temps à l'attention du public en faisant annoncer, dans le *Figaro*, qu'elles ont failli être victimes d'un accident de voiture ou qu'elles ont perdu leur petit chien.

D'ailleurs, une chose autrement intéressante que les complots de confection fabriqués dans les bureaux de la police secrète, occupait la France.

Le Sénat et le Corps législatif étaient réunis et s'occupaient de la question romaine.

Dans la séance du 2 décembre, MM. Jules Favre, Jules Simon et Guéroult s'efforcèrent de démontrer que le gouvernement impérial s'exposait, si ça durait trop longtemps, à donner un air très-bête aux soldats français qu'il entretenait à Rome sans avoir autre chose à faire que de regarder Pie IX se faire baiser sa mule par de vieilles baronnes en voyage.

* * *

Mais M. Rouher prouva clair comme le jour que l'Empereur, en volant au secours du pape, avait écrasé, dans l'œuf, une révolution démagogique universelle; et que la

France ne permettrait *jamais* que l'Italie s'emparât de Rome, jamais!... JAMAIS!...

La droite se leva enthousiasmée en répétant : Non! Non!... jamais!... JAMAIS!...

Le père Berryer fondait en larmes. On fut obligé de lui boucher les yeux avec du mastic; ils se vidaient littéralement.

Le « *jamais* » de M. Rouher eut un succès retentissant.

Les gens à qui ce mot causait une grande joie se mirent immédiatement à boire des masses de chloral pour s'endormir sur cette bonne parole et ne pas être exposés à se rappeler que M. Rouher avait fait naguère un serment analogue, en jurant que l'armée française ne quitterait *jamais* le Mexique tant qu'elle n'aurait pas solidement fondé l'empire de Maximilien.

Il est de fait que la façon très-inattendue dont l'armée française avait fondé solidement le gouvernement de Maximilien, n'était pas une garantie sérieuse que notre armée d'occupation à Rome empêcherait Victor-Emmanuel de fonder le sien, un jour ou l'autre.

* * *

Les événements ont d'ailleurs amplement prouvé depuis que les « jamais » de ministres n'ont pas plus de valeur que les « toujours » d'amoureux, puisqu'ils n'empêchent ni Maximilien de mourir sans avoir fondé son royaume, ni Pie IX de très-bien vivre après avoir perdu le sien.

* * *

1867 s'acheva tristement, au milieu de la défiance et de l'inquiétude genérales.

Un seul petit incident vint égayer cette fin d'année.

M. Duruy, alors ministre de l'instruction publique, avait, dans une circulaire, manifesté le désir que l'éducation scientifique et littéraire des jeunes filles fût à l'avenir confiée à des hommes.

Jusque-là, les filles n'avaient eu que l'école primaire ; et M. Duruy avait déclaré hautement qu'il déplorait un tel état de choses.

*
* *

Il lança donc sa fameuse circulaire ; mais il avait compté sans l'évêque d'Orléans.

Celui-ci releva le fait avec indignation dans une brochure chauffée à 150 degrés, et où il était déclaré « inouï »

que l'on confiât à des hommes l'éducation des jeunes filles, jusqu'ici « élevées sur les genoux de l'Eglise et qui ne devaient pas les quitter. »

❊

Cette dispute fut très-divertissante.

Et la France s'amusa beaucoup, pendant toute la quinzaine qui précéda le jour de l'an, de la prétention qu'élevait Mgr Dupanloup, au nom de l'Eglise, de garder indéfiniment les jeunes filles sur ses genoux sans s'inquiéter si, à un moment donné, elles ne désiraient pas changer de « genoux ».

CHAPITRE XI

INFLUENCE DES TUILERIES SUR LES MŒURS (1867).

Sous les rois de droit divin, alors que la cour n'abritait les indécences que d'un petit nombre de privilégiés, — toujours les mêmes, — les mœurs des grands pouvaient n'avoir qu'une influence restreinte sur celles du peuple, qui ignorait en partie ce qui se passait au-dessus de lui.

Mais il ne pouvait en être de même de l'Empire interlope de Napoléon III, qui avait dû se créer avec le concours de tout ce que la France comptait d'hommes véreux, et ne pouvait se soutenir qu'en en pourrissant d'autres autour de lui.

⁂

Les Tuileries, ouvertes toutes grandes à tous les gentilshommes de carrefour, pourvu qu'ils fussent munis d'un casier judiciaire ou d'un jeu de cartes biseautées, offraient donc aux regards de la France ce spectacle édifiant d'une vaste maison suspecte qui ne différait des autres que par le privilége dont elle jouissait de pouvoir laisser ses volets ouverts pendant la journée.

* *

Un pareil exemple devait nécessairement produire sur les mœurs générales du pays le salutaire effet que l'on sait.

Et à l'époque dont nous écrivons l'histoire, le niveau moral en France était descendu à des profondeurs inconnues.

* *

Napoléon III—déjà fortement ramolli—conduisait lui-même ce cotillon lubrique avec un véritable entrain.

Dès les commencements de son mariage, il avait déjà scandalisé les cent-gardes par le sans-gêne de ses relations avec le beau sexe.

Mais au fur et à mesure qu'il était devenu gâteux, ses escapades prenaient des formes de plus en plus brutales.

*_**

C'était au point que les femmes de chambre de l'Impératrice se mettaient des morceaux de bouteilles cassées tout autour de leurs jarretières quand elles étaient exposées à le rencontrer dans les escaliers.

*_**

Aux bals de la cour, il ne se faisait aucun scrupule de s'approcher de la femme qui lui plaisait et de la regarder en fermant un œil, ce qui était sa manière de lui proposer de l'avancement pour son mari.

Alors, les familiers — qui étaient faits à ce genre d'exercice — s'éloignaient discrètement et s'en allaient faire un petit quadrille dans un des salons voisins pour donner le temps à Napoléon III de signer le brevet de son protégé.

*_**

Taxile Delord raconte qu'au beau milieu d'une fête donnée par la duchesse d'Albe, sœur de l'Impératrice, on entendit tout à coup un grand cri.

C'était l'Empereur qui venait d'être pris d'un accès et d'embrasser brusquement une femme.

L'histoire ne donne pas le nom de la Zerline farouche

qui, en cette circonstance, donna la réplique au don Juan édenté des Tuileries.

Ce qu'il y a de certain, c'est que le fait produisit un très-grand scandale.

Les mœurs de la cour impériale étaient tellement rigides que tous les assistants trouvèrent fort étonnant... que la dame eût crié.

* *

Les liaisons illégitimes de l'Empereur furent aussi nombreuses que les liaisons antigrammaticales de l'Impératrice.

Napoléon III faisait aussi facilement une nouvelle maîtresse qu'Eugénie disait : J'ai-z-été à Saint-Cloud.

De ce penchant commun pour les accouplements subversifs était née sans doute la sympathie qui avait rapproché ces deux êtres.

* * *

La presse étrangère, seule bien entendu, pouvait se permettre de parler des amours pénibles et bégayantes de ce vieux libertin presque honoraire.

Aussi révélait-elle à chaque instant le nom de ses maîtresses, quand toutefois elles en avaient un, ce qui n'arrivait pas toujours.

* * *

L'Impératrice passait pour être peu jalouse.

Cela se conçoit, d'ailleurs.

En épousant, — elle encore jeune et encore belle, — un Apollon-basset de quarante-cinq ans, à l'œil terne, au dos voûté, à la lèvre déjà lippeuse, Eugénie d'Espagne n'avait sans doute pas rêvé de lui faire jouer les Roméo dans des nuits embaumées pleines d'ivresse et de volupté.

Cependant, si l'Impératrice se montrait à peu près indifférente aux bordées impériales que tirait, — entre deux sondages de sa vessie, — son auguste époux, cette insensibilité n'allait pas jusqu'à négliger de veiller à ce que les caprices de Napoléon III ne portassent pas préjudice à la communauté.

* * *

Comme ces grasses boutiquières de trente ans, qui ont le plus profond mépris pour l'avachi auquel le hasard ou l'intérêt ont lié pour jamais leur existence, Eugénie ne se préoccupait que fort peu de ce que pouvait faire l'Empereur au dehors.

Mais, de même aussi que ces grasses boutiquières, ne poussant la tolérance envers les vices de leur époux que jusqu'au jour où elles s'aperçoivent qu'il manque plus de 3 francs le soir dans son porte-monnaie, Eugénie d'Espagne avait soigneusement l'œil à ce que les... distractions de son mari ne compromissent en rien la part de prestige, de souveraineté et de profits que Napoléon III lui avait apportée en dot en échange de son reste de beauté.

* *
*

Aussi n'hésita-t-elle pas à risquer presque un esclandre

LES POURRIS DE L'EMPIRE

Marguerite Bélenger.

dans une affaire amoureuse où l'Empereur avait failli laisser quelques plumes et compromettre peut-être l'avenir de sa dynastie en se laissant jobarder et empaterniser comme un vieux bêta par une demoiselle qui avait su prendre une profonde hypothèque sur son cœur et tirer un fort joli parti de ses dernières titillations de vieux libertin.

Nous allons raconter, dans le prochain chapitre, ce drame comique que les papiers secrets trouvés aux Tuileries, après le 4 septembre, ont mis au jour, et dans lequel certain membre de la magistrature joua, par complaisance, et au pied levé, pour sauver la recette, un de ces rôles écrits spécialement pour les Tricoche et Cacolet de cour qui ont émaillé nos annales nationales sous les pseudonymes de Lebel, de cardinal Dubois, etc., etc.

CHAPITRE XII

UN DRAME EN FAMILLE

L'époux de la Montijo, — nous l'avons vu dans le précédent chapitre, ne se faisait aucun scrupule de sallandrouzer son contrat de mariage, chaque fois qu'une occasion se présentait, — entre celles qu'il faisait naître.

Au bout de quelques mois de ménage, ce noble parchemin eût très-bien pu servir à table pour remplacer la cuillère à sucre en poudre.

* * *

Pendant longtemps ses amours à la course n'avaient eu — en apparence du moins — aucune conséquence fâcheuse pour lui.

Tout se bornait à la dépense d'un jeton de présence, plus ou moins important, selon que le mouchoir du libidineux Polichinelle était tombé la veille plus ou moins près du trône.

Mais lorsqu'il approcha de la soixantaine, — cet âge où l'homme se voit ordinairement présenter tout d'un coup, sous forme d'infirmités honteuses, la carte à payer de ses débauches de toutes sortes, ses caprices devinrent plus dangereux, le gâtisme commençant à l'envahir.

C'était à ce moment psychologique que le guettait l'Impératrice, qui, — nous l'avons dit, — se moquait absolument de ce que l'Empereur pouvait rapporter du dehors, mais, en revanche, se souciait beaucoup de ce qu'il pourrait emporter du dedans.

*_**

Eugénie d'Espagne avait raison de veiller. Elle n'attendit pas longtemps.

Un jour, l'Empereur fit, on ne sait comment, la connaissance d'une femme qui n'était pourtant ni jeune ni belle, mais qui eut la chance de mettre la main sur lui juste au moment où, la mémoire lui faisant défaut, il avait besoin de quelqu'un qui l'aidât à achever ses phrases, — ou, tout au moins, qui lui fît accroire qu'il les avait achevées.

*_**

Terrible moment pour les hommes de soixante ans qui n'ont pas la chance de comprendre qu'il vaut mieux se taire tout à fait quand on n'a plus la force de trouver le mot de la fin d'un pénible discours.

*_**

La donzelle en question sut admirablement profiter de

cette impuissance. Elle prit vite sur le reste d'empereur un très-grand ascendant, et lui fit avaler tout ce qu'elle voulut avec autant de facilité que si elle eût eu affaire à un souscripteur de fonds turcs.

* * *

Si bien qu'un beau matin, Napoléon III reçut d'elle un télégramme conçu à peu près dans ces termes :

« Doux seigneur, — joie bien grande de votre amie : — vous êtes père. »

* * *

L'Empereur, en recevant cette dépêche, eut d'abord un soubresaut de plaisir.

Cependant il devint aussitôt songeur et resta pendant quarante-cinq minutes immobile, la tête dans ses mains, comme un homme qui cherche la solution d'un problème excessivement compliqué.

* *
*

Il rassemblait péniblement ses souvenirs, tirait de temps à autre de sa poche un petit almanach de portefeuille, sur lequel il faisait des petites marques rétrospectives, en s'arrêtant à chaque minute pour compter sur ses doigts, en plongeant dans le vide son œil terne et chassieux.

* *
*

Enfin, tout dans sa contenance indiquait l'idiotisme d'un homme qui cherche à se rendre compte d'une chose incroyable.

L'expression de sa physionomie — autant qu'elle pouvait exprimer quelque chose — semblait dire à peu près :

— C'est ça qui est farce...

* *
*

Puis, tout à coup, la figure s'éclaira d'un sourire imbécile, et l'Empereur s'écria, en baisant la dépêche :

— Ah! oui, c'est vrai!...

Il venait de se souvenir à point que neuf mois auparavant, il s'était présenté chez sa belle et que la bonne lui avait répondu qu'elle était à dîner chez sa tante.

Il appela sur-le-champ un de ses confidents les plus intimes, et lui soumit le cas, en lui demandant si, selon lui, une visite faite chez le concierge d'une femme aimée, que l'on ne trouve pas parce qu'elle dîne chez sa tante, pouvait expliquer une dépêche comme celle qu'il venait de recevoir.

Le confident intime répondit sans sourciller :

— Sire... cela dépend. S'il s'agit d'un homme ordinaire, non ; mais s'il s'agit d'un Empereur, oui.

Rendu tout joyeux par cette consultation, Napoléon III se mit immédiatement à rédiger la dépêche suivante :

« Chère amour... que je suis heureux !... Si c'est un gar-
« çon et qu'il ait mon nez, je le fais dès aujourd'hui comte
« de Maingauchignac et nous le placerons à la cour. »

∘ ∘ ∘

Les choses allèrent ainsi pendant quelque temps. La belle riait comme une folle de la crédulité de son doux seigneur.

Le petit comte de Maingauchignac, — qui avait, dit-on, du sang de premier de rayon du *Bon Marché* dans les veines, — était possesseur d'un petit nez épaté qui ne rappelait que très-imparfaitement la courbure du *piton* impérial.

Mais la gracieuse amie de l'Empereur obviait avec adresse à cet inconvénient en mettant au bébé un petit nez postiche en caoutchouc rose chaque fois que son doux seigneur venait lui apporter les mois de nourrice.

Le petit rejeton poussait donc au mieux et promettait d'étonner dans vingt ans la France entière par son avancement vertigineux dans les cuirassiers de la garde impériale, lorsqu'un événement inattendu vint bouleverser tous ces projets.

Un jour, en furetant dans les papiers de l'Empereur, Eugénie d'Espagne y trouva la fameuse dépêche de la « douce amie ».

Cette femme, qui avait tant de peine à écrire Saint-Cloud sans y mettre au moins deux H, possédait un flair merveilleux des situations qui pouvaient compromettre ses petits jeudis du présent et sa régence de l'avenir.

* * *

D'un coup d'œil elle mesura les conséquences d'un événement de cette nature.

— Un fils! murmura-t-elle en pinçant les lèvres, ah! mais non!... Pas de ça, par exemple!... pour que dans quinze ans Paul de Cassagnac ou Robert Mitchell, mécontents de ne pas être faits assez vite grand'croix de la

Légion d'honneur, en fassent le prétendant d'une nouvelle

branche napoléonienne !... sous le nom de branche cadette des Bonaparto-Canapétiens. Jamais !...

∘ ⚬ ∘

Eugénie d'Espagne prit la dépêche, mit son châle et son chapeau, et se rendit de suite chez un puissant personnage, qui occupait une très-haute position dans la magistrature.

Elle lui soumit le cas en lui demandant son concours pour étouffer, — sinon l'enfant, — du moins l'affaire.

Le haut magistrat regarda l'Impératrice d'un œil sévère, qui semblait dire :

— Pour qui me prenez-vous ?

A quoi Eugénie d'Espagne répondit par un sourire qui signifiait :

— As-tu fini ?...

∘ ⚬ ∘

Alors le haut magistrat dit à l'Impératrice :

— Tout à votre service, madame.

∘ ⚬ ∘

Eugénie d'Espagne remit au haut magistrat la dépêche

qu'elle avait soustraite ainsi que l'adresse de la dame et se retira.

Resté seul, le haut magistrat jeta sans le vouloir les yeux sur une superbe statue de Thémis qui se trouvait dans son cabinet.

○ ○ ○

Il lui sembla que la déesse le regardait d'un air passablement dégoûté.

Mais il s'empressa de regarder d'un autre côté pour échapper à cette vision, et se mit à reprendre la lecture interrompue de son *Figaro* en murmurant :

— Dans la vie, il faut savoir faire un peu de tout.

Et il se mit séance tenante à étudier le dossier de cette affaire malpropre.

○ ○ ○

L'examen ne fut pas long.

Un quart d'heure après, le haut magistrat se présentait chez la dame en question et demandait impérieusement à voir l'enfant.

— C'est ça que vous prétendez être un fils de l'Empereur? demanda-t-il d'un ton sec.

— Oui, monsieur!...

— Il va falloir pourtant que vous démentiez le fait par une lettre écrite de votre main...

— Mais, monsieur...

— Ecrivez.

○ ○ ○

La dame essaya bien de résister. Elle jura ses grands dieux : Mercure et Plutus, que l'Empereur était réellement le père du comte de Maingauchignac.

— Voyez-vous, monsieur, dit-elle en allant chercher divers objets qu'elle présenta au haut magistrat, la preuve, c'est que mon doux seigneur a ici son rond de serviette, ses pantoufles, son moule à cigarettes et son flacon de pilules dépuratives...

Mais le haut magistrat fut inflexible.

— Madame, reprit-il d'un ton qui n'admettait pas de réplique, que l'Empereur soit le père de votre enfant, vous pouvez le soutenir, bien qu'entre nous, vous sachiez mieux que personne que c'est impossible ; mais la question n'est pas là. La raison d'Etat, qui comprend des tas de raisons, commande que le comte de Maingauchignac se procure ailleurs un autre père. Ça s'est toujours fait comme ça sous Louis XIV, Louis XV et presque tous nos autres aïeux. Ecrivez.

— Mais si je refuse de signer ma ruine et celle de mon enfant? reprit la dame un peu troublée.

— Si vous refusez, nous ferons encore comme faisaient nos aïeux, Louis XIV, Louis XV, etc , etc., la raison d'État avant tout! Nous vous accuserons et nous vous convaincrons d'avoir chipé une pièce de taffetas à l'étalage de la *Ville de Paris*, et nous vous ferons enfermer à la Mazastille... Ecrivez.

— Ciel!... c'est possible!

— Si vous refusez, nous ferons enlever votre enfant

dans son berceau, et nous le compromettrons dans le premier complot de l'Internationale que nous fabriquerons pour retaper le prestige impérial! — Écrivez!...

— Grands dieux!... Non... non... assez... Dictez... Je vais écrire!...

* * *

Et la dame écrivit ce qui suit, qu'elle copia sur un modèle que lui présentait le haut magistrat :

« Je soussignée reconnais que le comte de Maingau-
« chignac, mon enfant, n'est pas le fils de mon doux
« seigneur Napoléon III, comme j'étais parvenue à le lui
« faire accroire à force de rouerie de ma part et de gâtisme
« de la sienne.

« J'atteste que depuis que j'ai l'honneur de connaître
« mon doux seigneur, rien dans sa manière de ronfler à
« peine en sortant de table n'a jamais pu me donner à
« supposer qu'il pût être le père de mon enfant.

« Je renonce donc pour lui à l'éventualité de la cou-
« ronne de France, heureuse si le pardon que j'implore
« de mon doux seigneur peut s'étendre jusqu'au payement
« de mon terme de juillet.

* * *

Le haut magistrat relut soigneusement cette pièce, la plia, la mit dans son portefeuille et la porta immédiatement à Eugénie d'Espagne, qui l'attendait avec impatience.

Elle le remercia vivement et lui promit une prochaine récompense digne de la noble mission qu'il avait accomplie avec tant d'adresse et de dignité.

Le haut magistrat, radieux d'avoir trouvé l'occasion de mettre au service de sa souveraine tout ce que la pratique des lois et le culte de la justice lui avaient inspiré de sentiments élevés, salua respectueusement et se retira, non sans avoir dit à Eugénie d'Espagne :

— Pendant que je suis là, Sa Majesté n'aurait-elle pas de cuvette à vider?

Ainsi se termina sans esclandre ce drame de famille qui pouvait — conduit par une impératrice moins prévoyante et un haut magistrat moins honorable — plonger plus tard la France dans une guerre civile effroyable, en faisant surgir tout à coup, à côté du petit Vélocipotassium Ier, un faux Dimitri français, qui eût pu venir lui disputer la couronne impériale à la tête de tous les ex-préfets de l'Empire ayant fini leur temps dans les manufactures de chaussons de lisière de l'Etat.

CHAPITRE XIII

DÉBUTS MENAÇANTS DE L'ANNÉE 1868

En dépit de l'énervement dans lequel les seize premières années de l'Empire avaient jeté la France, le réveil de l'opinion publique s'accentuait.

C'est que s'il est malheureusement possible de réduire à l'impuissance toute une génération d'hommes en la corrompant par le vice après l'avoir terrassée par la ruse, il est heureusement une chose que l'on ne peut empêcher : c'est que les enfants de vingt ans — même conçus dans le viol, même grandis dans la honte — ne vaillent encore mieux que les hommes de cinquante qui n'ont plus que l'intérêt pour conviction et le ventre pour enthousiasme.

* * *

Or, une nouvelle jeunesse avait succédé à celle qu'avait écrasée le Deux Décembre.

Et cette nouvelle jeunesse, quoique fortement marquée au front par son origine abjecte, n'en était pas moins, en somme, ce que la France comptait de moins gangrené et de plus vivace.

Elle restait notre dernier espoir, car ce qui pouvait encore être sauvé de nous tenait tout entier dans ces cœurs de vingt ans.

Leurs pères! il n'y avait plus à y compter, l'Empire les avait châtrés et en avait fait un peuple d'esclaves gras, les plus hideux...

* *
*

L'année 1868 s'annonça donc d'une façon assez turbulente.

Quelques cris de *Vive la République!...* furent poussés

au Château-d'Eau. Des arrestations eurent lieu, des journaux furent poursuivis.

L'administration impériale se montrait chaque jour plus tracassière et plus soupçonneuse.

Elle craignait à ce point les occasions de manifestations qu'elle refusa à une commission italienne l'autorisation de se rendre à Paris pour y reprendre les restes de Manin, qui devaient être transportés à Venise.

L'Empereur en était arrivé à un tel point d'effarement

que plus les républicains étaient morts, plus il en avait peur.

La nuit, il était en proie à des cauchemars horribles.

Il voyait se grouper devant lui et se parler à voix basse les fantômes de toutes les victimes du despotisme à tous les âges.

Tous ceux enfin qui, depuis le commencement du monde, étaient morts pour une idée, pour leur foi, égorgés par des usurpateurs, assassinés par les hommes noirs, — mitraillés par des soudards ivres, étaient là devant lui encore livides, saignants et troués.

o o o

Il les entendait chuchoter et avait des sueurs froides épouvantables.

Que pouvaient se dire ces spectres?... Que pouvait comploter cette internationale des martyrs?... à qui... à quoi en voulaient-ils?... à lui!... à son trône!... à sa liste civile.

o o o

Alors il se jetait au bas de son lit, saisissait un énorme casse-tête sur sa table de nuit, et se ruait sur ses fan-

UN HAUT FINANCIER
Directeur des fonds de Sociétés sans fond.

tômes, en frappant de toutes ses forces et en répétant d'une voix étranglée par la terreur et par la rage :

— Circulez, messieurs !... Circulez !...

* * *

Les domestiques accouraient au bruit de cette lutte fantastique et recouchaient l'Empereur qui, un peu rassuré, se rendormait en disant :

— Surtout que l'on veille bien à ce qu'il ne sorte personne de la tombe de Martin Bidauré.

En février, quelques arrestations d'étudiants eurent lieu à l'Odéon.

La jeunesse des écoles réclama *Ruy-Blas*, dont la censure avait interdit la reprise, craignant sans doute l'effet de la fameuse tirade : « *Bon appétit, messieurs* » qui a toujours eu et aura toujours — sous toutes les monarchies indistinctement — la malechance de s'adapter comme un gant fait sur mesure à la situation politique.

Quelques jours après, de légers troubles se produisirent également à Toulouse, Bordeaux et Alby.

La cherté des grains en fut la cause.

S'en prendre au gouvernement parce que la récolte a été grêlée peut paraître bête comme chou au premier abord.

∴

Cependant, cela peut parfois — sinon s'excuser — du moins s'expliquer jusqu'à un certain point.

Quand un peuple est libre, c'est-à-dire quand il se gouverne lui-même, ce serait le dernier des idiots de croire qu'il fera diminuer le prix du pain en tuant les gendarmes.

∴

Mais lorsque, au contraire, il a affaire à un bonhomme qui a confisqué à son profit tous les droits de la nation, qui interdit aux citoyens de s'ocuper de quoi que ce soit en dehors du payement régulier des impôts les plus irréguliers ;

Quand ce même bonhomme qui a pris pour devise : « *l'Etat, c'est moi* » prétend, à lui tout seul, penser pour le peuple et agir pour le peuple, à qui veut-on que ce peuple s'adresse lorsqu'il a faim ?

※※※

Les Empires ont toujours eu pour programme : « *du pain et des cirques* ! » — C'est un marché honteux pour les nations qui l'acceptent ; mais cela ne dispense pas les empereurs de l'exécuter.

Et puisqu'ils se chargent à forfait de gaver le peuple moyennant l'abandon que celui-ci leur fait de ses droits, de sa dignité et de son indépendance, le jour où la huche est vide, le peuple ne peut s'adresser qu'à celui qui s'est engagé à la tenir toujours pleine.

CHAPITRE XIV

CORPS LÉGISLATIF (1868)

La session commença le 7 janvier par une nouvelle loi sur la presse qui diminuait d'un centime le timbre des journaux ; mais créait en revanche, à l'usage spécial des journalistes, un nouveau délit sur la proposition de M. Guilloutet.

Il s'agissait du fameux « mur de la vie privée » dont on a tant parlé depuis et sur lequel la nouvelle loi plaça,

pour le protéger, des tessons de bouteilles variant de 500 à 5,000 francs d'amende.

La loi Guilloutet passa, et le Corps législatif trouva même le moyen de l'agrémenter d'une petite disposition supplémentaire dans laquelle perçait un sentiment de tendresse infinie pour la presse :

Le parquet avait à l'avenir le droit de poursuivre d'*office* un journal qui publierait, par exemple, que le gilet d'un particulier est d'une coupe ridicule ou d'une nuance pisseuse, sans même que le particulier se fût plaint de l'attaque dirigée contre lui.

Comme moyen jésuitique d'élever la morale et de s'en faire 3,000 moyens d'assassiner les journaux gênants, c'était assez réussi.

***

Le début de cette session fut marqué par un incident que nous ne pouvons négliger de rappeler, car il suffirait à lui seul à échantillonner le second Empire.

A l'aide de ce simple petit bout d'histoire, tous les autres documents disparaîtraient-ils dans un tremblement de terre, — un enfant de quinze mois pourrait, fût-ce dans huit mille ans, reconstituer dans son vrai style, le tableau complet du gouvernement de Napoléon III.

Voici la chose : un député de la droite, M. de Kerveguen, avait, en pleine séance, accusé certains journalistes de la presse démocratique d'une vénalité de plume qui a son équivalent dans le monde de la galanterie sous le nom d'*alphonsisme*.

Le Corps législatif impérial, jubilant d'un pareil scandale, avait écouté avec une complaisance doublée d'une hostilité haineuse, la lecture des prétendus documents produits par M. de Kerveguen.

⁂

MM. Guéroult et Havin, directeurs de l'*Opinion nationale* et du *Siècle*, se trouvant suffisamment désignés, provoquèrent la formation d'un jury d'honneur, qui réduisit en poudre impalpable les insinuations de M. de Kerveguen.

⁂

MM. Guéroult et Havin eurent la naïveté de croire que le Corps législatif, après avoir écouté l'accusation avec tant de joie, se ferait un devoir d'entendre la justification.

Ils arrivèrent donc à la tribune avec la sentence du jury d'honneur et voulurent en donner lecture.

⁂

Mais c'est ici qu'apparaît dans toute sa splendeur

l'honnêteté du parlementarisme, tel que pouvait le comprendre et le diriger l'homme du Deux Décembre et jours suivants.

A peine M. Havin eut-il ouvert la bouche, que la droite tout entière, sous l'habile direction du chef de claque Édouard Fould, se mit à pousser des cris terribles et variés.

○ ○ ○

Pendant qu'une escouade de ces *romains* de la décadence aboyait de toutes ses forces, une autre miaulait, une autre imitait le bruit de la scie et du rabot.

La salve avait été soigneusement répétée à l'avance, et fut exécutée avec un ensemble merveilleux.

○ ○ ○

Un formidable et unanime roulement de couteaux à papier faisait la basse continue de ce concerto en honte majeure naturelle, dans lequel faisaient leur partie, avec un zèle au-dessus de tout éloge :

Les imitateurs de cornet à piston, de sifflet de locomotive, de moulin à café et de toupie hollandaise.

○ ○ ○

M. Jérôme David, qui présidait avec cette impartialité de balance plombée, à laquelle se reconnaissaient tous les présidents de Chambre de l'Empire, leva la séance pour couper la parole à M. Havin, et se couvrit.

L'histoire ne dit pas de quoi.

Mettons : d'ignominie.

* * *

Les députés de la gauche, indignés, restèrent à leurs bancs, pour procéder contre un tel procédé.

On éteignit le gaz pour les faire partir.

C'était le mot de la fin.

Aussi Hippolyte Briollet, inspiré par cet incident, envoya-t-il, en sortant de la séance, le quatrain suivant au *Tintamarre*, — qui ne l'inséra pas, et pour cause :

> *Quand pour fermer la bouche à l'orateur honnête*
> *Que l'on est impuissant à terrasser avec*
> *D'équitables raisons, du gaz on clôt le bec,*
> *Ça n'en prouve que mieux que la lumière est faite.*

* * *

Le 14 et le 15 février, M. Berryer s'offrit le plaisir de faire passer au Corps législatif deux journées pleines d'agrément.

Est-ce qu'il ne s'avisa pas de proposer qu'à l'avenir les juges des chambres correctionnelles fussent changés, chaque année, par voie de tirage au sort, au lieu d'être désignés par le gouvernement.

— Y pensez-vous !... cria la majorité à ce citoyen assez naïf pour croire que Napoléon III considérait les juges autrement que comme des domestiques à tout faire, — y pensez-vous !... Retirer au gouvernement la faculté de mesurer sa reconnaissance envers les magistrats à l'entrain que ceux-ci mettent à condamner les journalistes... ce serait scandaleux !...

* * *

Le lendemain, M. Berryer, qui avait décidément le calme de la candeur et la candeur de l'honnêteté, proposa que les journaux qui attaquaient les grandes compagnies et les grandes institutions financières fussent admis à faire contre elles la preuve des faits avancés.

.˙.

Inutile de dire que M. Berryer fut reçu par le ministre de l'intérieur et le ministre d'État comme un curieux qui entre inopinément dans la cuisine d'un restaurant pour voir avec quelle espèce de chat se fait la gibelotte de lapin qu'on lui prépare.

L'Empire patronnait trop de compagnies financières qui faisaient des gibelottes sans le moindre lapin pour permettre que le premier publiciste venu pût sauter sur les peaux de chats pendues à l'office et les apporter devant les tribunaux.

o o o

M. Berryer ne fut pas plus heureux quand il demanda que les présidents de tribunaux civils désignassent eux-mêmes les journaux destinés à recevoir les annonces judiciaires.

Il voulait — et la chose paraît toute naturelle — que ces annonces fussent insérées dans les journaux ayant la clientèle la plus nombreuse.

Mais le ministre de l'intérieur déclara fièrement que l'Empire ne tolérerait jamais que des annonces officielles fussent données à des journaux de désordre et de bouleversement.

o o o

C'est ainsi que l'on vit l'*Etendard*, qui tirait dans les

145 exemplaires, publier des annonces qui devaient être portées à la connaissance d'au moins 300,000 lecteurs.

Ce fut aussi pendant cette session que M. Thiers réclama pour les journaux la liberté du compte rendu des débats législatifs.

Le gouvernement s'y refusa, alléguant que les sténographes officiels avaient seuls le don de ne point entendre de travers.

L'incident fournit au père Granier de Cassagnac l'occasion de traiter les membres de l'opposition de « *vieilles semelles* ».

Et ce n'était même pas à propos de bottes.

.ᐟ.

Quand vint la discussion sur le régime économique, le ministère fit — comme d'habitude — dresser un tableau excessivement brillant des *importations et exportations réunies*.

Il résultait naturellement de ce document que jamais le commerce de la France n'avait été aussi prospère.

.ᐟ.

Malheureusement, MM. Brame et Pouyer-Quertier s'amusèrent à vérifier les additions, ce qui les conduisit à constater que l'immense majorité des articles était portée deux fois à l'entrée et à la sortie.

Cette façon de montrer frauduleusement aux contribuables une prospérité étonnante, mais dont une bonne moitié était faite de gros paquets de filasse recouverts avec du papier doré, excita la verve de MM. Brame et Pouyer-Quertier.

* *

Les confectionneurs du tableau biseauté essayèrent de défendre leur travail ; mais MM. Brame et Pouyer-Quertier leur proposèrent publiquement par le journal *la Presse* un pari de *cent mille francs*, à verser pour les pauvres par la partie qui serait convaincue de mensonge.

Les comptables officiels, formés à l'école grecque, n'insistèrent pas.

CHAPITRE XV

UN BOUT DE SAUCISSON

Malgré toutes ces discussions au Corps législatif, et en dépit d'un peu d'effervescence occasionnée par le commencement de réveil politique dont nous avons parlé, la France était à peu près calme, quand tout à coup un scandale effroyable vint allumer toutes les passions et déchaîner de violents orages.

*

Le lendemain du Vendredi-Saint, le bruit se répandit,

comme une traînée de poudre, que Sainte-Beuve avait mangé la veille à son dîner un cervelas.

        * *

Immédiatement des cris de rage déchirèrent les airs.
A ces hurlements répondaient des éclats de rire gouailleurs et stridents.

C'étaient les cléricaux et les libres penseurs qui commençaient à... s'expliquer sur l'incident du saucisson.

Au milieu de ce vacarme qui n'avait rien d'humain, on distinguait quelques cris rauques partis des bureaux de l'*Union* : gredins!... charognes!... fripouille!...

A ces apostrophes en répondaient d'autres qui sortaient de partout : Calotins!... Loyolas!... Jésuites!...

Tout cela faisait un fracas épouvantable, on n'entendait plus rouler les omnibus.

        * *

Puis la presse s'empara de l'affaire, qu'elle envenima, bien entendu, si bien, qu'au bout de trois jours, la France fut divisée en deux camps prêts à s'entre-dévorer au premier signal : les saucissonnistes et les moruistes.

        * *

Cela dura ainsi jusqu'à la discussion de la pétition relative à la liberté de l'enseignement supérieur au Sénat, discussion qui fournit à M. Sainte-Beuve l'occasion de faire un magnifique discours sur ce sujet palpitant d'actualité : *La morue aux pommes de terre est-elle agréable au Seigneur ?*

o o o

Sainte-Beuve prouva victorieusement que le cœur de l'homme est assez vaste pour contenir à la fois l'amour de Dieu et celui des andouillettes.

Et tout se termina — selon la coutume impériale — par quelques solides coups de casse-tête appliqués par les sergents de ville aux étudiants saucissonnistes qui étaient venus manifester à leurs cours en faveur de Sainte-Beuve.

※

Ainsi, pour un méchant bout de saucisson — qui n'était peut-être seulement pas à l'ail — un grand peuple fut, pendant un mois, à deux doigts d'une véritable guerre civile.

Que ferait donc un tel peuple le jour où il s'agirait d'un cochon tout entier?

Nous aurons peut-être l'occasion de le voir par la suite.

CHAPITRE XVI

LA LANTERNE

Depuis quelque temps paraissaient dans le *Figaro*, sous la signature de Henri Rochefort, des chroniques étourdissantes d'esprit et de verve, et dans lesquelles la bande impériale était fort durement menée.

Le ministère, qui connaissait son Villemessant par cœur, ne douta pas un instant que le rédacteur en chef du *Figaro* ne jetât son rédacteur par dessus bord au premier danger que celui-ci pourrait faire courir à son journal.

o*o

En effet, une simple menace suffit, et Henri Rochefort disparut du *Figaro*.

Ce fut alors qu'il créa, — avec les administrateurs de ce journal à tout faire, qui prélevèrent même 50 0/0 sur les bénéfices de l'entreprise, — la *Lanterne*, dont les premiers numéros obtinrent un succès sans précédent.

o*o

Cette brochure hebdomadaire, d'une hardiesse inouïe, devint bientôt une véritable rage.

Les presses ne pouvaient suffire à tirer le nombre considérable d'exemplaires demandés par les vendeurs.

L'imprimerie Dubuisson était assiégée chaque samedi matin comme une boutique de boulanger en temps de famine.

Rien n'était plus drôle que l'aspect de Paris une demi-heure après l'apparition de la *Lanterne*.

Ces milliers de petites couvertures rouge vif qui miroitaient au soleil dans les mains de tous les passants, sur les trottoirs, sur la chaussée, sur les impériales d'omnibus, partout enfin, produisaient un scintillement extraordinaire.

On raconte à ce sujet qu'un aéronaute étranger, passant un samedi matin au-dessus de Paris, consigna ainsi le fait sur son journal de bord :

« **10 h. 37**. — *Je suis à 5,069 mètres du sol. Je passe « au-dessus d'un endroit où le bon Dieu vient sans doute « de laisser tomber sa boîte de pains à cacheter.* »

Dans ces moments-là, la circulation était excessivement pénible, tous les passants étant plongés dans la lecture de ce pamphlet impitoyable.

En tournant le coin des rues, on recevait des coups de coude effroyables.

On ne voyait plus les ruisseaux, on ne voyait plus les voitures, on ne voyait plus les bouches d'égouts ouvertes devant soi.

On se heurtait dans les becs de gaz, on se buttait dans les petites boîtes des décrotteurs, on s'enfonçait dans le bitume bouillant des trottoirs en réparation.

⁂

A chaque instant, deux passants, occupés à lire *la Lanterne*, se jetaient l'un sur l'autre et tombaient sur la chaussée.

Un autre, cinq autres, dix autres promeneurs plongés, eux aussi, dans l'éloge de la Montijo, venaient s'empêtrer les jambes dans les deux malheureux et se répandaient dessus à leur tour.

Les trente-deux bras s'emmêlaient, les trente-deux jambes s'entre-croisaient.

Tout cela formait un énorme groupe qui se grossissait à vue d'œil par l'arrivée de nouveaux lecteurs absorbés.

Et bientôt on était obligé de barrer les deux bouts de la rue pour éviter que d'autres arrivants ne vinssent effondrer sur ce nougat humain et le rendre plus inextricable encore.

Et chose singulière !... Jamais aucune dispute, jamais aucun reproche, jamais aucun gros mot, entre ces gens qui s'étaient amalgamés dans une succession de chutes souvent douloureuses

Le pamphlet d'Henri Rochefort était tellement attrayant, que chacun, en roulant sous son semblable, continuait à lire sa brochure et à en tourner les feuillets aussi tranquillement que s'il eût été commodément assis dans un fauteuil d'orchestre de l'Odéon.

Doucement, petit à petit, — sans lâcher sa brochure, — on se dégageait de la grappe comme on pouvait, d'abord une jambe, puis un bras, puis l'autre, puis la dernière jambe...

Toujours lisant, on se remettait sur pied, on ramassait son chapeau, on saluait poliment le tas de ses camarades de macadam et on continuait tranquillement sa route sans avoir perdu une seule seconde, ni un seul mot de sa *Lanterne*.

* * *

Cela était passé dans les habitudes parisiennes au point que les chevaux d'omnibus et de fiacres eux-mêmes s'y étaient accoutumés et s'y prêtaient avec une complaisance et un instinct vraiment admirables.

Quand ils voyaient un petit morceau de papier rouge à deux pas devant eux, ils s'arrêtaient net — aussi rapidement qu'ils fussent lancés — pour ne pas écraser le lecteur de la *Lanterne* qui passait, insouciant et absorbé, sous leurs naseaux fumants.

Les chiens étaient encore plus prodigieux.

Plus de cinq cents fois, à cette époque, nous avons vu de ces intelligents animaux qui s'étaient étalés au soleil, sur un trottoir, devant la boutique à laquelle ils appartenaient, se recroquiller tout à coup, les quatre pattes et l'appendice caudal ramassés sous leur ventre, en voyant arriver un passant qui lisait la fameuse brochure rouge.

L'œil doux et profond de ces bonnes bêtes semblait dire alors :

— Attention !... voilà encore un grand serin qui me marcherait sur la queue !...

Quant à l'effet produit aux Tuileries par la *Lanterne*, on le devine sans peine. Napoléon III fit d'abord semblant de ne pas se trouver vexé des quolibets terribles qui lui étaient décochés.

Il essaya même, dit-on, de sourire; mais comme il arrive toujours lorsque l'on veut sourire pendant qu'on vous écrase un cor, ça le rendait si laid que l'impératrice lui dit :

— Veux-tu cacher ça !...

Il faut dire qu'Eugénie d'Espagne avait ressenti violemment les premiers pinçons de la redoutable brochure, et qu'elle n'avait pas essayé une seule minute de prendre la chose en riant.

Fichtre non!... par exemple!...

Rien qu'au seul mot de *lanterne*, ses yeux sinistrement recouverts et plissés au coin extérieur, jetaient de fort mauvais éclairs jaunes; et de ses bajoues, déjà fort accentuées à cette époque, elle battait l'air avec furie.

Ah! ce n'eût pas été précisément là un moment bien choisi pour aller lui rappeler qu'elle marchait sur ses quarante-cinq ans!...

La nuit, elle avait des cauchemars effroyables.

Tantôt c'était sa couturière qui lui essayait une robe d un bleu splendide, dont tout à coup l'étoffe changeait de couleur et semblait faite rien qu'avec des couvertures de la *Lanterne*.

⁂

Une autre fois, elle rêvait qu'elle jouait *la Tour de Nesle* avec Rochefort.

Elle faisait Marguerite et lui Buridan.

A l'acte du cachot, elle arrivait, terrible, pour se repaître du supplice de Rochefort enchaîné et étendu sur la paille.

Alors, elle oubliait son rôle et lui disait, dans son langage ordinaire et impérial, des choses très-dures, comme celles-ci :

— Ah!... je te tiens-t-enfin, misérable!... M'as-tu-z-assez débinée... hein?... Mais... tu vas mourir... et mourir sous mes yeux... j'ai là deux hommes sûrs : Paul de Cassagnac et Robert Mitchell... qui n'attendent qu'un mot de moi, cachés dans ce collidor...

— Corridor, Majesté, si cela vous est égal, répondait Rochefort en souriant.

Alors tout à coup le décor changeait et Eugénie d'Espagne se trouvait transportée sur l'Arc de Triomphe.

A ses pieds, — et de quelque côté qu'elle se tournât, — elle voyait à terre de longues lignes droites et rouges venant toutes aboutir au rond-point de l'Etoile.

Quelque chose comme un immense soleil au centre duquel elle se trouvait placée, et dont les rayons s'étendaient à perte de vue en filets du plus pur vermillon.

o o o

Horreur!...

C'étaient toutes les avenues aboutissant à l'Arc de Triomphe qui étaient bourrées de promeneurs lisant la *Lanterne*.

o o o

Ce fut à la suite d'un de ces songes terribles qu'Eugénie entra un matin, comme une trombe, dans la chambre de l'Empereur, et poussa ce rugissement à la Lucrèce Borgia :

— Tu sais, Louis, en voilà-z assez !... Il faut que ça finisse !...

o * o

Eugénie d'Espagne signifia à l'Empereur d'avoir à ne pas tolérer plus longtemps les hardiesses de la *Lanterne*.

Napoléon III ne fut pas difficile à convaincre, car, lui aussi, commençait à trouver amer qu'après dix-sept années d'un aplatissement de première classe, pendant lesquelles tout ce que la France comptait de hauts dignitaires avait léché ses bottes pleines du sang du Deux-Décembre, un simple journaliste osât se camper devant lui et cribler son affreux nez de polichinelle obscène d'une foule de boulettes de mie de pain.

o * o

Il faut convenir par exemple que les boulettes étaient terriblement lancées, et que pas une ne manquait le but.

o * o

La mort de la *Lanterne* fut donc résolue.

En ce temps-là, comme avant — et de même un peu comme depuis — on se défaisait tranquillement d'un journal désagréable en pratiquant à sa caisse, sous forme d'amende, quelques saignées savamment graduées.

A l'aide de deux condamnations, on commençait par *éponger* à fond son cautionnement.

Puis, à peine avait-il réussi à en trouver un autre, on le *rinçait* en une seule fois par le même procédé.

Un journal a beau être excessivement répandu, il lui est difficile de retrancher quinze mille francs par jour sur ses menus plaisirs pour les porter au fisc.

Aussi la *Lanterne* et le lanternier, après avoir essuyé de copieuses condamnations en amendes et en mois de prison, durent-ils aller voir à Bruxelles si la Montijo y était.

o °o o

Eugénie d'Espagne était vengée.

Elle le croyait du moins ; ce n'était pourtant point complétement fini, la *Lanterne* brûlait plus loin, mais elle brûlait encore.

o °o o

Alors une nouvelle scie commença pour le couple auguste et son digne entourage.

La *Lanterne* s'imprimait en Belgique, moins rieuse peut-être, mais plus âpre et plus violente que jamais.

Et en dépit des efforts désespérés de la police et des douaniers qui sondaient jusqu'aux talons de bottes des voyageurs arrivant de Bruxelles, une quantité immense de ces brochures parvenait en France.

o °o o

La *Lanterne* était devenue le poil à gratter de l'Empire.

Elle passait à la frontière par ballots et sous toutes les formes.

Les femmes maigres en bourraient leur corsage, et l'Empire lui-même en avait plein le dos.

o o o

On en roulait dans de faux cigares allumés et dont les fumeurs éteignaient le bout aussitôt qu'ils avaient passé la douane.

On en cachait dans ses dents creuses.

On en avalait de petits paquets de cinq attachés avec un fil dont le bout dépassait et s'attachait à un bouton de son gilet. Aussitôt en France on les hissait dehors.

⁂

Les manchots avaient des bras postiches qui en étaient pleins.

On en introduisait dans l'épaisseur des faux-cols empesés, dans les doublures de gilets, dans des tumeurs artificielles, dans des goîtres factices.

⁂

On cite un commis-voyageur, fortement grêlé, qui en passa des centaines par semaine en les fourrant dans ses trous de petite vérole qu'il bouchait ensuite avec du mastic rose.

⁂

Des petites souris mécaniques en étaient bondées sur

la frontière et lâchées la nuit dans la direction de la France où des compères les attendaient, les vidaient, en remontaient le ressort et les renvoyaient en Belgique.

∗ ∗ ∗

Enfin, on n'avait jamais vu pareil succès, pareille vogue.

L'Empereur en était ahuri, et cette publication hâtait son ramollissement dans des proportions prodigieuses.

Quant à Eugénie d'Espagne, elle en avait des attaques de nerfs si violentes que les contractions de sa figure faisaient craqueler son maquillage comme l'émail d'un saladier de vieux Rouen.

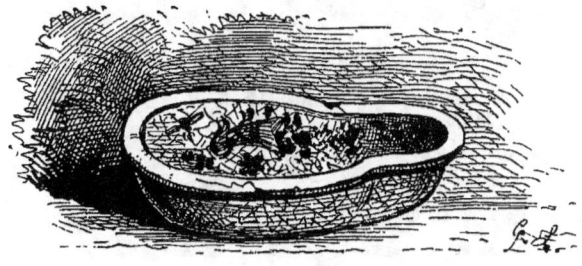

∗ ∗ ∗

Nous ne fermerons pas ce chapitre, consacré à la *Lanterne*, sans dire quelques mots de son auteur si conspué depuis par la basse presse qu'il eut le malheur de coudoyer pendant quelque temps.

Les reporters d'alcôve à côté desquels Rochefort a commencé sa carrière de journaliste, ne lui ont jamais pardonné et ne lui pardonneront jamais de s'être élevé d'un seul coup d'aile au-dessus de la fange dans laquelle ils ont continué à se vautrer faute de talent, de puissance et surtout faute de convictions et de sens moral.

Dissimulant mal un sentiment d'envie et de jalousie que leur inspirait un homme qui leur était supérieur en tout, ils n'ont cessé d'essayer d'enterrer l'auteur de la *Lanterne* sous cette oraison plus hypocrite encore que funèbre :

« Charmant chroniqueur mondain, Rochefort a complétement sombré dans la politique!... Quel dommage!...»

Francisque Sarcey lui-même, si nous avons bonne mémoire, a soutenu cette opinion ridicule, que Rochefort s'était tout à fait noyé en cessant d'exercer uniquement sa verve sur les ronds de jambe des danseuses des Bouffes-Parisiens.

* * *

C'est, d'ailleurs, un travers essentiellement humain, — travers presque toujours fait de dépit et de mauvais vouloir, — que celui qui consiste à renvoyer systématiquement à ses vaudevilles ou à ses premières œuvres légères l'écrivain qui, en se mûrissant, aborde des travaux plus sérieux.

Peu d'hommes plus que Rochefort ont été victimes de cette prudhomie malveillante.

Et peu d'hommes l'ont mérité moins que lui.

* * *

Rochefort faisait partie de la génération qui avait vingt

LES POURRIS DE L'EMPIRE

Un maire qui n'a pas désécharpé depuis Charles X.

ans au 2 Décembre et qui s'était formée, — nous voulons dire : déformée sous l'Empire.

Quoi de plus explicable qu'il soit resté presque indifférent aux choses de la politique à une époque où les fils ne pouvaient guère avoir ni chaleur, ni enthousiasme, puisque leurs pères n'avaient plus eux-mêmes ni foi, ni aspirations.

○ ○ ○

Chez Rochefort, mieux doué que beaucoup d'autres, ces qualités précieuses, qui sont l'amour du vrai et le dégoût des coquins triomphants, existaient à l'état latent.

La moindre circonstance devait les faire jaillir. Ce fut ce qui arriva.

○ ○ ○

Si le réveil politique ne le trouva pas absolument debout et prêt à lutter, du moins il le souleva vite.

Et Rochefort ne tarda pas à le lui rendre.

Aussi, pendant que les petits fanés de l'Empire, qui avaient ri de ses premiers et innocents calembours *charivariques*, restaient insensibles au mouvement des esprits, qui se traduisait par un violent haut-le-cœur de la France, enfin tirée de son engourdissement honteux, Rochefort, emporté par ce spectacle grandiose d'un peuple qui se relève et secoue son déshonneur, se plaçait d'un seul coup à l'avant-garde des combattants qui préparaient enfin la revanche de la liberté et de la morale indignement violées et égorgées depuis près de vingt ans par la bande impériale

∗ ∗ ∗

Personne n'eût été mieux placé que lui à ce poste hors des lignes, d'où il lançait avec tant de sûreté ces traits terribles dont aucun de ses ennemis ne se relevait jamais.

＊ ＊ ＊

Nous aurons à examiner, quand le moment sera venu, dans le *Septennat tintamarresque*, qui fera suite à la présente histoire, les événements politiques auxquels a pris part depuis l'auteur de la *Lanterne*.

Mais quels qu'ils soient et quelque jugement que l'on puisse porter sur eux, ils n'effaceront jamais cette vérité que Rochefort a été l'homme le plus utile à la cause républicaine de 1868 à 1870, puisque lui seul a eu le courage de jeter à la face du boucher de décembre et de son bétail plébiscitaire, à l'un son crime, à l'autre sa lâcheté.

＊ ＊ ＊

Beaucoup de journalistes républicains *raisonnables*, qui parlent aujourd'hui avec des dédains de satisfaits des hardiesses de Rochefort, eussent laissé l'Empire debout jusqu'à la fin des siècles plutôt que de risquer une seule ligne qui pût les conduire pour six mois à Sainte-Pélagie.

＊ ＊ ＊

Aujourd'hui, heureux, gras et bien placés, les uns dans

des feuilles libérales de nuances douces, les autres au sommet du parti opportuniste, les anciens compagnons de combat de Rochefort peuvent cracher et baver sur lui.

L'avenir jugera entre celui qui s'est rué bravement sur l'Empire et ceux qui attendaient tranquillement qu'il tombât.

CHAPITRE XVII

VOYAGE DE L'EMPEREUR ET DE L'IMPÉRATRICE A ROUEN (1868).

En mai 1868, Napoléon III et Eugénie d'Espagne se rendirent à Rouen.

Ils aimaient, de temps en temps, à se montrer à la province, pour entretenir leur prestige en visitant quelque usine bien balayée la veille, en vue de cette solennité, et en décorant quelque vieux gâteux de maire à tout faire n'ayant pas *désécharpé* depuis Charles X.

⁂

La population ne fit pas aux deux illustres cabotins un accueil bien chaleureux.

Bobèche-Napoléon III et la princesse Eugénie de Trébizonde commençaient à être fortement démodés.

Mais la réception officielle fut suffisamment brillante.

En ce temps-là, les municipalités n'étaient pas encore assez indépendantes pour se permettre de refuser de voter les fonds nécessaires à ces sortes de cérémonies.

₀°₀

Un conseil municipal n'eût même pas osé proposer de réduire de vingt-cinq centimes la somme demandée pour la réception du souverain en tournée, ce qui est pourtant un excellent moyen de donner au chef de l'État la mesure exacte de l'estime et de l'affection que l'on a pour lui, étant donné que le cas que l'on fait des gens peut se juger exactement aux sacrifices que l'on s'impose pour les recevoir.

* * *

Du reste, rien n'avait été négligé par la police impériale pour provoquer sur le passage de leurs majestés un enthousiasme dont possèdent seuls le secret les empires chancelants et les chefs de claque.

Outre huit mille paires de battoirs d'élite et de gosiers avinés qui avaient été semés sur la route de l'Empereur et de l'Impératrice, on avait fait courir le bruit, pour donner un peu de relief au voyage de l'Empereur, que trois individus étaient partis pour Rouen dans l'intention de l'assassiner.

* **

Cela put peut-être faire quelque effet sur les habitants de la Seine-Inférieure.

Mais à Paris le truc était trop connu pour prendre.

Et les Parisiens ne crurent pas un seul instant au danger qu'avait soi-disant couru l'Empereur.

CHAPITRE XVIII

DEUX NOUVEAUX COUPS DE GRIFFES DANS LA VESSIE

Après la *Lanterne*, qui avait déjà pas mal dégonflé la baudruche impériale, deux rudes balafres atteignirent ce reste de monstre rempli de vent.

* * *

A la distribution des prix de la Sorbonne, le jeune Godefroy Cavaignac, fils du général qui était honnêtement

descendu du pouvoir en 1848, refusa net de recevoir son

prix des mains du petit Deux-Décembre fils, connu déjà à cette époque sous le nom de Vélocipotassium.

❋

L'incident fit un grand tapage.

Ces deux enfants à peu près du même âge, et que le hasard mettait en présence, représentaient en effet deux immenses personnalités de notre histoire contemporaine.

L'un était le fils d'un soldat, qui avait peut-être bien sur la conscience quelques garcinades exécutées pendant les tristes journées de juin 1848 ; mais enfin d'un soldat qui, ayant eu le pouvoir en mains et l'armée à ses ordres, avait rendu le tout loyalement, simplement, sans même avoir été traité pendant six mois de « Bayard des temps modernes » par la presse réactionnaire, appelée et suspendue à la poignée de sa « loyale épée ».

❋

L'autre, au contraire, était le rejeton blondasse et blafard de ce louche césarrêteur de diligences, qui avait guetté la France, son faux serment au poing, et l'avait étendue à ses pieds puants et plats pour la violer et la déshonorer.

❋

Et par un de ces hasards qui ne peuvent naître qu'en temps de brigandages, vingt ans après que le général Cavaignac, fidèle à sa parole, avait remis le pouvoir entre les mains du Bobèche sinistre ; le fils de celui-ci devait couronner le fils de celui-là sur l'estrade de la Sorbonne.

∴

Le fils Cavaignac refusa de se prêter à ce jeu de la mort et du hasard, et ne voulut point courber son front devant l'héritier de l'homme aux pieds de qui les têtes fières ne pouvaient que rouler sans jamais s'incliner.

Cet acte d'audace fut presque instantanément suivi de la

publication d'un livre écrasant d'Eugène Ténot : *le Deux-Décembre*.

Moins violent, mais non moins terrible que la *Lanterne* d'Henri Rochefort, cet ouvrage — un véritable réquisitoire en règle contre les auteurs du coup d'État — produisit un effet immense et eut un immense retentissement.

* * *

Jamais, depuis dix-sept ans, les détrousseurs de décembre n'avaient été abordés avec tant de vigueur.

La portée de cette mise en accusation hardie n'échappa à personne.

C'était bien le commencement de la fin. L'opinion publique était désormais saisie par ces dépositions implacables et irréfutables de huit mille cadavres évoqués par l'auteur du *Deux-Décembre* en venant secouer leurs enfants engourdis dans l'oubli d'un grand crime, pour les sommer de juger et de flétrir les assassins.

CHAPITRE XIX

FIN DE LA SESSION LÉGISLATIVE 1868.

La fin de cette session fut assez orageuse, et la discussion du budget fut une occasion, saisie vigoureusement par l'opposition, pour frotter de nouveau le nez de l'Empereur et de M. Rouher dans leurs mexiques.

* *

On n'en vota pas moins une indemnité en faveur des bons gogobligataires, qui, sur la foi des prospectus officiels et alléchés par des promesses de dividendes de 38 0/0, avaient placé leur argent dans cette entreprise de haut macairisme.

Quelques députés de la gauche tentèrent vainement de s'opposer à ce que l'argent des contribuables servît à désintéresser de pauvres imbéciles qui avaient placé leur argent à leurs risques et périls dans une affaire sérieuse qu'ils croyaient bonne.

Ils firent observer que rien n'avait obligé ces gogobligataires à se livrer à cette spéculation plutôt qu'à une autre; que les impôts prélevés sur tous les citoyens ne pouvaient, sans immoralité, être employés à indemniser les idiots qui portaient leurs économies à des fondateurs de Sociétés anonymes destinées à exploiter les carrières de pâte de guimauve dans la Mistagoulatrombie; que si l'opération mexicaine avait produit des dividendes de 38 0/0, comme l'avaient promis ses lanceurs, les gogobligataires auraient empoché ces bénéfices scandaleux sans les partager avec les autres contribuables; qu'il serait donc souverainement arbitraire de faire supporter à ces derniers la moindre part d'une perte à laquelle ils n'avaient rien fait pour être exposés, etc., etc.

*
* *

Toutes ces protestations furent inutiles.

Il fut décidé que les millions qu'avaient coûtés à la France l'exécution capitale en Amérique d'un prince autrichien seraient pris dans la poche de gens à qui la réussite de l'affaire n'eût rien rapporté du tout.

Profitant de la discussion du budget des cultes et de celui de l'intérieur pour 1869, MM. Guéroult et Jules Simon demandèrent : l'un la séparation de l'Église et de l'État, l'autre la suppression de la commission de colportage, qui, sous le prétexte de protéger la morale publique, estampillait sans sourciller les *Mémoires de Rigol-*

boche et ne prohibait que les livres désagréables à la pétaudière impériale.

o ❋ o

Ces deux propositions subversives furent naturellement reconduites à la frontière parlementaire avec tous les égards dus à leur extravagante honnêteté.

o ❋ o

Restait une grosse question à vider.

La dissolution approchait, et avec elle le renouvellement du Corps législatif.

Tout à coup, le gouvernement impérial, qui avait englouti des milliards dans les opérations les plus cascadeuses, s'aperçoit qu'il a oublié... de faire des chemins vicinaux en France.

Un simple détail.

Quelque chose comme la distraction d'un homme qui dépenserait trente mille francs en vaisselle plate et oublierait de garder trente sous pour acheter le beefteack qu'il doit manger dedans.

L'Empire se mordait d'autant plus les pouces de cet oubli qu'à la veille des élections générales les chemins vicinaux devaient être pour lui un puissant engin électoral.

« Donnez votre voix à mon candidat, je vous en ferai
« une pour vos grosses voitures. »

o ° o

Le gouvernement demande donc cent millions pour lézarder la France de moyens de communication.

La gauche regimba.

M. Ernest Picard s'écria que ces cent millions étaient destinés à être la monnaie de poche des candidats officiels.

Et M. Jules Favre fit observer qu'avec le milliard dépensé inutilement au Mexique, on eût pu faire tous les chemins vicinaux désirables et les border de massifs de lilas et de lauriers roses.

∴

M. Schneider, qui présidait avec sa bonne foi et sa poigne creuzotesque ordinaire, arrêta net M. Jules Favre dans ses rapprochements amers, et la loi fut votée.

⁂

Ainsi se termina cette session brillante pendant laquelle la majorité soumise étouffa en toutes circonstances les revendications de la gauche, sous le bruit strident de l'entre-choquement des chaînes de saucisses en or qui l'attachaient à l'Empire.

CHAPITRE XX

MANIFESTATION BAUDIN (1868.)

Le 2 novembre, Jour des Morts, quelques journalistes se réunirent autour de la tombe de Baudin, simple député républicain mort pour vingt-cinq francs sur une barricade, comme un empereur ne mourrait pas pour cinq milliards sur un champ de bataille.

*
* *

Quelques paroles ardentes furent prononcées et l'on se donna rendez-vous pour le 3 décembre suivant, jour anniversaire de l'assassinat de Baudin.

*
* *

Napoléon III et Eugénie d'Espagne en apprenant cette nouvelle ressentirent un petit frisson désagréable.

La manifestation n'avait eu, il est vrai, aucun caractère menaçant.

Mais le couple SALLANDROUZE comprenait instinctivement que le jour où l'on rend hommage aux victimes annonce de bien près celui où l'on demandera des comptes aux bourreaux.

Napoléon III n'était pas au bout de ses terreurs.

Le bruit de l'incident du cimetière s'était répandu avec une rapidité foudroyante, et, dès le lendemain, deux journaux, l'*Avenir national* et le *Réveil*, prenaient l'initiative d'une souscription pour élever au martyr du devoir un monument digne de sa conduite héroïque.

⁂

Le gouvernement impérial comprit qu'une semblable souscription pouvait prendre l'importance d'un contre-plébiscite, dont les urnes ne seraient pas cette fois à sa disposition pour en truquer les doubles fonds.

Il résolut d'arrêter cette manifestation et fit saisir les journaux qui en avaient eu l'idée.

⁂

Cette persécution donna un élan terrible à la souscription : billets de banque, louis d'or et pièces de dix sous pleuvaient de toutes parts.

Les noms les plus illustres du parti républicain : Victor Hugo, Louis Blanc, Quinet, s'associaient à l'œuvre réparatrice. Baudin était vengé.

⁂

Un dernier et suprême témoignage devait pourtant s'ajouter aux autres pour honorer sa mémoire.

L'illustre Berryer — le même magistrat intègre que nous avons vu, dans un des chapitres précédents, réclamer en plein Empire que les juges correctionnels ne fussent plus choisis par le gouvernement afin qu'aucun soupçon de vénalité ne pût les atteindre — souscrivit pour le monument Baudin, et motiva son offrande par une lettre publique dans laquelle il était dit que « *Baudin est mort en obéissant aux ordres de l'Assemblée.* »

Nobles paroles auxquelles le *Pays* répondit en son langage habituel en « *demandant si les habitants des îles Baléares n'avaient pas raison de tuer les vieillards pour éviter que la*

décrépitude physique et morale ternisse une belle carrière » (sic).

                       * * *

On le voit : les mânes de Baudin pouvaient désormais reposer heureuses tranquilles et fières. Rien ne manquait plus à leur gloire.

Un grand citoyen — légitimiste pourtant — s'était agenouillé devant elles.

Et les Cassagnac avaient pissé dessus.

CHAPITRE XXI

LES PROCÈS BAUDIN (1868)

Tous les journaux qui avaient ouvert des souscriptions pour élever un monument au député Baudin furent poursuivis — et condamnés, bien entendu.

Mais l'Empire perdit beaucoup plus qu'il ne gagna à cet événement.

Les plaidoiries remirent le Deux-Décembre sur la sellette — Napoléon III n'avait pas songé à cela — et fournir une occasion de parler du Deux-Décembre était on ne peu plus maladroit de la part de l'Empire.

Surtout juste au moment où une nouvelle génération commençait à trouver que la précédente avait été bien arrangeante de s'accommoder pendant dix-sept ans, en guise de gouvernement, d'une réunion de coupe-jarrets, de détrousseurs et de proxénètes.

Ces différents procès servirent de débuts à deux jeunes avocats qui devaient bientôt se faire un grand nom dans la politique : MM. Gambetta et Laurier.

Ils ne firent pas acquitter leurs clients ; au contraire.

Mais ceux-ci eurent la satisfaction d'entendre leurs défenseurs en dire à l'Empire pour leur argent.

. ⁂ .

Outre la bonne fortune qu'eurent les républicains de mettre la main sur deux orateurs d'un grand talent, ils eurent aussi la chance que le procès Baudin vînt justement devant une chambre dont le président était orléaniste, M. Vivien.

La condamnation des prévenus n'en était pas moins certaine pour cela; mais il arriva ce qu'il eût été impossible d'espérer avec un président bonapartiste : les avocats purent librement prononcer, sous prétexte de défense de leurs clients, les réquisitoires les plus foudroyants contre l'Empire.

❊ ❊ ❊

Où tout autre président *soumis* n'eût pas manqué de retirer brusquement la parole aux défenseurs, M. Vivien se faisait comme un malin plaisir de les laisser aller tranquillement.

On sentait très-bien, au coin narquois de sa lèvre, l'homme qui se dit :

— Je ne suis vraiment pas fâché d'entendre dire par

d'autres à ces maroufles ce que ma situation me condamne à penser d'eux et me défend de leur dire moi-même.

Le retentissement de ce procès fut immense, ainsi que le succès de Gambetta, qui se trouva d'emblée désigné par l'opinion publique comme premier tombeur solo dans l'orchestre antiimpérial en voie de formation.

N'écrivant, pour l'instant, que l'histoire de Napoléon III, nous n'avons pas à nous occuper ici de la façon dont M. Gambetta tint plus tard les promesses superbes des débuts de sa carrière, ni comment il justifia les espérances que la démocratie avait placées en lui.

Procédons avec méthode. Dans le *septennat tintamarresque*, nous rattraperons bien notre Gênois sans courir.

Un des inculpés du procès Baudin, M. Weiss, rédacteur en chef du *Journal de Paris*, se défendit dans une plaidoirie non moins violente contre l'Empire que celle de M. Gambetta.

Sachant que nous n'aurons plus l'occasion de retrouver M. Weiss, dont la carrière est terminée, aussi facilement que M. Gambetta qui commence seulement la sienne, nous réglerons immédiatement le compte de cet implacable ennemi de l'Empire en ajoutant que, quelques mois après avoir couvert Napoléon III d'une boue épaisse, M. Weiss acceptait de lui une place de secrétaire général au ministère des beaux-arts.

Pas très-propre le chemin que suivit cet ambitieux écrivain pour arriver à destination. Il n'a qu'une excuse : c'est que quand on est Weiss, on n'a pas le choix des routes.

CHAPITRE XXII

DÉMONSTRATION MILITAIRE DU 3 DÉCEMBRE 1868

Ici se place un des plus brillants faits d'armes de l'Empire.

Nos lecteurs n'ont pas oublié que, le 2 novembre précédent, plusieurs citoyens s'étaient donné rendez-vous pour le 3 décembre autour de la tombe de Baudin.

※

Il s'agissait pour eux de rendre un pieux hommage à la mémoire d'un citoyen héroïque, d'un mandataire du peuple, qui avait été assez fidèle pour sacrifier sa vie à son mandat.

Le cas n'est pas assez commun pour que l'on puisse s'étonner que quelques citoyens aient pu y prendre garde.

※

Mais les journaux officieux prétendirent que cette manifestation n'était qu'un prétexte pour faire naître une émeute, et serinèrent le gouvernement pendant quinze jours pour lui faire braquer huit cents pièces d'artillerie sur la tombe de Baudin.

* * *

Le gouvernement impérial, qui n'avait pas besoin d'être seriné longtemps quand il s'agissait de prendre une mesure qui pouvait provoquer du désordre et lui fournir une occasion de *sauver la société*, suivit volontiers les conseils de la bonne presse.

Et le 3 décembre, au matin, les alentours du cimetière Montmartre étaient transformés en un vaste camp où étaient entassés six fois plus de soldats, douze fois plus de munitions et vingt-quatre fois plus d'enthousiasme guerrier qu'il n'en eût fallu plus tard au général Trochu pour réussir une trouée dans les Prussiens du côté de la Malmaison.

* * *

M. Pinard, alors ministre de l'intérieur, n'avait rien négligé pour assurer l'écrasement des trente-cinq citoyens qui avaient projeté de faire crouler les Tuileries en jetant des fleurs sur une tombe du cimetière Montmartre.

Toute l'immense police publique et secrète était sur pied, casse-tête à la main.

La garnison de Paris avait été renforcée de celle des environs.

Les troupes étaient consignées à quarante lieues à la ronde pour le cas où les deux cent mille soldats groupés à Paris ne suffiraient pas à repousser l'assaut des trente-cinq porteurs de couronnes d'immortelles.

o o o

La superbe armée de Clichy — c'est le nom qui lui a

été donné — était admirablement commandée et organisée.

Les intendances avaient fait merveille sous tous les rapports : tentes de campement, souliers, biscuits, ambulances, cartouches, fusils de rechange, etc., etc. ; rien ne manquait.

o°o

L'armée de Clichy, le matin du 3 décembre, avait reçu pour cinq jours de vivres.

Quatre de plus que si l'Empire l'eût envoyée à la conquête du Rhin.

⁎
⁎ ⁎

D'aussi merveilleux préparatifs ne pouvaient manquer d'être couronnés d'un succès éclatant.

Le triomphe fut complet, l'armée se couvrit de gloire.

A midi, la victoire était assurée, les trente-cinq citoyens refoulés à la porte du cimetière Montmartre et complétement réduits à l'impuissance par les feux croisés du boulevard Pigalle et des Buttes-Montmartre.

⁎
⁎ ⁎

A une heure, le général en chef envoyait aux Tuileries la dépêche suivante :

« Succès écrasant — ennemi en pleine déroute — trou-
« pes pleines d'enthousiasme — avons fait quinze pri-
« sonniers qui sont au poste pour ne pas s'être décou-
« verts respectueusement devant sergents de ville —
« abords cimetières complétement balayés — couchons
« sur positions — enverrai ce soir liste soldats se sont
« distingués par action d'éclat. »

⁎
⁎ ⁎

En recevant ce bulletin, Napoléon III parut tout joyeux.

Il y avait longtemps qu'il était turlupiné par l'idée d'avoir, lui aussi, sa journée d'Austerlitz.

Enfin!... ça y était!

CHAPITRE XXIII

FIN DE L'ANNÉE 1868.

La fin de 1868 ne fut marquée par aucun fait important.

La session législative fut close par la discussion du budget, que la gauche démasqua comme excessivement boiteux, mais que M. Magne assura être aussi d'aplomb que l'Arc de Triomphe.

* * *

La majorité, alors habituée à trépigner d'enthousiasme chaque fois que le gouvernement ouvrait la bouche, déclara, à l'aide d'un roulement de couteaux à papier bien senti, que le budget lui paraissait tout ce qu'il y a de plus en équilibre.

Et la question fut vidée comme un sénateur.

Une proposition tendant à rendre leurs droits municipaux à Paris et à Lyon fut repoussée glorieusement par la même majorité.

Et la session fut close aux cris de : *Vive l'empereur!* auxquels on répondit à gauche par quelques cris de : Vive la liberté! vive la nation!

o °o o

— Oui! riposta M. Belmontet, qui ne voulait pas avoir le dernier, oui! vive la nation qui a nommé l'empereur!

Personne ne songea à répondre à M. Belmontet qu'à la fin de 1868, une bonne moitié de la nation qui avait nommé l'empereur en 1851 dormait d'un profond sommeil dans les trente-six mille cimetières de la France et était remplacée par une autre demi-nation qui ne le renommerait certainement pas.

o °o o

Le 20 septembre 1868, mourut subitement à Strasbourg, après avoir conquis un quart d'ombre de demi-quart de popularité, à l'aide d'un dix-huitième d'à peu près de libéralisme relatif, M. Walewski, président du Corps législatif.

M. Walewski — comme pas mal de personnages in-

fluents de cette époque — passait pour appartenir à la

LES POURRIS DE L'EMPIRE

Fac-simile d'affiche électorale pour candidats officiels.

famille impériale par le côté des amours à la course dont n'avait pas fait fi Napoléon Ier.

On le disait fils de ce dernier et d'une noble dame polonaise, et cette origine irrégulière lui avait valu les faveurs spéciales du gouvernement de Louis-Philippe, qui passe, on le sait, pour avoir été le règne des mœurs pures.

Louis-Philippe et M. Thiers lui avaient ouvert à deux battants, l'un les cadres de l'armée française, l'autre les portes de la diplomatie.

Et il avait obtenu, grâce aux zigzags de sa généalogie, un avancement rapide, qu'il eût sans doute attendu en vain si son acte de naissance eût été aussi uni que celui du fils de deux époux légitimes du Marais.

L'empire accueillit avec empressement, dans la collection d'enfants de l'amour et du hasard qui lui servait d'entourage intime, ce gentilhomme polonais qui passait pour un sauvageon de l'arbre impérial.

On lui donna la succession de M. de Morny au Corps législatif; mais les bonapartistes purs, — c'est-à-dire ceux qui avaient du sang de décembre sur les mains, — ne trouvaient pas digne de leur société M. Walewski, dont le passé était vierge du bombardement de la maison Sallandrouze, et ne tardèrent pas à le renverser.

⁂

La mort le surprit au moment où cette funambulesque combinaison, connue sous le nom d'empire libéral, allait lui assurer une nouvelle place à côté d'Emile Ollivier.

⁂

L'année 1868 s'acheva dans l'émotion causée par le Congrès de la paix à Berne et celui de l'Internationale des travailleurs à Bruxelles.

Dans ces deux réunions, qui firent fortement loucher

sur leurs trônes tous les souverains de l'Europe, des questions énormes furent agitées.

A Berne, on émit les principes du plus ardent socialisme.

Un Russe, M. Bakounine, soutint carrément l'abolition de la propriété héréditaire, l'égalité civile de l'homme et de la femme, l'abolition de la famille et du mariage.

M. Wirouboff proposa la suppression des religions comme autant d'entraves à l'intelligence humaine.

Le Congrès de Berne repoussa ce programme ; mais vota la séparation de l'Eglise et de l'Etat, ainsi que le principe de la fédération européenne.

∘[∘]∘

Ce qui se passait à Berne n'inquiéta pas outre mesure les rois d'alentour.

L'énormité même des motions soutenues à ce Congrès les rassurait.

Mais il n'en était pas de même pour ce qui se passait à Bruxelles, où l'Internationale des travailleurs se bornait à développer l'idée plus pratique des grèves et des coalitions ouvrières.

∘[∘]∘

Les souverains comprenaient, non sans une certaine terreur, qu'il ne s'agissait plus là d'utopies irréalisables ou dont la réalisation leur laisserait du moins le temps de mourir de vieillesse sur leurs trônes, eux ou plusieurs de leurs descendants.

Ils sentaient admirablement que cette entente de tous les travailleurs de l'Europe était pour eux une menace solide et à courte échéance.

En effet, c'était grave.

A force de voir les rois, les reines, les princes et les

princesses se marier entre eux sans distinction de nationalité, se donner mutuellement des décorations et des titres, se grouper, se soutenir, s'inviter à dîner, s'offrir des

régiments et des cigares, croiser en un mot leurs races royales par-dessus la tête de leurs sujets, pour qui seuls existaient encore des frontières, les travailleurs avaient fini par se demander si ce ne serait pas justice de répondre par la création d'une Internationale des peuples à cette Internationale des têtes couronnées.

Ils s'étaient dit que puisqu'un prince autrichien acceptait bien du czar, comme cadeau de jour de l'an, le commandement d'un régiment de cosaques, et *vice versa*, il ne serait peut-être pas plus antipatriotique de la part des ouvriers français et allemands de se réunir pour aviser aux moyens de se faire augmenter de cinq sous par jour par leurs patrons.

⁂

On comprend très-aisément que ceci ne pouvait pas faire l'affaire des quinze rois d'Europe, ni de leurs fils, ni de leurs nièces, ni de leurs belles-sœurs, qui avaient tous mis la nappe par-dessus le dos de leurs quinze peuples et y prenaient, aux dépens de ceux-ci, des repas si copieux et si abondants que pour rien au monde ils n'eussent consenti à ne pas les croire éternels.

⁂

Tout à coup, au plus beau du festin, se mettaient à grouiller sous la nappe les quinze peuples, qui, eux aussi, s'étaient emmêlés et s'embrassaient comme du pain.

Têtes des convives du dessus!... comme on peut le penser.

⁂

Aussi se mirent-ils à flanquer de grands coups de pied sous la table pour faire rentrer toute cette racaille chacun dans son chenil.

Les talons de bottes eurent, il est vrai, facilement raison de cette première escapade buissonnière de leurs sujets.

Mais c'est égal, la fin du grand festin du dessus ne fut pas gaie.

*
* *

On devinait qu'alléchés par cette première expérience, les convives du dessous ne manqueraient de chercher à se retourner et ne tarderaient guère à revenir passer entre les jambes des gros mangeurs attablés.

Et, dans le lointain, les convives de la grande nappe,

bariolée d'armoiries, entendaient leurs peuples qu'ils venaient de chasser de dessous la table, murmurer en rentrant chez eux :

— Les frontières !... un bruit que nos rois ont fait courir.

CHAPITRE XXIV

DÉBUTS DE 1869.

L'année 1869 commença comme la précédente avait fini : au milieu d'une agitation générale que l'approche des élections rendait encore plus vive.

Le 18 janvier, Napoléon III ouvrit la session par un discours des plus ternes et des plus insignifiants.

On sentait qu'il parlait à une Assemblée sur le point de rendre à Dieu son âme et ses couteaux à papier.

Un vrai discours de chambre... de malade.

⁂

Le 2 avril eut lieu au Sénat une discussion importante au sujet d'une pétition signée par quatre cents habitants de Tours et demandant la suppression du budget des cultes.

Il va sans dire que le Sénat repoussa cette pétition hardie avec des branlements de menton indignés ; mais il ne

faut pas moins se réjouir que, de temps en temps, même dans les moments qui peuvent paraître le plus inopportuns, de telles questions, toujours à l'ordre du jour, soient soulevées de façon à ce que les citoyens ne perdent pas l'habitude d'y réfléchir.

Tous les clous n'entrent pas comme dans du beurre. Il en est sur lesquels on flanque vingt coups de marteau sans les enfoncer, et que le vingt et unième décide à traverser le nœud qui leur faisait obstacle.

* * *

Aux élections générales qui eurent lieu au commencement de 1869, Emile Ollivier, qui depuis cinq années n'avait cessé de s'essuyer les pieds sur le mandat de député républicain que lui avait confié une circonscription de Paris, n'en eut pas moins le toupet de se représenter devant ses électeurs.

❊

Il leur annonça que, dans une réunion publique au théâtre du Châtelet, il leur expliquerait sa conduite et leur prouverait, clair comme les cheveux de Siraudin, qu'il n'avait ni changé d'opinion ni *coupé sa queue*.

❊

Quoique Emile Ollivier eût lui-même fait sa salle, — comme cela se pratique même encore de nos jours à Belleville, par les renégats radicaux devenus chefs d'emplois du pratiquisme ;

Quoiqu'il eût choisi ses auditeurs par invitations spéciales, — ce qui était alors, comme aujourd'hui, le meilleur moyen de n'avoir à convaincre que des gens convaincus, — il faut croire que les explications fournies par

Emile Ollivier ne parurent pas extrêmement limpides à ses électeurs, car au premier mot de son programme d' « Empire libéral », il fut reçu par le public comme un drame de Montépin.

Honteusement blackboulé, Emile Ollivier ne dut qu'à l'excessive b...onhomie des électeurs du Var de pouvoir rentrer au Corps législatif.

Cet infortuné département est tellement honteux de ce qu'il a fait là, que, depuis cette époque, il se cache tout confus derrière les Alpes : hautes, basses, maritimes et autres, et se tient tout au bout, tout au bout, à l'extrémité de la France.

Si la Méditerranée n'était pas là, il se reculerait encore.

⁂

Les élections générales de 1869 donnèrent à l'opposition un grand nombre de voix.

Cette manifestation de l'opinion publique criait vengeance. Napoléon III comprit qu'une jolie occasion lui était offerte de *sauver encore une fois la société.*

A cet effet, il commanda à son Piétristan ordinaire un assortiment d'émeutes et de complots qui pussent motiver l'arrestation d'un certain nombre de républicains gênants, la saisie de quelques feuilles démocratiques et le bris d'un millier de crânes de passants sur les trottoirs des faubourgs.

° °° °

Napoléon III fut servi à souhait.

Une cinquantaine de journalistes furent inculpés de complots contre la sûreté de l'État, pendant que les *blouses blanches*, semées sur les différents points de la capitale, excitaient la foule en poussant des cris séditieux, pour préparer l'entrée en scène des casse-tête frémissant d'impatience dans la poche des argousins postés aux alentours.

° °° °

Pendant que la police impériale « sauvait la société » à Paris, deux ou trois régiments de ligne la sauvaient également à Ricamarie en mitraillant les mineurs de la Loire qui s'étaient mis en grève pour obtenir cinq sous de plus par jour !

Un seul feu de peloton coucha par terre onze victimes

dont deux femmes. Mais il faut dire que ces onze victimes étaient très-affamées et que la décharge était excessivement bien nourrie!...

Enfin, l'ouverture de la session arriva au milieu d'un grand enthousiasme. Aux abords du Corps législatif, on criait : Vive Thiers!... Vive Jules Favre!... Vive Gambetta!...

Les nouveaux députés entrèrent et se préparèrent à se mettre au travail.

La première chose qu'ils tirèrent de leur sac à ouvrage fut naturellement la vérification des pouvoirs.

⁂

Ils poussèrent un cri d'horreur en voyant l'immense

amas d'ordures que le gouvernement leur avait donné à éplucher sous la rubrique : *candidatures officielles*.

Après avoir respiré des sels, ils se mirent néanmoins à la besogne.

On verra dans le chapitre suivant que ce n'était pas là une occupation de fainéants ni de bégueules; car l'Empire employait pour faire ses élections un tas de moyens plus sales les uns que les autres, et que l'on ne pouvait remuer impunément qu'à la condition d'avoir le cœur solidement attaché.

CHAPITRE XXV

LES CANDIDATURES OFFICIELLES 1869.

En mettant le nez dans la vérification des pouvoirs, la nouvelle Assemblée, ou pour mieux dire quelques membres de la nouvelle Assemblée, s'aperçurent que pas mal d'élections étaient d'une impureté à rendre cinquante degrés de soixante au vin de Bordeaux de Bercy le plus audacieusement frelaté.

* * *

Ils ouvrirent des enquêtes desquelles il résulta plus que clairement que, sous la rubrique *Candidatures officielles*, l'Empire se conduisait en plein jour et dans tous les coins de la France envers le suffrage universel comme s'il l'avait rencontré la nuit dans une germinienne des Champs-Elysées.

On reconnut que les moyens les plus... excentriques avaient été mis en œuvre pour arracher aux populations des votes en faveur des candidats agréables.

Ici, c'étaient des rastels en plein vent, où l'on gorgeait les électeurs, huit jours avant le scrutin, de saucisson à l'ail, de volailles froides, de vin et d'eau-de-vie.

Là, c'étaient des distributions gratuites de panamas à dix-neuf sous par les temps de soleil, et de parapluies les jours humides.

Pendant que les candidats de l'opposition voyaient l'administration entraver leur campagne électorale par tous les moyens possibles, pourvu qu'ils fussent inavouables, les candidats officiels étaient au contraire autorisés à corrompre de leur mieux les élections, et à soigner comme ils l'entendaient leurs candidatures *à la tire*.

Aussi ne s'en privaient-ils pas.

On ferait un énorme volume en cataloguant simplement les innombrables trucs à l'aide desquels les protégés de l'Empire obtenaient des voix dans les campagnes.

Nous n'avons pas le loisir de dresser ici cette curieuse nomenclature ; et nous devons nous borner à soumettre à nos lecteurs quelques échantillons pris au hasard, et qui leur donneront une idée du reste.

Dans le Morbihan, pays du général Trochu, on était parvenu à persuader aux électeurs que le papier employé pour les bulletins de vote des candidats de l'opposition avait la vertu d'empêcher la maladie des pommes de terre de tous les cultivateurs qui s'en collaient un morceau sur l'estomac, en récitant cinq *ave*.

De sorte que les cultivateurs bretons, pour garder ce

papier, ne mettaient dans l'urne que les bulletins des candidats officiels.

* * *

Dans les Pyrénées, on avait promis que si les candidats du gouvernement étaient élus, le tramway de Bercy aux Batignolles ferait un petit détour pour prendre en passant, et sans augmentation de prix, les habitants qui voudraient venir au *Hammam*.

* * *

Dans le Gers, — un de nos maquis internes les plus encrassés, — on avait fait croire à la population que si le candidat officiel était élu, il n'y aurait plus, dans toute la circonscription, qu'un cocu par ménage.

Si au contraire le candidat de l'opposition passait, le nombre des cocus devait tripler au moins.

* * *

Nous passons sous silence — comme trucs par trop élémentaires de l'Empire — les boîtes à double fond dans lesquelles plus on mettait de bulletins républicains, plus on trouvait de votes impérialistes.

Ainsi que les boîtes à scrutin qui étaient ouvertes jour et nuit :

Le jour pour que les électeurs y missent leurs bulletins ;

La nuit, par des serruriers clandestins, afin que le maire pût les changer à sa guise.

En dépit de toutes ces preuves accumulées de corruption et de tricheries effrontées, la majorité du nouveau Corps législatif valida ces élections biseautées qui eussent fait vomir de dégoût le Grec le plus endurci.

Et la Chambre fut constituée le 19 juillet.

* *
*

Notons ici — il en vaut la peine — un des jolis tours de gobelet inventés par la majorité d'alors.

Un article du règlement disait qu'une fois le bureau formé, les députés validés avaient seuls le droit de voter.

Or, la nouvelle Chambre, dont beaucoup de membres sentaient leur élection plus que véreuse, mit à constituer son bureau une sage lenteur qui permit à tous ces produits du suffrage universel frelaté, de voter les uns pour les autres en se validant mutuellement.

C'est ainsi que l'on vit, quelques heures avant la constitution définitive du bureau, cinquante-sept députés non validés voter tranquillement, alors que la légitimité de leurs droits à siéger était encore un problème aussi insondable que la vessie impériale.

※

L'opposition réclama contre ce scandale ; mais la droite

L'Empire libéral.

persista en parodiant cette sainte parole de l'Écriture :

— Fais à autrui ce que tu voudrais qu'il te fût fait à toi-même. Validons-nous les uns les autres.

※

Cependant, ni rastels ni urnes truquées n'avaient pu faire qu'un assez grand nombre de députés républicains ne fussent élus.

Cette opposition, appuyée par un réel réveil politique du pays, allait devenir gênante.

L'empereur le comprit.

Aussitôt que la Chambre fut constituée, il lui envoya M. Rouher, porteur d'un décret de prorogation à une époque indéterminée.

Par un autre décret, daté du même jour, il convoquait le Sénat.

※

Ce double événement se reproduit assez fréquemment chez les peuples en jouissance d'un souverain constitutionnel.

Il est rare qu'à un moment donné celui-ci n'éprouve pas le besoin de congédier l'Assemblée qui lui est envoyée directement par le suffrage universel, pour passer quelques doux instants en tête-à-tête avec le Sénat, dont la société lui plaît mieux à ce qu'il paraît.

C'est un peu l'histoire de ces maris qui disent un beau matin à leur femme légitime et honnête, mais ennuyeuse pour leurs vices :

— Chère amie, tu vas faire tes malles. J'ai décidé que tu irais, pour ta santé, passer trois mois chez ta mère.

On est presque sûr qu'ils se proposent d'employer ce trimestre à faire des petites saletés avec leur concubine.

❊ ❊
❊

Ce fut ce qui arriva encore en cette circonstance.

L'empereur n'avait congédié sa Chambre légitime que pour commettre à son aise, avec son Sénat entretenu, une nouvelle indécence que l'on appela un sénatus-consulte, pour ne pas effaroucher par un gros mot la pudeur des jeunes filles de seize ans qui pourraient jeter les yeux sur le journal de leur papa.

⁂

Ce sénatus-consulte — puisqu'il faut appeler les choses autrement que par leur nom — apportait à la Constitution en vigueur quelques-unes de ces modifications libérales qui ne peuvent être mieux comparées qu'à un cadeau de dix sous fait à quelqu'un moyennant cinquante centimes.

⁂

Il était dit, par exemple, dans ce sénatus-consulte, — entre autres farces du même tonneau, — que le Corps législatif aurait à l'avenir l'initiative des lois ; mais seulement que le Sénat pourrait refuser de les promulguer.

Un sénateur de la gauche essaya de faire observer que cette plaisanterie n'était pas neuve et que ce n'était pas la première fois qu'on faisait entrer dans une Constitution un article dont la seconde moitié annulait la première, ce qui était parfaitement idiot.

Mais le ministre ayant répondu que si ce n'était pas la première fois, ce ne serait probablement pas non plus la dernière, le sénatus-consulte fut voté d'emblée.

o o o

Nous n'avons la prétention d'étonner personne en ajoutant qu'il se trouva même des gens qui jetèrent les hauts cris en apprenant cette réforme imprudente, et qui trouvèrent que l'empereur devait être devenu fou pour faire à la démagogie une concession au moyen de laquelle le Corps législatif allait pouvoir fabriquer des lois épouvantables que le Sénat pourrait démolir immédiatement.

∗ ∗ ∗

Ce fut de ce moment, assure-t-on, que Saint-Genest, qui était aide-infirmier dans un régiment de hussards, prit la résolution d'entrer, aussitôt son congé terminé, dans le journalisme de l'ordre moral, afin d'arrêter, par une série d'articles intitulés Un Mot!... les souverains trop faibles sur la pente de leurs concessions fatales.

∗ ∗ ∗

Un dernier souvenir de cette session sénatoriale.

Le ministre de l'intérieur ayant dit avec arrogance qu'il restait à l'Empire des forces suffisantes pour écraser ses ennemis, le prince Napoléon répondit : *On peut tout faire avec des baïonnettes, excepté s'asseoir dessus.*

Le mot était assurément spirituel, mais aussi bien imprudent de la part d'un homme qui avait la réputation d'avoir fertilisé à lui seul tous les environs de Sébastopol dans un perimètre de cinq lieues.

Aussi le *Tintamarre* ne laissa-t-il pas échapper l'occasion et mit-il en portefeuille — ne pouvant sans danger la publier sur l'heure — cette *fable-express*, que nous retrouvons dans nos notes :

Les Baïonnettes laxatives.

Certain prince du sang, fameux par ses renettes,
Fortement constipé, ne c... plus du tout.
On l'envoie en Crimée... Il est guéri du coup.

MORALITÉ.

On peut tout faire avec des baïonnettes!...

CHAPITRE XXVI

NOUVELLES INQUIÉTUDES (1869).

En dépit de la prorogation de la Chambre, — moyen infaillible pour les souverains, comme on le sait, d'inspirer de la confiance à la nation et d'aider à la reprise des affaires, — l'état de malaise général s'accentuait violemment.

La haute finance véreuse surtout s'alarmait à la pensée que l'ère de prospérité des filous, basée sur la ruine des honnêtes gens, touchait peut-être à son terme.

*
* *

Pendant les dix-huit années qui venaient de s'écouler, beaucoup de fortunes rapides et scandaleuses s'étaient élevées.

Mais à la suite de cette série de Macaires heureux qui s'y étaient pris à temps, venait une nouvelle foule de Bertrands plus jeunes, qui n'étaient entrés dans le tripotage sous-impérial que depuis peu et qui tremblaient que le réveil politique ne leur laissât pas assez de temps devant eux pour lancer leurs actions des carrières de carton bitumé et fonder leurs sociétés en éclosion pour l'exploitation des sources de cirage anglais de Goula-trombie septentrionale ou des tramways maritimes à six sous devant desservir la ligne de l'Equateur.

* * *

Ces craintes sourdes vinrent se compliquer de bruits fâcheux touchant la santé de l'Empereur, dans la vessie de qui on venait de découvrir une carrière de moellons importante.

* * *

Retenu à Saint-Cloud par quatre ou cinq douzaines d'*autres* plus dégoûtants qu'il n'avait pas attrapés en présidant le conseil des ministres, l'Empereur faisait courir le bruit qu'il n'était atteint que de simples et vertueuses douleurs rhumatismales.

Mais personne ne prenait le change, et tout le monde savait fort bien que Napoléon III en était arrivé à ce moment fatal où les vieux libertins se voient présenter par le batelier Caron, l'agent des recouvrements de Vénus, la facture de tous leurs dévergondages lubriques.

L'affolement des coupe-jarrets financiers redoubla lorsqu'ils apprirent que l'empereur était assez malade pour se voir forcé d'envoyer son fils présider à sa place aux grandes revues du camp de Châlons.

Le prince impérial, qui était alors ioduré de treize

printemps, se montra d'ailleurs à la hauteur de la tâche qui lui était confiée.

Il passa en revue, avec une remarquable intelligence, les futures troupes de Sedan, et attacha sur la poitrine de quelques braves la croix de la Légion d'honneur, dont il était lui-même chevalier depuis que sa mère avait cessé de porter dans ses flancs cette source de fortune de la pharmacie française.

Ce fut à cette époque, le 7 septembre 1869, que s'ouvrit le congrès de Bâle. Soixante-quinze membres étaient présents.

On y discuta, entre autres questions qui n'étaient pas

de nature à faciliter la digestion des classes dirigeantes de l'époque, celles de la propriété du sol et du droit d'héritage.

※

Le principe de la propriété du sol fut traité à Bâle comme un drame de Montépin à Paris. On décida par 58 voix sur 75 qu'il n'avait pas l'ombre du sens commun, par la raison que le principe de la propriété individuelle du sol pourrait conduire une nation de quarante millions d'hommes à ne pas pouvoir récolter un seul épi de blé pour vivre le jour où deux cents gros capitalistes auraient accaparé tout le terrain du pays et s'amuseraient à en faire des jardins anglais pour leur agrément.

※

Nous n'avons pas, bien entendu, la prétention de juger dans un sens ou dans un autre la résolution du congrès de Bâle. Ce sont là de trop grosses questions pour nous.

Cependant, si l'on nous offrait un bon cigare, à la condition de nous prononcer pour ou contre la théorie des congressistes de Bâle, nous inclinerions plus volontiers à penser avec eux que l'homme qui appartient à la terre, puisqu'il en sort et qu'il y rentre, a un rude toupet de prétendre que cette terre lui appartient, et de la lézarder de tant de murs de clôture.

° °
°

Quant au droit d'héritage, il fut également très-houspillé par le congrès de Bâle, qui le qualifia de « *droit funeste* », de « *privilége* », d' « *injustice* et de *menace perpétuelle pour l'ordre social* ».

° °
°

Sur ce point, non plus, nous n'avons pas la prétention de nous prononcer.

Il faudrait, pour nous arracher une opinion, que l'on nous offrît un second et plus excellent cigare.

Alors, cédant à la violence, nous nous verrions peut-être forcé de déclarer qu'il ne nous semble pas plus bête, en somme, de demander que chaque citoyen gagne le pain qu'il mange, que de trouver tout naturel que quelques-uns mangent leur pain en regardant les autres le leur gagner.

⁂

Détail curieux à noter :

Le congrès de Bâle fut clos le 12 septembre 1869, et rendez-vous fut pris pour l'année suivante à.... *Paris libre.*

Une prédiction aussi heureuse eût fait la fortune d'une somnambule.

En effet, l'année suivante, à pareille date, il y avait huit jours que Paris était désinfecté de l'Empire.

CHAPITRE XXVII

MANIFESTATION DU 26 OCTOBRE 1869.

Aux termes de la Constitution qui était censée régir l'Empire, mais ne servait en réalité que de paillasson à l'empereur pour se décrotter les bottes, le Corps législatif, prorogé trois mois auparavant, devait être convoqué au plus tard pour le 26 octobre.

Mais les constitutions monarchiques, — et même un peu les autres, — se distinguent généralement des jours de la semaine en ce qu'elles se ressemblent, mais ne se suivent pas.

o *o o

Napoléon III voulut donner une cinq cent trente-huitième preuve de la vérité de cet axiome peu consolant.

Tenu légalement de convoquer la Chambre pour le 26 octobre, il la convoqua pour le 29 novembre. Il s'adjugeait trente-quatre jours supplémentaires de beau temps.

* * *

La presse démocratique jeta feu et flamme à propos de cette violation de la Constitution.

M. de Kératry écrivit même à ses collègues pour les engager à se trouver, le 26 octobre, sur la place de la Concorde.

De là, tous les députés devaient se rendre au palais Bourbon, où, après avoir pénétré, s'il le fallait, par la force, ils reprendraient leurs siéges et continueraient la session.

Gambetta écrivit de Suisse : « J'y serai. »

Bancel, Raspail et Jules Ferry adhérèrent.

C'était donc bel et bien une révolution qui se préparait : car si les députés se fussent présentés, le 26 octobre, à la porte du palais Bourbon, Sallandrouze Ier eût infailliblement fait tirer le cordon.... de troupes sur eux.

∴

Mais que nos lecteurs se rassurent, nous ne les ferons assister à rien de pareil.

Il n'y avait pas le moindre danger.

Les députés de l'opposition d'alors étaient bien de ces hommes dont la roublardise fait des ministres, mais pas de ceux dont la foi fait des martyrs.

∴

Aussi, le 26 octobre 1869, à deux heures de l'après-midi, la place de la Concorde était-elle aussi nette que la salle du Vaudeville à neuf heures du soir.

Pas plus de députés manifestants chez le concierge du palais Bourbon que de poils sur l'écaille d'une tortue.

Les opportunistes d'alors avaient prudemment décidé qu'il fallait « mettre tous les droits de leur côté et tous les torts de l'autre » (cliché), régime facile à suivre en silence, en secret, même en voyage, et qui n'a généralement pour inconvénient que de mettre finalement le triomphe du côté des torts et la défaite du côté des droits.

A part cela, système charmant et peu coûteux.

o o o

Nous manquerions cependant à notre devoir d'historien consciencieux si nous ne rendions ici hommage à la mémoire d'un grand citoyen.

o o o

Nous avons dit que, le 26 octobre 1869, la place de la Concorde était absolument vide. Ce n'est point exact.

Un homme s'y trouvait à l'heure dite, armé de son parapluie légendaire, pour protester contre la violation de la loi.

Cet homme était le citoyen Gagne, auteur d'un grand nombre d'écrits excentriques que les sages du temps qualifiaient d'insensés.

Nous avons dit autre part, en écrivant la biographie de M. Gagne :

« *Tout le monde se moque de lui ; mais il n'est pas encore
« prouvé que ce n'est pas lui qui se moque de tout le
« monde.* »

Nous ne regrettons pas cette appréciation et n'avons rien à en retrancher.

⁎⁎⁎

C'est ici plus que jamais que se pose cette éternelle et terrible question : « *Où commence et en quoi consiste la folie humaine!*

L'attitude de M. Gagne, le 26 octobre 1869, au pied de l'Obélisque, est bien faite pour rendre plus ardue la solution d'un tel problème.

⁎⁎⁎

En effet, étant donné :

D'une part, trois cents représentants du peuple, hommes réputés *sages*, qui laissent, sans souffler mot, un souverain se moucher dans le mandat qui leur a été confié par le peuple ;

D'autre part, un seul homme réputé *fou*, qui bondit sous l'outrage et va courageusement prendre le ciel et l'Obélisque à témoin de l'injustice d'un despote et de la couardise d'une nation.

En quoi consiste la sagesse ?
Et qu'est-ce qui constitue la folie ?

Grave problème que nous sommes bien heureux de poser à la fin d'un feuilleton, ce qui nous donne huit jours pour le creuser.

CHAPITRE XXVIII

PRÉCIEUSE DIVERSION.

Les esprits s'échauffaient de plus en plus, et l'Empire sentait qu'il allait prochainement être obligé de compter avec l'opinion, lorsque tout à coup un événement imprévu vint détourner l'attention publique.

Un beau matin, on découvrit près de Pantin, sur les

bords fleuris qu'arrose le canal Saint-Martin, deux cadavres fraîchement enterrés.

⁂

Immédiatement la population parisienne se transforma en une seule et immense vieille portière et sortit sur le pas de sa porte pour potiner à propos de ce scandale.

En six heures, il ne fut plus question ni des élections, ni de la vessie impériale, que de hardis carriers continuaient à exploiter et à vider par tombereaux à une porte dérobée des Tuileries.

On ne parlait plus que du crime de Troppmann.

⁂

Dès le lendemain, les gazettes impériales avaient congédié tous leurs rédacteurs politiques et ne publiaient plus que des reportages et des croquis initiant la France entière aux détails d'un événement qui eût dû tenir dans un fait-divers de trente lignes, mais que l'Empire aux abois leur avait donné l'ordre de transformer en incident de haute attraction, trop heureux d'un incident qui lui donnait le temps de respirer un peu.

On saura sans doute la vérité plus tard; mais des gens dignes de foi ont prétendu que le gouvernement impérial, voyant que la chose prenait à ravir et craignant seulement qu'elle ne durât pas assez longtemps, collabora activement au drame de Pantin en faisant porter et enfouir près du lieu du crime, toutes les nuits, pendant une semaine, de nouveaux cadavres qu'il se procurait dans les hôpitaux.

Le lendemain matin, le préfet de police les déterrait et

Paris, de plus en plus atterré, se demandait s'il verrait jamais la fin de cette extraction funèbre..

Pendant ce temps, il ne se demandait plus s'il verrait bientôt celle de la farce lugubre qui s'appelait l'Empire.

C'était tout ce que Napoléon III voulait.

* *

Cependant, il était impossible de songer à éterniser ce sondage de la plaine de Pantin; et il fallut bien que l'opinion publique rentrât dans la réalité qui se présentait à elle, non sous la forme de sept ou huit cadavres plus ou moins apocryphes, mais bien sous celle de quatre ou cinq cents ouvriers d'Aubin dûment mitraillés par la garde impériale pour avoir demandé une révision du tarif de leurs salaires.

* *

De plus, les élections complémentaires allaient avoir lieu, et l'on discutait si les candidats républicains devaient oui ou non passer par-dessus ou par-dessous le serment qui leur était imposé par l'Empereur.

Plusieurs de ceux-ci voulurent rester tout d'une pièce et refusèrent de jurer fidélité, même à un homme qui avait fait du serment politique une rallonge au fameux chapitre des torche-culs de Rabelais.

Nous respectons leur conviction, bien qu'au point de vue pratique on puisse la considérer comme assez puérile.

En effet, le serment prêté au metteur en scène du Deux-Décembre ne pouvait guère, à notre avis, avoir beaucoup plus d'importance que la promesse faite à un

voleur de grand chemin de le prendre pour gendre aussitôt qu'il vous aura laissé rentrer chez vous.

A ces élections complémentaires, Henri Rochefort fut élu contre M. Carnot.

Beaucoup de gens se scandalisèrent qu'un républicain ancien et éprouvé fût battu par le jeune auteur de la *Lanterne*.

C'était s'émouvoir à tort. L'échec de M. Carnot, pas plus que le succès de son concurrent, n'avait rien qui pût diminuer cet homme illustre.

Les circonstances dans lesquelles Rochefort triomphait étaient des circonstances exceptionnelles.

Il s'agissait pour le peuple de Paris, moins de choisir pour député un homme de talent capable de discuter, qu'un homme audacieux qui représentait le plus complétement à cette époque la haine et le dégoût que Paris ressentait pour l'Empereur.

Aucun autre que Rochefort n'eût été le plus fidèle écho de ces sentiments de mépris.

Et, disons-le, nul plus que lui n'était digne d'être choisi pour porter à la tribune cette huée populaire que le premier, le seul!... il avait eu le courage de provoquer.

* * *

Il ne faut pas mesurer les périodes extraordinaires au métronome des époques calmes et régulières.

La compression excite à la violence.

L'arbitraire provoque la colère.

L'injure appelle l'injure.

C'est ce qui explique comment on peut être amené à répondre : mâche!... à quelqu'un, réponse à laquelle on n'eût jamais songé si ce quelqu'un ne vous l'eût pour ainsi dire dictée par une autre apostrophe.

∗ ∗ ∗

Il y avait dix-huit ans que l'Empire faisait l'impossible pour que Paris lui répondît : Mâche!...

Une occasion se présentait ; Paris lâcha le mot.

Et notre avis est qu'il n'y en avait pas d'autre à lâcher.

∗ ∗ ∗

Quelques jours après, Henri Rochefort se présenta à la Chambre.

Au moment où le ministre de la justice, appelant les députés nouvellement élus pour prêter serment, prononça le nom de Rochefort, l'empereur se mit à rire.

Le prince impérial, voyant rire son père, se mit à faire : Hi...han!... à son tour.

Naturellement les sénateurs, voyant rire le père et le fils, voulurent être le Saint-Esprit de cette trinité nauséabonde et laissèrent échapper de leurs boîtes à asphyxie des cris de joie retentissants.

Rochefort se contenta de fredonner ce couplet populaire :

« *Dans la gendarmerie,*
« *Quand un gendarme rit,*
« *Tous les gendarmes rient,*
« *Dans la gendarmerie.* »

Après quoi, il se pencha tranquillement vers un huissier de service à qui il demanda, en lui montrant le parterre officiel en liesse :

— Dites-moi, mon ami, est-ce qu'ils sont tous les jours aussi laids que ça ?...

CHAPITRE XXIX

FIN DE LA SESSION EXTRAORDINAIRE 1869.

La vérification des pouvoirs dura encore jusqu'au 26 décembre.

La Chambre continua à éplucher, avec une solidité de cœur vraiment remarquable, tout le contenu de l'énorme baquet des candidatures officielles.

Jamais on ne vit une réunion d'hommes plus difficiles à dégoûter.

Ils avalèrent sans sourciller un grand nombre de soupières à double fond, une quantité innombrable de violations de scrutins, enfin, des tas d'élections forcées ou faussées.

Rien ne put leur en faire vomir une seule.

* * *

On fit même à ce sujet la réflexion pénible que si ces

gens-là avaient par malheur l'imprudence de s'empoisonner avec des mauvais champignons, il faudrait renoncer à les sauver, puisque les choses les plus écœurantes étaient impuissantes à leur arracher le moindre haut-le-cœur.

* *

Pourtant, on comptait, pour obtenir enfin une évacuation violente, sur certaine élection de la Haute-Garonne, de laquelle M. Thiers n'avait pas craint de dire :

— J'ai vu beaucoup d'élections qui m'ont révolté... celle-ci est intolérable.

Mais cette attente fut vaine. L'Assemblée digéra cette élection comme elle avait digéré toutes les autres.

❋

Pourtant elle était roide !... Que l'on en juge :

Le maire de la localité en question avait tout simplement trouvé drôle, une fois le scrutin fermé, d'emporter l'urne dans sa chambre à coucher jusqu'au lendemain matin.

Et l'enquête démontra que cette nouvelle façon d'en agir avec la *volonté nationale*, comme les charcutiers qui couchent au premier agissent le soir avec le tiroir qui contient leur recette de la journée, n'avait pas été sans inconvénient.

❋

En effet, on sut que la femme du maire, bonapartiste enragée, avait largement profité de l'occasion pour exploiter en faveur de ses opinions politiques une situation nocturne qui avait placé son mari entre ses transports d'époux amoureux et ses devoirs de magistrat.

❋

Chacun des baisers conjugaux de cette nuit fatale à la démocratie coûta quinze voix au parti républicain.

Et comme le maire était doué d'une constitution très-robuste, la boîte au scrutin qui contenait 233 bulletins de l'opposition y passa tout entière.

* * *

A la dernière épreuve, il ne restait plus dans la boîte que huit bulletins républicains, et madame la mairesse, intraitable, en exigeait toujours quinze.

Cependant, devant tant de preuves de bon vouloir, elle finit par se laisser fléchir et se contenta des huit bulletins.

Mais il fallut que M. le maire s'engageât par serment à compléter les sept bulletins manquants aux premières élections qui auraient lieu.

⁂

Ce jour-là, la commune en question figura au *Moniteur* comme ayant élu à l'unanimité les candidats officiels de l'Empire.

A quoi tiennent souvent les destinées d'une nation?

Et n'a-t-on pas le droit de frémir à la pensée que notre cher confrère Albert Wolff eût pu être le maire de cette localité?

⁂

MM. Raspail et Rochefort s'imaginant bien à tort, à ce qu'il paraît, qu'ils n'avaient pas été envoyés à la Chambre par leurs électeurs pour regarder tranquillement fonctionner les mauvaises vieilles lois et attendre qu'elles se changent toutes seules en bonnes, en déposèrent une nouvelle qui, en moins de quinze lignes, était tout simplement une Constitution.

Cette loi prononçait :

L'émancipation de la commune,

L'application de l'impôt unique et progressif,

L'abolition des armées permanentes,

Et le service militaire obligatoire pour tous les citoyens.

∘ ∘ ∘

M. Forcade de la Roquette, alors ministre de l'intérieur, traita tout uniment de « ridicule » ce projet de loi et attira à Napoléon III cette réplique de l'auteur de la *Lanterne* :

« *Si ridicule que je sois, je ne me suis jamais promené
« sur une plage avec un aigle sur l'épaule et du lard dans
« mon chapeau.* »

Des esprits graves et bégueules ont souvent affecté de juger avec un certain dédain ces violentes apostrophes de Rochefort.

— Ce sont-là, disent-ils, des pétards plutôt compromettants qu'utiles ; et transformer une tribune en scène du Palais-Royal n'a jamais rien rapporté et ne rapportera jamais rien à aucun parti.

Nous croyons, nous, qu'il conviendrait peut-être d'apprécier autrement ces sortes de coups de fouet, et surtout de tenir compte des circonstances dans lesquelles ils se produisent.

Il est bien évident qu'un couplet de vaudeville, chanté par un député au beau milieu d'une discussion sérieuse dans laquelle tout le monde est honnête et de bonne foi, ne serait pas absolument de mise.

Mais que l'on veuille bien se reporter à l'époque que nous racontons.

Aucune idée nouvelle à mettre au jour, aucune réforme à espérer avant d'avoir tué l'Empire.

Rochefort le tuait : il était en plein dans le programme.

Et les hommes heureux et prudents qui ont la chance de travailler à la construction d'un bel édifice nouveau, sur l'emplacement d'une ancienne masure, auraient bien

mauvaise grâce, il nous semble, à traiter avec tant de dédain ceux qui, ayant démoli la vieille bicoque, leur ont fait la place nette et la besogne relativement facile.

Pendant qu'au sein du Corps législatif le gouvernement impérial déclarait « *ridicule* » un projet de loi qui avait l'outrecuidante prétention de faire trente millions de citoyens égaux des vingt-neuf millions de bêtes de somme et du million de bouchers qui formaient l'Empire français, M. Rouher, au Sénat, décidait à lui tout seul que Sainte-Beuve en se faisant enterrer civilement avait fait preuve d'une « *suprême et déplorable témérité.* »

o * o

Cette sentence, qui faisait de l'illustre Auvergnat l'égal des Cham et des Montépin, devenus plus tard célèbres par leurs insultes aux libres-penseurs, plongea dans une joie vive les gens convaincus que saint Pierre ne tirait le cordon qu'aux mortels dont le laissez-passer avait été visé par le curé de leur paroisse.

o * o

Quant à ceux qui croient, au contraire, que si le ciel peut être gagné par quelque chose, ce doit être plutôt par soixante-dix années de lutte que par un dernier quart d'heure de peur et d'hypocrisie, ils continuèrent à penser que si un homme peut être accusé de « *suprême témé-*

rité », ce n'est pas celui qui met d'accord sa mort avec sa vie, mais bien celui qui a l'aplomb de s'imaginer qu'en prenant à l'eau bénite son dernier lavement, il efface d'un seul coup toute une existence de canailleries.

CHAPITRE XXX

L'EMPIRE LIBÉRAL (1869).

Cependant, Napoléon III ne se dissimulait pas que le réveil politique, qui s'accentuait de jour en jour avec plus de force, commençait à ébranler fortement l'Empire.

Dans ces occasions-là, les gouvernements despotiques n'ont le choix qu'entre deux partis à prendre :

Resserrer brusquement la vis, au risque de faire éclater la machine.

Ou la relâcher un peu pour calmer l'opinion.

C'est-à-dire : essayer de reprendre de force et d'un seul coup tout ce qui a pu leur échapper, ou accorder quelque chose — le moins possible, bien entendu, — pour sauver le reste.

∗ ∗ ∗

Ce fut à cette dernière détermination que s'arrêta

l'Empereur, après avoir toutefois balancé très-longtemps.

Combinaison hybride qui donna naissance à cette immense gruerie historique étiquetée sous le nom d' « *Empire libéral* », et qui provoqua cet accouplement incestueux de deux mots plus incompatibles entre eux que n'aient jamais pu l'être gendre et belle-mère.

∗ ∗ ∗

Cependant, il se trouva des gens que cet absurde pléonasme ne stupéfia pas, au contraire.

Et M. Emile Ollivier, qui avait pourtant été un des fameux cinq opposants de la première heure, accepta avec empressement, de Napoléon III, la mission d'organiser, sous le nom d'Empire libéral, un gouvernement qui donnât une égale satisfaction à la poêle, à la friture et aux goujons.

∗ ∗ ∗

Pour accomplir ce tour de force incroyable, Emile Ollivier eut recours au moyen ordinairement employé en pareille circonstance :

Nous avons nommé la fusion des centres.

∗ ∗ ∗

On sait que toutes les Assemblées ont eu jusqu'ici pour plus bel ornement deux superbes centres : Un centre droit et un centre gauche, à peine séparés l'un de l'autre par l'épaisseur d'une cloison mince et mobile qui peut s'enlever facilement au besoin, selon l'occasion ou le bénéfice que les deux centres peuvent espérer obtenir en n'en formant qu'un.

Une fois cette cloison plus que légère disparue, les deux centres ne forment plus qu'une seule masse compacte, laquelle, manœuvrant avec ensemble, peut facilement noyer les groupes placés aux extrémités.

Il ne s'agissait donc pour Emile Ollivier que d'enlever la cloison.

C'est là un travail qui ne donne jamais beaucoup de peine, car, de tous temps, les centres d'Assemblée n'ont été composés que d'hommes sans idées et sans ligne de conduite arrêtées, et toujours prêts à verser selon les circonstances d'un côté ou de l'autre de la cloison.

⁂

Les centres-droitiers ne sont pas autre chose que des monarchistes sans poigne, et qui se penchent un peu vers la gauche afin de pouvoir y entrer plus facilement si le vent libéral vient à souffler trop fort.

Les centres-gauchers, de leur côté, ne sont que des révolutionnaires sans tempérament qui inclinent par précaution vers la droite, afin d'être plus à même de s'y faufiler quand la révolution est battue.

L'on comprend sans peine qu'entre gens de ce calibre et dont l'âme et la foi sont fortement trempées dans de la colle de pâte, l'entente est toujours facile, puisque leur devise est la même : *Flotter pour régner*.

⁂

Emile Ollivier fut donc chargé de radouber l'Empire à

L'Ange du revolver.

l'aide de quelques menues concessions plus illusoires qu'un dividende des *Galions du Vigo*.

Nous allons bientôt voir comment il se tira de cette tâche malpropre, et comment le navire vermoulu qu'il prétendait remettre à flot s'écroula au premier clou planté dans ses flancs pourris, engloutissant avec lui une partie du territoire et de la fortune de la France.

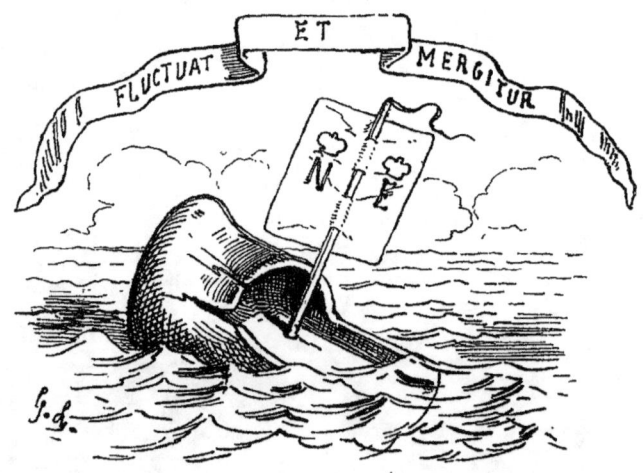

CHAPITRE XXXI

LE GUET-APENS D'AUTEUIL (1870).

Les crimes se suivent et ne se ressemblent pas.

Celui de Troppmann avait eu pour résultat de détourner un instant l'opinion des choses de la politique.

Celui d'Auteuil allait avoir pour effet de surexciter les esprits.

Voici les faits :

Un cousin de Napoléon III, Pierre Bonaparte, ayant

reçu la visite de deux témoins de M. Pascal Grousset, qui avait été insulté par le prince, avait jugé plus simple et plus pratique de les recevoir à coups de revolver.

L'un des témoins, Victor Noir, avait été tué dans le salon même du Corse.

o * o

Cette salandrouzade en chambre ne surprit personne, bien entendu; mais elle exaspéra tout le monde.

Et le jour même Rochefort insérait en tête de la *Marseillaise* un appel aux armes qui se terminait par ces mots :

« *Peuple français!... ne trouves-tu pas qu'en voilà assez!...* »

o * o

Emile Ollivier, éprouvant le besoin de calmer l'indignation générale excitée par le crime d'un prince du sang, fit immédiatement condamner Rochefort à six mois de prison.

Le rédacteur de la *Marseillaise* fut arrêté à la Villette.

o * o

A la suite des troubles qui suivirent cette arrestation, cinq ou six cents citoyens furent saisis dans leur lit et jetés en prison.

Cependant, cela n'allait pas toujours comme sur des patins à roulettes. Exemple :

Le 11 février, à six heures du matin, les agents s'étant présentés chez un nommé Mégy, ouvrier mécanicien, inculpé d'un complot quelconque, celui-ci brûla tout simplement la cervelle à l'un de ces sbires de nuit, donnant pour raison qu'à six heures du matin, en plein hiver, il était absolument impossible de savoir si l'on avait affaire à des agents bonapartistes ou à des filous.

Nous n'avons pas à nous prononcer sur cette question de droit.

Mais notre avis est que la raison de Mégy eût été aussi valable pour midi en plein été, attendu qu'il n'existe pas de soleil, même caniculaire, assez puissant pour permettre à un citoyen de distinguer à bout portant un roussin bonapartiste d'un forçat en rupture de ban.

⁂

Certes, nous sommes plus que personne partisan du respect de l'autorité, et, en plein jour, nous suivrions au poste, sans mot dire, un gardien de la paix qui nous y inviterait, alors même qu'il s'agirait de répondre à l'accusation d'avoir ébranlé les fondations de la colonne de Juillet en urinant contre le mur du Luxembourg.

Mais il faut pourtant bien que le respect de la loi s'entende un peu avec la sécurité des citoyens.

⁂

Et aucun citoyen ne serait en sûreté s'il était convenu

qu'au plus fort des ténèbres il dût tendre ses pouces au premier individu venu qui lui dirait d'une voix caverneuse :

— Au nom de la loi, je vous arrête.

※

S'il en était ainsi, les détrousseurs nocturnes ne vous laisseraient jamais rentrer du spectacle avec votre montre et votre porte-monnaie.

Ils se diraient tous commissaires de police en abordant

les passants attardés et les dévaliseraient ainsi à leur aise après leur avoir mis des poucettes.

* * *

Même depuis l'affaire Mégy, on a vu — et l'on reverra peut-être encore — des agents de police se poster à minuit dans l'embrasure de la porte d'un citoyen pour l'arrêter au moment où il rentre tranquillement de dîner en ville.

Mais de ce que cela réussit quelquefois, à la faveur du défaut de présence d'esprit de ce citoyen interloqué, il ne résulte pas absolument que ce soit là une opération toujours sans risque.

* * *

Et il est même bien certain qu'elle finirait par offrir assez d'inconvénients pour que l'on y renonce, si l'on tombait plus souvent sur quelque myope aussi peu endurant que bien armé, qui se refusât à voir dans trois individus accroupis au coin de sa porte, dans l'obscurité, autre chose que des malfaiteurs justiciables des simples lois de la légitime défense.

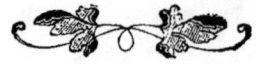

CHAPITRE XXXII

LE PROCÈS DE PIERRE BONAPARTE (1870)

Pendant ce temps, le prince Pierre Bonaparte comparaissait à Tours devant une haute cour spéciale, dont les juges avaient été soigneusement triés parmi les magistrats de l'Empire qui passaient pour être les plus difficiles à écœurer.

* *

Ce procès se termina, bien entendu, par l'acquittement du prince.

Personne n'en avait douté un seul instant.

Les prévisions de l'opinion publique furent même dépassées, car, outre l'acquittement de l'accusé, la Cour trouva moyen de condamner à dix jours de prison M. Ulric de Fonvielle, le seul témoin du drame d'Auteuil.

* *

Quant à Mégy, dont nous avons parlé plus haut, et qui avait tiré un coup de pistolet sur un agent de police qui s'était présenté chez lui pour l'arrêter à l'heure où les *escarpes* viennent forcer les tiroirs de commode, il fut solidement condamné par les tribunaux ordinaires.

Ce qui prouverait presque qu'en dépit de l'alignement irréprochable des balances que tient à la main la petite bonne femme qui est dessinée sur le papier timbré à douze sous la feuille, il y avait encore du choix dans les deux plateaux.

CHAPITRE XXXIII

TROUBLES DU CREUZOT (1870)

Les ouvriers du Creuzot ayant un beau matin manifesté l'insolente prétention de gérer eux-mêmes leur caisse de secours, qui était alimentée par les retenues prélevées sur *leurs* salaires, M. Schneider, leur patron, télégraphia à l'Empereur selon la coutume de l'époque :

« *Sire, menacé perdre argent qui n'est pas à moi,*
« *envoyez vite troupes abondantes pour défendre préro-*
« *gatives et monacos. A charge de revanche au Corps*
« *législatif.* — Schneider. »

o
o   o

Immédiatement Napoléon III envoya au président du Corps législatif les régiments demandés.

Et si les ouvriers du Creuzot n'eurent pas la satisfaction de rentrer dans leurs fonds, ils rentrèrent au moins dans le devoir.

o
o   o

C'est ainsi que cela se passait dans ces temps bénis. L'armée, entretenue aux frais de la nation pour la défense des frontières, n'était plus, en réalité, qu'une machine à tuer des lapins que l'Empereur mettait gracieusement à la disposition de tous les gros usiniers orthodoxes dont les lapins se permettaient de demander à manger une fois par jour.

* * *

Les lapins étiques d'Aubin, de la Ricamarie ou du Creuzot élevaient-ils un jour cette prétention outrecuidante de ne pas mourir de faim, vite, le gros usinier demandait à l'Empire de lui prêter pour un instant sa machine à tuer les lapins.

Et l'Empereur envoyait la machine.

* * *

Temps béni!... nous le répétons, que celui où les aigles glorieuses de l'armée nationale ne planaient plus que sur des boucheries de travailleurs sans pain !

Saluons cette grande époque, et passons.

CHAPITRE XXXIV

LE COMPLOT BEAURY (1870)

Napoléon III, voyant sa dégringolade s'accentuer d'une façon désespérante, avait conçu le projet de se refaire une troisième virginité dans un troisième bain plébiscitaire.

Il se préparait donc à interroger de nouveau la nation dans cette forme qui lui était familière :

« *La France veut-elle que je reste de gré ou que je continue à régner de force.* »

* * *

Mais avant de poser au peuple cette question sans envers, l'Empereur éprouvait le besoin de se rendre intéressant.

Un moyen élémentaire, en pareille circonstance, est de fabriquer un complot terrible, auquel on n'a échappé que par miracle.

Ce moyen, le ministre Ollivier n'hésita pas à l'employer.

∘ ? ∘

La police arrêta, le 1ᵉʳ mai, un certain Beaury, homme sans aveu, qui avait, disait-on, reçu une certaine somme pour assassiner l'Empereur, et avait été manger immédiatement cet argent dans une maison de prostitution.

On groupa autour de cela quelques arrestations d'hommes suspects, quelques découvertes de projectiles explosibles.

On alla même jusqu'à saisir chez un fondeur des bombes

effrayantes qui se trouvèrent, en fin de compte, être des moyeux de vélocipèdes.

Et de cet amalgame informe on parvint à confectionner un complot infernal que l'on publia en feuilletons à sensation dans tous les journaux bien pensants, quelques jours avant le plébiscite.

o °o o

La vérité est que ce complot — si toutefois il a jamais

existé — n'avait même pas l'importance d'une partie de canot projetée à Asnières par des calicots du *Bon Marché*, puisqu'il a été établi que cette conspiration se composait de trois conspirateurs, dont un pur imbécile amorcé par deux mouchards.

° * °

Le complot Beaury n'en fut pas moins un des plus brillants motifs de l'ouverture exécutée par l'orchestre impérial avant le lever de rideau du plébiscite.

Nous allons voir dans le chapitre suivant quelle peut être l'influence, sur le suffrage universel, de douze moyeux de vélocipèdes ou de quinze moules d'irrigateurs en fonte confisqués chez un fondeur et présentés à la province sous le nom de bombes explosibles à répétition.

CHAPITRE XXXV

LE PLÉBISCITE (1870)

Nous l'avons déjà dit, il en est des plébiscites comme des cataplasmes : tout dépend de la manière de les poser.

Aussi l'hilarité qui vous empoigne en voyant comment l'Empire posait les siens ne vous laisse-t-elle même plus la force de les discuter.

o*o

Voici à quelle question simple, concise et claire Napoléon III eut le toupet de demander une réponse, par *oui* ou *non*, à dix millions de Français, dont les neuf bons dixièmes ne comprenaient pas un traître mot de ce qu'il voulait leur dire :

« *Le peuple approuve les réformes libérales opérées*
« *dans la Constitution depuis* 1860 *par l'Empereur,*
« *avec le concours des grands corps de l'Etat, et rati-*
« *fie le sénatus-consulte du* 20 *avril* 1870. »

Quand les sept millions d'électeurs de campagnes s'entendirent poser une question pareille, ils ouvrirent tous des bouches à y entrer une miche de seize livres.

Ils n'eussent pas pu avoir l'air plus ahuri si l'on fût venu leur demander :

« *Approuvez-vous, oui ou non, que l'omnibus des*
« *Batignolles, dont le carré multiplié par* 27 *égale*
« *la moyenne d'une recette de l'Odéon : divisée*
« *elle-même par le total des grains de petite vérole de*
« *Louis Veuillot, modifie son itinéraire et passe à l'avenir*
« *en police correctionnelle !* »

o * o

Les paysans, naturellement, ne comprirent pas un mot aux termes du plébiscite et allèrent partout demander aux autorités ce qu'il signifiait et ce qu'il fallait y répondre.

C'était là que l'Empire les attendait.

Par les soins de M. Ollivier, d'abondants mouvements préfectoraux, sous-préfectoraux et municipaux avaient reçu pour mot d'ordre de chauffer le plébiscite à blanc en l'expliquant selon la formule aux électeurs.

o * o

Si bien qu'en moins d'un mois, il fut universellement convenu dans toutes les vignes, les champs d'avoine et les champs de luzerne des quatre-vingt-neuf départements que voter OUI, c'était vouloir la suppression de la grêle et du phylloxera, tandis que voter NON était attirer sur la France des légions de vers blancs, des montagnes de chenilles et des nuées de sauterelles.

∗ ∗ ∗

D'un autre côté, l'Empereur y allait aussi de son coup de grosse caisse; et grimpé sur le char de l'Etat — comme

feu Mangin sur sa voiture — lançait à la foule une proclamation-boniment pour vanter les charmes de la drogue plébiscitaire qu'il se proposait de faire accepter à la nation.

⁂

Et pendant que l'illustre saltimbanque débitait sa harangue, son premier ministre, Vert-de-Gris, se livrait, pour amorcer les badauds, à des pitreries fort réussies, au nombre desquelles on pouvait remarquer celle-ci :

— « L'*Empire* — disait Vert-de-Gris dans une circulaire adressée aux fonctionnaires pour réchauffer leur zèle : — *L'Empire adresse un appel solennel à la nation.* « *En* 1852, *il lui a demandé de la force pour assurer l'ordre;* « *l'ordre assuré, il lui demande en* 1870 *de la force pour* « *fonder la liberté. Voter* OUI, *c'est voter pour la liberté.* »

⁂

Il faut convenir — car le devoir d'un historien impartial est de reconnaître le mérite partout où il se trouve — il faut convenir, disons-nous, que pour débiter sans éclater de rire de pareilles choses, il fallait être d'une rude force.

Napoléon III, qui ne s'était soutenu pendant dix-huit ans qu'en bâillonnant et en garrottant la France, suppliant cette France de lui laisser « fonder la liberté », c'est à peu près, croyons-nous, tout ce que l'on peut imaginer de plus hardi comme macairisme.

Emile Ollivier, lui aussi, donna un coup d'épaule formidable au plébiscite. Il n'en pouvait d'ailleurs être autrement.

Renégat du parti démocratique, duquel il ne pouvait plus rien attendre, ayant mis tout ce qui lui restait sur une seule carte, il devait vouloir à tout prix que cette carte fût bonne, dût-il la biseauter.

Ce qu'il fit d'ailleurs avec cette tranquillité et ce calme que seule peut donner une conscience dont les frontières sont encore inconnues.

*
* *

C'est ainsi qu'on le vit, renouvelant les procédés de beaucoup de gouvernements précédents et même ceux de plusieurs gouvernements futurs, — adresser à ses fonctionnaires circulaires sur circulaires pour leur indiquer tous les moyens canailles à l'aide desquels ils devaient frelater le plébiscite qui était en train de cuire.

Pendant toute cette période, M. Emile Ollivier fut d'un zèle et d'un entrain vraiment étourdissants :

— « *Arrêtez les membres affiliés à l'Internationale,* — écrivait-il *aux préfets,* — « *supprimez les journaux dange-* « *reux... qu'on sente la main du gouvernement* » (ça... c'était sale par exemple!...) « *Frappez à la tête... Prenez-* « *vous-en aux avocats, aux messieurs... Activez le zèle des* « *substituts, des juges de paix... etc...* » (Voir Taxile Delord, tome VI, pages 119 et 120.)

Nous croyons devoir renvoyer nos lecteurs à la remarquable *Histoire du second Empire* de Taxile Delord et nous appuyer en cette circonstance de ce haut témoignage.

Les circulaires de combat lancées par M. Emile Ollivier en 1870 et que nous venons de citer nous ont semblé avoir tant de rapports avec d'autres circulaires appartenant à une période différente de nos annales, que nous avons craint d'être accusé d'avoir démarqué l'histoire d'une époque pour écrire celle d'une autre.

Nous ne mangeons pas de ce pain-là. Si l'histoire se répète, nous n'en sommes point la cause.

⁂

Nous avons montré les procédés qu'employait M. Emile Ollivier pour perroquetiser le suffrage universel ; ce n'est pas notre faute si nos lecteurs peuvent se dire :

— Tiens... mais... où diable ai-je déjà vu cela?...

⁂

Et pendant qu'il cherche où « il a déjà vu cela », continuons :

Tout ardent qu'il fût, Emile Ollivier trouva plus ardent que lui, et nous le voyons rappelé à l'ordre par le ministre de l'intérieur, qui lui écrit :

« La Marseillaise *et* Le Rappel *n'ont pas été saisis ce*
« *matin. Il me semble pourtant qu'avec un peu de bonne*

« *volonté on pourrait trouver motif à poursuite. Il y a un*
« *grand intérêt à empêcher ces jours-ci d'empoisonner nos*
« *campagnes* (sic). »

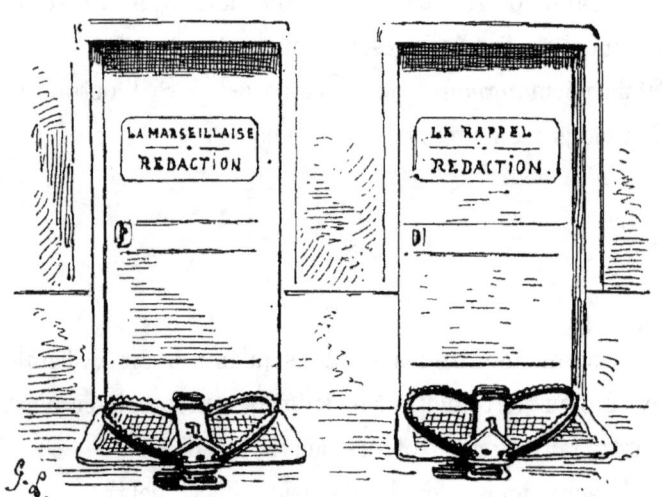

* *
*

On raconte qu'Emile Ollivier, atterré de se voir ainsi dépassé en ordremoralisme, fut pris d'une si violente colère qu'il en devint violet.

Sentant la congestion gagner, il voulut se regarder dans une glace. Mais comme il ne s'en trouvait pas dans la pièce où il était, il mit à profit son remarquable strabisme convergent et se mira d'un œil dans l'autre par-dessus la cloison de son nez.

Ce tic lui resta.

Et maintenant il peut très-bien se raser sans miroir.

o o o

Tout contribuait donc à la réussite du plébiscite, depuis l'appui du clergé, dont l'impératrice était devenue une excellente pratique et qui était ainsi intéressé dans l'entreprise, jusqu'au zèle de la magistrature, dressée de longue date à rendre plus de services que d'arrêts, ainsi que le prouve — entre mille preuves — l'épisode suivant :

« *Le substitut,* disait le procureur général de Riom, *s'est
« concerté avec le directeur de la poste, qui doit très-secrète-
« ment lui montrer toutes les lettres adressées de la Belgique
« et de l'Angleterre. S'il en est qui semblent politiques, le
« procureur impérial procédera officiellement.* »

o o o

Ainsi, les hauts magistrats en étaient arrivés là.

Pendant que les uns décachetaient les lettres, d'autres se transportaient chez les catins de l'Empereur pour y arranger à l'amiable et en sourdine les petites saletés adultérines du souverain et l'empêcher d'être giflé dans son ménage.

°

Tant de dévouement de toutes parts ne pouvait être stérile.

Aussi le troisième et dernier plébiscite, sous la direction de trois cent mille fonctionnaires transformés en chefs

et sous-chefs de claque, donna-t-il le résultat écrasant de

7 millions 500,000 braiments d'adhésion contre 1 million 500,000 grognements d'improbation.

⁂

L'affaire était encore une fois dans le sac.

Seulement le sac avait un trou, comme nous allons le voir enfin!...

CHAPITRE XXXVI

LA QUESTION HOHENZOLLERN

Le général Prim était en ce moment à la recherche d'un roi à hisser sur le trône d'Espagne, en remplacement de la reine Isabelle.

Il avait un instant pensé au duc de Montpensier ; mais comme il paraît que, d'après les traditions monarchiques, un roi qui doit régner sur un peuple doit avant tout convenir aux souverains des autres peuples, le général Prim crut d'abord soumettre ce choix à Napoléon III.

Napoléon III refusa net son consentement.

⁂

Alors Prim chercha un autre candidat. Il trouva un certain prince Léopold de Hohenzollern, sous-lieutenant dans l'armée prussienne, et lui télégraphia aussitôt :

« *Bonne place, beaux appointements, acceptez-vous? Réponse payée.* »

Le prince Léopold répondit immédiatement :

« *Accepte, temps de finir partie de billard, arrive Madrid.* »

Lorsque Napoléon III apprit la nouvelle, il eut un accès de colère qui changea en poudre d'aloès tout le sucre de son diabète et fit écrire à notre ambassadeur à Berlin qu'il trouvait de très-mauvais goût la plaisanterie de placer un Prussien sur le trône d'Espagne.

L'ambassadeur recevait en même temps pour mission de signifier à Guillaume et à Bismarck qu'il ferait de l'appui de cette candidature scandaleuse un *casus belli*.

⁂

Les courtisans de l'Empereur l'encouragèrent dans cette attitude.

Tous, en dépit des 7,500,000 oui du plébiscite, sentaient de violents craquements de mauvais augure sous l'Empire, auquel ils tenaient de toute la force de leurs

appointements; et — mouches prévoyantes avant tout soucieuses de conserver leur pâture — ils envisageaient avec plaisir la perspective d'une guerre qui pouvait, si elle tournait bien, étayer pour quelque temps encore l'étron dans lequel ils donnaient de si plantureux coups de trompe.

Le maréchal Le Bœuf, ministre de la guerre, ne cessait de répéter à l'Empereur qu'il fallait tenir bon, que nous étions « cinq fois prêts ».

Beaucoup de citoyens même, qui, depuis dix-huit ans, payaient tranquillement leurs contributions pour un entretien sous les armes de 600,000 soldats, ne redoutaient pas la guerre, croyant à l'existence réelle de ces 600,000 militaires.

Ils ignoraient, les infortunés! que nous avions à peine 300,000 hommes sous les armes et que l'argent qu'on leur avait pris chaque année pour l'entretien des 300,000 autres avait passé non en bombes explosibles, mais en bombes glacées à la pistache, non en pièces de siége, mais en pièces montées, non en pantalons uniformes, mais en culottes effrénées.

De son côté, l'Impératrice, inquiète du mouvement démocratique sans cesse grandissant, et très-anxieuse à l'égard des destinées futures de son fruit ioduré, et que des beaux jours d'impératrice-mère qui y étaient suspendus, opinait de ses quarante-huit chignons pour que l'on allât retremper à Berlin les huit ressorts du char impérial qu'elle sentait s'affaisser sous elle.

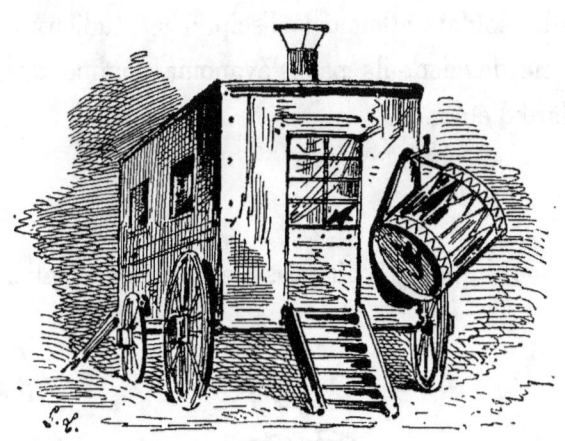

Quant à nos alliances probables en cas de guerre, tout ce monde-là s'en occupait comme une grenouille d'un accordéon.

Rien à attendre de l'Angleterre, refroidie par le dénoûment de la campagne de Crimée, qu'elle n'avait pas trouvé à son goût.

Rien non plus à espérer de la Russie ni de l'Autriche, la première étant liée avec la Prusse, la seconde n'ayant pas encore eu le temps de se refaire de Sadowa.

Mais tout cela était parfaitement indifférent à l'Empereur et à son entourage. A la seule vue des généraux et des officiers de l'armée française sortant des boudoirs impériaux et des estaminets de garnison où ils faisaient depuis dix-huit ans leurs solides études militaires, les douze cent mille soldats allemands disciplinés, studieux et instruits, ne devaient-ils pas s'évanouir comme un léger brouillard d'été?...

о^оо

Une seule alliance était possible : celle de l'Italie.

Mais Victor-Emmanuel ayant mis à son concours la

simple condition que la France lui laisserait faire de Rome la capitale de l'Italie, Napoléon III répondit :

— Plutôt une défaite sur le Rhin que l'abandon du pape!... (*Sic.*)

Belle et patriotique parole inspirée par les élancements d'une vessie irritée, qui se sentait près de comparaître devant le juge suprême, et voulait sans doute essayer de se faire prendre pour une lanterne par le concierge du séjour céleste!...

CHAPITRE XXXVII

REPRISE DE LA SESSION DE 1870. DÉCLARATION DE GUERRE

Les événements graves que nous venons de raconter devaient naturellement mettre à l'ordre du jour du Corps législatif les questions militaires.

En effet, plusieurs députés de la gauche, notamment MM. Thiers et Jules Favre, s'efforcèrent de prouver l'insuffisance de notre armée.

Mais le maréchal Le Bœuf répondait invariablement à toutes les observations par ces mots : Nous sommes prêts, archi-prêts, plus que prêts !...

※

Il ajouta même, pour donner plus de force à ses affirmations :

— Il ne nous manque pas un bouton de guêtre !

Parole qui s'est d'ailleurs confirmée plus tard par ce fait que nous n'avions pas de guêtres du tout, ce qui explique que le maréchal Le Bœuf ait prétendu avoir assez de boutons pour les boutonner.

※

Cependant, il semblait qu'à Berlin on eût pris à tâche de fournir à la France les moyens de sortir du mauvais pas dans lequel l'Empire l'avait engagée ; car Guillaume et Bismarck, se rendant aux observations de notre ambassadeur, avaient déclaré donner leur approbation entière et sans réserve au désistement de Léopold de Hohenzollern, lequel, ne voulant pas être la cause d'une catastrophe, avait déclaré renoncer au trône d'Espagne et était retourné tranquillement faire, avec le gros-major de son régiment, sa partie de billard interrompue.

Il était donc à ce moment très-simple pour Napoléon III et ses Le Bœuf, de profiter de cette porte de sortie et ne pas pousser à fond l'immense bêtise commencée dans un moment d'ébriété.

Mais cela ne faisait le compte ni des uns ni des autres.

Tous en étaient arrivés à ce point où les hommes, aussi mal lancés qu'ils soient — et peut-être par cela même qu'ils sont mal lancés — ont pour ainsi dire le vertige qui les pousse à vouloir aller jusqu'au bout.

Et il y a toujours tout à craindre des gens qui se sont

acculés de façon à n'avoir plus d'autre ressource que d'aller jusqu'au bout.

o *o* o

L'Impératrice surtout devint la plus acharnée pour la guerre.

Indépendamment de la seule chance possible de salut qu'elle y entrevoyait pour la dynastie napoléonienne dont elle se préparait à continuer le commerce en qualité de veuve inconsolable, une petite scène intime qui s'était passée à Berlin entre le roi de Prusse et M. Benedetti, notre ambassadeur — scène qui lui avait été rapportée — l'avait exaspérée au plus haut degré.

Aussi, devant les hésitations de quelques familiers des Tuileries un peu moins imbéciles que les autres, lança-t-elle avec fureur cette phrase qui est restée célèbre :

— C'est ma guerre !... Il me la faut !...

o *o* o

Quoique le *Tintamarre* ne soit pas bégueule, il lui est pourtant impossible de narrer *in extenso* la scène qui avait outré à ce point la belle Vénus aux bajoues d'épagneule.

Tout ce que nous pouvons dire, c'est que le roi Guillaume, fortement agacé que notre ambassadeur lui parlât sans cesse des prétentions et des exigences politiques de l'Impératrice, répondit, assure-t-on, par quelques mots

de crudité toute rabelaisienne et qui ne laissaient pas grand'chose debout du renom de noblesse, d'esprit et de vertu qui avait été fabriqué pour cette majesté à la détrempe par les feuilles entretenues de la cassette impériale.

※

On fit donc répondre au roi de Prusse par M. Benedetti que la France ne pouvait se contenter de sa parole touchant la renonciation au trône d'Espagne du prince Léopold, et qu'il fallait qu'il s'engageât à ne jamais permettre audit prince de revenir sur sa détermination.

Il était certain que Guillaume n'allait plus pouvoir faire autrement que d'envoyer promener des gens qui se permettaient d'exiger qu'il déposât sa chaîne de montre en garantie de sa promesse.

Ce fut ce qui arriva.

Et l'Impératrice eut « sa guerre ».

⁎ ⁎ ⁎

M. de Gramont lut la déclaration au Sénat, qui l'accueillit avec ivresse.

Au Corps législatif, ce fut Emile Ollivier qui annonça cette excellente nouvelle en demandant 50 millions.

⁂

En vain la gauche réclama-t-elle la communication des dépêches échangées avec la Prusse pour voir si vraiment il y avait bien lieu d'envoyer au massacre un million d'hommes de part et d'autre.

En vain MM. Gambetta et Jules Favre essayèrent-ils de faire comprendre qu'on jetait la France dans une aventure fatale.

En vain M. Thiers prononça-t-il un véhément discours pour faire ressortir le danger d'une détermination prise aussi à la légère.

Rien n'y fit.

⁂

La droite couvrit d'injures les orateurs de la gauche et n'hésitèrent pas à les accuser de recevoir chacun vingt francs par jour de la Prusse pour livrer la France aux uhlans.

M. Emile Ollivier mit le comble à l'enthousiasme des couteaux à papier en déclarant qu'il acceptait d'un « cœur léger » la responsabilité des événements.

Ne pouvant plus rien pour arrêter ces enragés, quelques députés essayèrent du moins d'obtenir des mesures pouvant conjurer l'issue fatale.

Ils réclamèrent l'organisation immédiate de la garde nationale.

Jusqu'alors l'Empire s'était contenté d'une garde nationale triée soigneusement dans ce que le classedirigeantalisme comptait de plus gras et de plus ventripotent en fait de notables commerçants et de bons rentiers bien en lard.

Tout à coup on lui demandait d'armer tout le monde. Nos lecteurs voient d'ici la tête qu'il dut faire.

Il eût été, en effet, trop bête de la part de Napoléon III, qui ne faisait la guerre que pour remastiquer son trône chancelant, de donner des fusils aux citoyens, dont le plus violent désir était de le voir à bas.

Le maréchal Le Bœuf et M. Emile Ollivier comprirent cette répugnance instinctive et s'opposèrent vivement à l'organisation de la garde nationale.

o °o o

D'ailleurs, à quoi bon?... n'avait-on point fait un pacte avec la victoire à courte échéance?

On l'avait si bien fait, ce pacte, qu'à la proposition qu'émit un député d'ajourner la consolidation de l'emprunt à *six mois, c'est-à-dire à la fin de la guerre*, la droite s'écria en riant comme une petite folle :

— Allons donc, dites à six semaines!...

Tant il était vrai que ces patriotes prévoyants étaient persuadés que les douze cent mille hommes de la Prusse n'existaient qu'à l'état de soldats peints en rangs serrés sur de grandes bandes de toile.

Et tant il était vrai aussi que ces patriotes n'avaient jamais pris la peine de constater que nos six cent mille hommes, à nous, n'existaient que sur états à colonnes, mais sans colonels, au moyen desquels on mettait dedans chaque année les contribuables de Panurge, appelés alors citoyens français.

o °o o

Le 24 juillet, l'*Officiel*, comme cela arrive toujours dans les moments où le pays a le plus besoin d'être représenté, — déclara la session close.

La Chambre donna carte blanche au ministère.

Le député Etienne Arago eut le courage de s'écrier à ce propos : *Situation sans exemple! tribune muette et presse enchaînée.*

La situation, il est vrai, était sans exemple, mais il n'était pas dit qu'elle n'en servirait pas plus tard.

* * *

N'oublions pas de signaler aux amateurs de franche gaieté que ce fut au cours de cette session que fut discutée la pétition des princes d'Orléans, revendiquant leurs droits de citoyens français et demandant l'abrogation des droits d'exil qui les tenaient trop éloignés de l'assiette au beurre.

*　*　*

La question fut tranchée par le maintien de la proscription.

Mais la discussion n'en fut pas moins fertile en incidents d'un haut comique :

D'une part, des républicains comme Esquiros, Jules Favre et Picard, soutenant qu'il fallait laisser rentrer en France les membres d'une famille qui l'avaient asservie et volée pendant dix-huit ans, ce qui était une colossale bêtise ;

D'autre part, un gouvernement dont le chef lui-même, exilé pendant longtemps comme dangereux, s'opposant à la rentrée en France de prétendants qui pouvaient le gêner à son tour, — ce qui était d'une logique indiscutable.

*　*　*

LES POURRIS DE L'EMPIRE

Capitaine de la garde nationale bedonneuse.

Nous n'avons jamais bien compris, pour notre compte, cette tendance qu'ont seuls les républicains platoniques à toujours vouloir rouvrir toutes grandes les portes de leur pays aux ex-familles régnantes.

Ce doux entêtement à laisser circuler dedans les princes du sang qui devraient être dehors, n'a d'égal que la persistance avec laquelle — chaque fois qu'ils font une révolution — ils laissent tranquillement filer au dehors les mêmes individus que leur premier soin devrait être de mettre dedans.

A part cela — et sauf que c'est tout le contraire comme dit Dumanet — les républicains sont absolument dans le mouvement révolutionnaire.

CHAPITRE XXXVIII

LA GUERRE (1870)

Nous n'avons jamais eu l'intention de raconter en détail cette triste période de nos annales.

Plusieurs raisons s'y opposent :

La première, c'est que si nous n'avons pas grand goût pour les récits de batailles en général, — même celles que la France a gagnées, — à plus forte raison devons-nous être peu friands de narrer celles qu'elle a perdues.

La seconde, c'est que le récit de la navrante campagne de 1870 nous entraînerait forcément à des appréciations peut-être peu enthousiastes sur des héros incompris, à qui l'heure serait sans doute venue de dire enfin leurs vérités, mais qui ne veulent pas laisser sonner pour eux l'heure de les entendre.

Et dame!... tant qu'ils tiennent la clef de la pendule...

○ ○ ○

D'ailleurs, sont-ce bien des batailles que nous aurions à raconter?... Et ce nom peut-il être donné à cette série de désastres, de défections et de trahisons qui se succédèrent depuis le jour de la déclaration de guerre jusqu'à Sedan?

Nous esquisserons donc à grands traits cette période terrible qui fut pour le peuple français une expiation cruelle, mais bien méritée, de dix-huit années d'abaissement moral, de lâcheté et de renoncement de ses droits.

○ ○ ○

Le 27 juillet, Napoléon III, après avoir confié l'Impératrice régente à la garde nationale, c'est-à-dire aux trente mille passementiers bedonnés et bien pensants que l'Empire appelait la garde nationale, Napoléon III, disons-nous, partit de Saint-Cloud pour aller se mettre à la tête de la queue de sa vaillante armée.

Quoique des bandes absinthées parcourussent les rues de Paris, à raison de cinquante sous l'heure, en criant : A Berlin!... la guerre était si populaire que l'Empereur n'osa pas traverser sa capitale pour se rendre à la gare.

Il rejoignit clandestinement la ligne de l'Est par le chemin de fer de ceinture, pendant que les sergents de ville transformaient en tire-lire, à l'aide de leurs casse-tête, le crâne des citoyens qui avaient l'audace de manifester en faveur de la paix.

✦ ✦ ✦

La première dépêche de l'Empereur à l'Impératrice fut un bulletin de victoire.

On avait rencontré dans les environs de Sarrebruck quatre uhlans en train de faire la soupe, dix mille soldats français sous le commandement de l'illustre Frossard avaient suffi pour les déloger ; Louis, faisant preuve d'un

sang-froid admirable, avait joué aux osselets avec des biscaïens ennemis ramassés sur le champ de bataille.

Enfin, c'était une journée mémorable. Austerlitz n'était que de la Saint-Jean.

∘ ∘ ∘

Mais hélas !... à ce lever de rideau flamboyant succédèrent les nombreux actes d'un drame lugubre : Wissembourg, Forbach, Reichoffen, Metz, et tant d'autres que nous oublions... exprès, tant nous font grincer la plume tous ces noms maudits qui marquèrent, étape par étape, l'abaissement militaire dans lequel l'Empire avait jeté la France.

∘ ∘ ∘

Raconter toutes ces défaites une à une !... à quoi bon ?

Partout la triste et grotesque comédie se jouait de même.

Partout c'était un général qui oubliait son artillerie dans quelque coin.

Partout c'en était un autre qui se trompait de route, croyant Nancy dans le Pas-de-Calais et Arras dans la Moselle.

Partout c'en était un troisième, qui se laissait arrêter au dépourvu par une rivière connue du dernier collégien de huitième, ou qui s'embarrassait d'un pont de bateaux pour traverser une forêt.

o°o

Partout c'étaient des intendances qui expédiaient des fourrages à l'infanterie, des sabres-baïonnettes à l'artillerie, des obus où il n'y avait pas de canons, des canons où il n'y avait pas d'obus.

Et — chose hideuse!... — partout c'était cette unique préoccupation de sauver avant tout l'Empire, c'est-à-dire le râtelier, préoccupation qui fit en plus d'une occasion

marcher vers la droite tel chef qui eût dû se porter à

gauche, et revenir en arrière tel autre dont le devoir était de pousser en avant.

Préoccupation infâme qui poussa un maréchal traître à se renfermer dans Metz et lui fit, en fin de compte, livrer sans combat à l'ennemi une armée qui eût pu sauver la France, mais qu'il gardait pour sauver l'Empire, ou peut-être même qui sait!... pour fonder une dynastie nouvelle et empoisonner l'histoire future de quelques générations de petits Bazaine couronnés!...

La population parisienne accueillait les nouvelles terrifiantes qui arrivaient chaque jour avec une douleur immense, mais aussi avec une colère toujours croissante.

Il devenait évident que l'opinion publique était en proie à deux sentiments égaux en intensité : une profonde tristesse provoquée par tant de revers, et une exaspération énorme contre l'Empire, dont l'incurie apparaissait enfin dans toute sa hideur.

❊ ❊ ❊

L'Impératrice comprit, aux froncements du sourcil du peuple, que ce n'était pas sur le Rhin que ça la démangeait le plus.

Elle lança une proclamation dans laquelle elle promit aux Parisiens de leur donner sur les remparts une seconde édition de la conduite de Jeanne d'Arc.

Cela les fit un peu sourire. On n'a jamais su au juste pourquoi. Quelque idée follichonne, sans doute, leur sera passée par la tête.

❊ ❊ ❊

En même temps, les Chambres furent convoquées pour le 11 août.

Et Paris fut mis en état de siége.

On fit observer à Mme de Montijo que cette dernière

mesure était un peu prématurée, les Prussiens étant encore très-loin.

Mais, en femme qui ne perdait pas la carte, elle répondit :

— C'est possible... mais les Bellevillois sont très-près.

Une assez jolie gasconnade vint aussi égayer une situation qui en avait bien besoin ; ce fut celle des ministres de Napoléon III lançant à la France, que l'Empire avait absolument châtrée, une proclamation dans laquelle ils faisaient appel aux souvenirs de 1792.

○ ○
○

Les souvenirs de 92 se tordirent les côtes de rire en se voyant évoqués dans un moment de détresse par des gens qui, pendant leur splendeur, les avaient traités comme des va-nu-pieds.

Rien n'était, en effet, plus cocasse que de voir ces hommes qui, huit jours auparavant, avaient écumé à la seule pensée d'armer le peuple, se prendre tout à coup d'une belle tendresse pour le principe du peuple tout entier debout et défendant le sol de la patrie.

Mais les monarchies qui se sentent choir nous offrent de ces anomalies. Pour ne pas voir sombrer sa liste civile menacée de couler bas, le plus altier des souverains se ferait remorquer par le steamer de la Révolution, en se promettant, bien entendu, de le faire sauter après le sauvetage.

○ ○
○

Les Chambres se réunirent le 9 août.

Chaque jour apportait du théâtre de la guerre des nouvelles désespérantes; mais la droite n'en repoussait qu'avec plus de persévérance toutes les propositions patriotiques des députés républicains.

Le mot d'ordre de la majorité semblait être : *Perdre la France avec l'Empire plutôt que de la sauver sans lui.*

Aussi l'organisation de la garde nationale, qui avait été décidée en principe, était-elle constamment ajournée aux calendes sallandrouziennes.

Cependant, à la nouvelle d'un désastre plus affligeant que les autres, l'Impératrice crut devoir faire une concession à l'opinion publique.

Emile Ollivier fut remplacé par le comte de Palikao, et le général Trochu fut nommé gouverneur de Paris.

La nomination de ce dernier fut accueillie avec sympathie.

On savait que le général Trochu avait été en désaccord avec Napoléon III, à propos de son livre militaire : *L'Armée française en* 1867, et on pensait que le seul fait d'avoir différé d'opinion avec l'Empereur était au moins un indice d'intelligence.

L'opinion publique, — comme en toute circonstance, d'ailleurs, — se contentait là d'un titre bien mince à sa confiance.

Elle ne devait pas tarder à le reconnaître.

*   *

*

Le général Trochu, — comme nous allons le voir bientôt, — était un de ces hommes faits pour sauver une nation comme la pommade de concombre est faite pour raccommoder la porcelaine.

*   *

*

N'oublions pas de consigner que, dans les derniers jours d'août, l'Impératrice ne put contenir l'exaspération du peuple qu'en faisant retirer à son noble époux le commandement militaire dont il s'était affublé.

Ce commandement fut remis aux mains du maréchal Bazaine. C'était de la veine !

Mais que celui de nos lecteurs qui ne s'est jamais félicité d'avoir mis à la porte une bonne qui lui cassait toute sa vaisselle en la remplaçant par une nouvelle qui allait le voler, jette la première pierre à ce peuple naïf et crédule, qui fut pendant deux jours extrêmement joyeux de voir mettre un traître à la place d'un idiot.

o°o

Enfin, le 3 septembre au soir, le bruit se répandit que

Napoléon III, enfermé dans Sedan avec toute son armée, avait rendu son épée au roi Guillaume.

L'épée de Napoléon III!... ce n'était certes pas là un bel outil ; mais c'est qu'avec cette épée l'Empereur avait aussi livré au roi de Prusse cent vingt-quatre mille soldats français, deux mille canons et quelques centaines de drapeaux.

Tout enfin ! excepté ses cigarettes.

Folle de douleur et prise de rage, la population parisienne resta debout toute la nuit et se rendit au Corps législatif pour attendre les députés et réclamer la déchéance, qui eût dû être prononcée depuis plus de quinze jours si les députés de la gauche eussent eu dans les veines autre chose que du sirop d'opportunisme frambroisé.

L'opportunisme politique, qui n'a été étiqueté que depuis, existait déjà à cette époque, que l'on ne s'y trompe pas.

* * *

De son côté, l'Impératrice et ses conseillers, — pendant cette nuit terrible, — cherchaient tous les moyens de conjurer un désastre dynastique devenu imminent et de sauver l'Empereur, dussent-ils ne plus régner que sur une France réduite à la presqu'île de Gennevilliers, car pour tous les souverains l'amour de la patrie est le même.

Il consiste à aimer non le pays auquel ils appartiennent, mais celui qui leur appartient.

S'ils le veulent grand, c'est parce qu'un grand pays produit plus de contribuables qu'un petit.

Mais, en somme, pour eux régner est l'essentiel, et jamais ils ne feront autant de cas d'une grande nation, — fût-elle la leur, composée de citoyens libres, que d'un petit territoire, — même étranger, — qu'ils peuvent faire exploiter par leurs esclaves.

⁂

Dans la nuit du 3 au 4, on agita donc aux Tuileries la question d'un coup d'Etat.

Les plus enragés, Cassagnac en tête, conseillaient cet expédient suprême.

Il eût été adopté sans doute, s'il eût été possible de compter sur les quelques troupes restant à Paris pour jeter par la fenêtre les députés de la gauche et recommencer sur le boulevard Montmartre les mitraillades de nourrices allaitant leurs bébés à l'ombre des kiosques à journaux.

⁂

Mais le coup n'était guère faisable.

On savait que, depuis quelques jours, la garnison de Paris se montrait assez rebelle à l'idée que l'on pourrait lui demander de massacrer des Parisiens qui allaient avoir à défendre Paris.

Aussi se décida-t-on à attendre le lendemain.

Cette nuit-là, l'Impératrice eut des cauchemars terribles.

Elle rêva de Marie-Antoinette, à qui, on le sait, elle aimait beaucoup à se comparer.

Peut-être fut-ce en partie à l'influence de ce rêve que fut due la résolution définitive de Mme de Montijo, de ne tenter aucun coup de force contre le peuple indigné et ses représentants.

S'il en était ainsi, on serait assez rondement amené à reconnaître que certains dénouements, qui peuvent paraître assez raides sur le moment, ont du moins cet avantage de faire réfléchir plus tard les gens qui seraient tentés de bisser l'histoire dans ce qu'elle a de moins appétissant.

CHAPITRE XXXIX

LE 4 SEPTEMBRE (1870)

Le 4 septembre, un flot de peuple armé, — qui avait laissé ses armes chez lui, — envahit sans résistance le Corps législatif.

Paris, comme nous l'avons vu dans le chapitre précédent, venait d'apprendre que les plans Napoléon, Bazaine, Palikao et Cie, avec lesquels on avait chloroformisé la population pendant deux mois, venaient d'aboutir à Sedan.

* * *

Et la fureur que les Parisiens éprouvaient d'avoir coupé dans trois plans imbéciles n'avait d'égale que la naïveté avec laquelle ils se préparaient à couper dans un quatrième qui devait s'épanouir plus tard sous le titre de : *Plan Trochu*, et duquel nous aurons, hélas! à reparler.

* * *

398   LA DÉGRINGOLADE IMPÉRIALE

Ce peuple courroucé réclama la déchéance immédiate de Napoléon III et l'obtint.

Notre devoir d'historien nous commande de rectifier ici une erreur trop accréditée.

A force de le dire eux-mêmes, les quelques républicains platoniques qui formaient alors la gauche du Corps législatif ont peut-être fini par se persuader que c'étaient eux, qui, le 4 septembre, avaient prononcé la déchéance et proclamé la République.

Grossière erreur!...

La vérité est que ces révolutionnaires pâteux et avachis

avaient une frayeur énorme des Cassagnacs, et que depuis Wissembourg le peuple, attendant en vain de leur initiative le signal du soulèvement, avait dû prendre le parti de faire lui-même ses affaires, voyant que les hommes qu'il avait placés à sa tête n'avaient pas, à eux neuf, assez d'énergie pour pousser du doigt le mannequin vermoulu de l'Empire.

Ceci dit, afin d'expliquer une fois pour toutes les malheurs qui attendaient cette pauvre République.

Que pouvaient, en effet, pour son salut, ces phraseurs timorés qui, sans foi et sans tempérament, avaient depuis dix années vendu de l'*opposition* comme un bonnetier vend des chaussettes ?

Tristes champions d'une cause dont ils rougissaient de prononcer le nom, et qui se cachaient de la servir comme un collégien se cache de sortir d'un mauvais lieu.

Pendant que le peuple traînait pour ainsi dire ses députés à l'Hôtel de Ville pour y proclamer la République, le Sénat était tranquillement réuni et, n'ayant plus rien à son ordre du jour, s'amusait, pour tuer le temps, à protester contre la violation du Corps législatif et à beugler de toutes ses forces : Vive l'Empereur! Vive l'Impératrice!... Vive le Prince Impérial!... pour tâcher d'être entendu du dehors.

⁂

Ce Sénat, fort embarrassé de ses mains en une circonstance semblable, avait une envie folle d'être envahi à son tour, ce qui lui eût donné une contenance.

Mais les sénateurs avaient beau crier, personne ne songeait à les envahir.

Le peuple, occupé à proclamer la République, ne semblait même pas se douter qu'il y eût un Sénat quelque part.

Il avait complétement oublié cette remarquable institution, comme des amoureux oublient, dans un coin de la chambre où ils se becquètent, une vieille duègne sourde, aveugle et assoupie, dont ils se soucient comme d'un chien empaillé.

Humiliés d'être traités avec tant de... respect, et furieux que la révolution ne leur fournît même pas l'occasion de « *céder à la violence* », les sénateurs, après cinq heures d'attente, remirent leurs perruques avec humeur, mais de travers, lévèrent la séance et se séparèrent en fermant violemment les portes, afin de bien établir qu'ils n'acceptaient pas les faits accomplis.

Un suprême affront les attendait à la porte.

Le temps était pluvieux.

Ils trouvèrent à la sortie un groupe de citoyens qui les abordèrent poliment en leur disant qu'ils étaient chargés par le nouveau gouvernement de la Défense nationale de leur apporter des parapluies.

Ce qu'ils firent.

CHAPITRE XL

SUITES DU 4 SEPTEMBRE (1870)

La déchéance était donc prononcée, la République proclamée et l'Impératrice en fuite sans qu'un seul des gros appointés des Tuileries eût seulement fait le geste de défendre sa souveraine.

* *

En républicains habiles, les membres du gouvernement provisoire eurent pour premier soin de laisser fuir tous les souteneurs à gages du régime impérial.

Sous le prétexte de conserver la République pure de toute violence, ils renouvelèrent la niaiserie des hommes de Février 1848 ; et ils surent bientôt ce que cette délicatesse leur coûta.

Une chose digne de remarque, c'est que lorsque les rois triomphent, ils mettent les républicains dedans ; et qu'au contraire, quand les républicains ont le dessus, ils mettent les rois dehors.

C'est sans doute à cela que nous devons de voir les plus pitoyables monarchies se conserver dix-huit années, et les meilleures républiques étranglées dans leur lit au bout de six semaines.

⁂

Le 4 septembre, pendant que la population parisienne arrachait de tous les monuments publics les N et les aigles impériaux, la droite de l'Assemblée, sous la présidence de M. Schneider, — un vieux fondeur à cils blancs qui réglait ses ouvriers à coups de chassepot, — et le Sénat tout entier, sous la présidence de M. Rouher, s'étaient réunis pour protester contre la révolution.

⁂

Tous ces vieux délabrés avaient formellement déclaré, en branlant le menton, qu'ils restaient fidèles à l'Empire, puisque leurs appointements couraient toujours.

Et, tout pleins de l'horreur que leur inspirait la mémoire du représentant Baudin mourant pour sa foi, ils décidèrent, séance tenante, que s'ils entendaient faire respecter l'Empereur, ils ne descendraient pas dans la rue pour le défendre.

Ils prirent donc tous le premier train et filèrent, les uns à l'étranger, pour aller y fonder, en toute sûreté, des

feuilles où ils pourraient représenter l'Empereur, Le Bœuf et Ollivier comme des prodiges de vertu et de génie; les autres, dans leur province, pour y préparer leur candidature à la prochaine Assemblée, fût-elle républicaine!...

Car ces majorités pour tout faire ont le privilége d'adapter leur nullité à tous les régimes, comme les figurants de théâtre représentent tour à tour avec un égal succès le peuple, la soldatesque, les seigneurs de la cour et les processions de moines.

Nous allons esquisser à grands traits les événements qui suivirent le 4 septembre, un des plus beaux coups de balai des temps modernes, et qui menèrent Paris, avec l'aide du général Trochu de Sainte-Geneviève, à son investissement complet par l'armée prussienne.

5 septembre et jours suivants. — Guillaume, qui avait dit à l'Europe qu'il ne faisait la guerre qu'à Napoléon et non à la nation française, marche sur Paris après avoir pris Napoléon.

On lui fait observer que, son but étant atteint, cette invasion n'avait plus de raison d'être. Il répond :

— Augusta m'a donné pour ma fête une montre qui ne va pas. Il faut que j'aille la régler sur toutes les pendules de l'Empire français.

L'Europe indignée se consulte, décide que Guillaume a

là un bien mauvais mouvement et qu'il est du devoir de toutes les puissances de se liguer au plus vite pour... le laisser faire..

Pendant que Guillaume marche sur Paris avec cinq cents canons, la princesse Mathilde s'en éloigne avec soixante-deux colis (provenance douteuse).

Trochu, en vrai soldat, laisse arriver Guillaume.
Jules Favre, en vrai républicain, ne fait pas fouiller la princesse.

Alexandre Dumas fils leur adresse des lettres pour défendre l'honneur de Mathilde. Cela fait beaucoup de tort à Dumas et ça ne fait aucun bien à Mathilde.

o o o

8 septembre. — La garde mobile de province commence à arriver à Paris.

Par une coïncidence bizarre, c'est la Bretagne qui fournit les premiers bataillons, et Trochu est Breton.

On les loge chez l'habitant, on les habille, on les arme petit à petit et on les instruit.

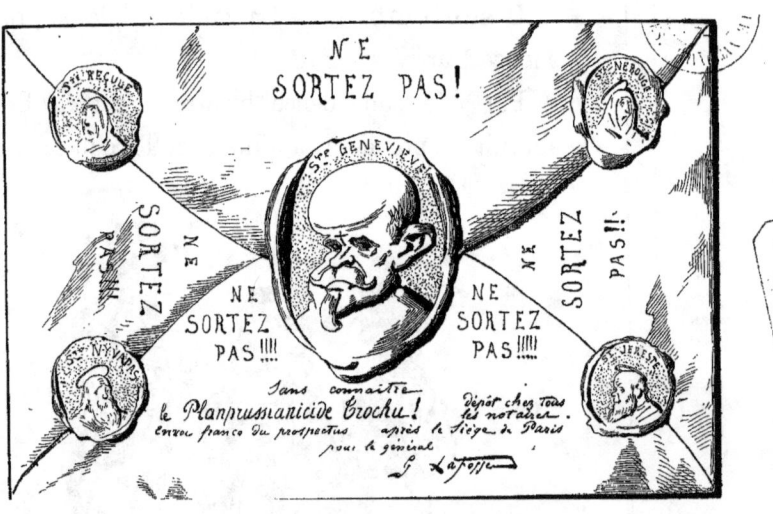

Un instant, Trochu a la velléité de transformer leurs fusils à piston en cierges à tabatière, de les nourrir avec des hosties de munition et d'intercaler dans les exercices le signe de la croix entre le : *Portez arm's!...* et le : *Croisez...ette!...*

Dorian s'y oppose. Trochu renonce en maugréant et dit en plein conseil : Je ne réponds pas du salut de Paris si mes mobiles ne communient pas au moins une fois par semaine.

10 septembre. — On organise la garde nationale de Paris et l'on décide que ceux qui sont sans ressources toucheront trente sous par jour.

Un membre de la Défense fait observer que ce n'est pas assez pour vivre.

— Sans doute, répond l'entripé Ernest Picard qui avait toujours beaucoup d'esprit, — mais puisque c'est pour mourir!...

Le conseil rit du mot et les trente sous sont votés.

Seulement, pour ne pas humilier les gardes nationaux nécessiteux, on décide que ceux qui voudront recevoir l'indemnité devront en faire la demande à haute voix devant toute leur compagnie.

Grâce à cette mesure toute démocratique, dans beaucoup de bataillons gras, les gardes nationaux maigres qui se trouvent en minorité n'osent pas réclamer les trente sous, tout en regrettant amèrement qu'un gouvernement républicain ne donne à ses défenseurs affamés que des affronts à dévorer.

11 septembre. — On trouve 30,000 fusils cachés dans les caves du Louvre. Ce n'est pas cela qui réhabilite Palikao.

La population parisienne, enthousiasmée de la résistance de Strasbourg, va couvrir de fleurs et de drapeaux la statue de cette ville sur la place de la Concorde.

Elle jure de suivre un si noble exemple.

Trochu, qui entend ces cris, se dit en lui-même :

— Tu le verras bien !...

* * *

Cependant, les préparatifs de la défense de Paris continuent. Les Prussiens avancent ; mais on active les travaux de terrassement au dedans des fortifications.

On commence bien à se demander pourquoi le général Trochu ne va pas un peu au devant de l'ennemi pour tâcher de lui imposer un cercle d'investissement plus étendu.

* * *

Mais ce général d'élite, qui est devenu aussi chauve que décoré, sans que l'on ait jamais pu savoir à quoi il avait perdu ses cheveux et gagné ses décorations, répond toujours d'un air capable :

— Soyez tranquilles!... J'ai déposé mon plan chez un notaire.

⁂

11 septembre. — On apprend que le commandant de la citadelle de Laon s'est fait sauter avec sa garnison, pour ne pas se rendre aux Prussiens.

La population parisienne est émerveillée d'un tel dévouement ; le général Trochu-de-Sainte-Geneviève s'écrie :

Doux Jésus!... Pourvu que l'on ait pensé à faire administrer à ces braves soldats les derniers sacrements!...

On fait tout autour de Paris des essais de ballons captifs, pour se rendre compte des mouvements des Prussiens.

Le général Trochu lance un ordre du jour par lequel il enjoint à toute l'armée d'observer l'ennemi, mais surtout le repos du dimanche.

。°。

12 septembre. — On commence à incendier les maisons situées dans la première zone des fortifications. Les propriétaires de la seconde, voyant leur tour approcher, font un nez long de plusieurs zones. (Pardon!...) Ils demandent à leurs locataires le payement de trente-cinq termes d'avance ; pour toute réponse, ceux-ci enlèvent leurs meubles sur des brouettes.

Pendant que la garde nationale s'organise, les tripoteurs de fonds publics commencent à se préparer une série de douces fluctuations, en inventant des nouvelles pacifiques ; et dès le jour même, on voit les citoyens courir aux armes et les faux bruits d'armistice à la Bourse.

。°。

13 septembre. — Le général Trochu-de-Sainte-Geneviève passe une grande revue de la garde nationale sur les boulevards. Comme elle n'a pas encore eu le temps de s'équiper et de s'organiser à fond, l'aspect de ses deux rangs bariolés ne manque pas de pittoresque.

Ce mélange impossible de casquettes, de képis, de chapeaux gris, de gibus, de capotes noires, de pet-en-l'air noisette, de pantalons à bande, de pantalons mauve, de collets rouges, de cravates bleues, de grosses bottes, de souliers vernis, de mains calleuses, de gants peau de chien, de moustaches en crocs, de favoris en côtelettes, de lorgnons, de lunettes, de jeunes gens, de vieillards, de maigres, d'obèses, etc., etc., ce mélange produit un effet qu'il faut renoncer à rendre.

* *
*

Le général Trochu-de-Sainte-Geneviève parcourt ces deux lignes arlequinées, froid comme toujours, triste comme toujours, dédaigneux comme toujours. Il n'a pas l'air de se douter de ce que ces gens mal mis viennent lui offrir. Il semble qu'il passe en revue cette plèbe armée par manière d'acquit, et qu'il se dise en passant : Que veut-on que je fasse avec ÇA ?...

* * *

Insensé!... qui préfère croire en sainte Geneviève qu'en la garde nationale.

Incapable!... Impuissant!... qui dédaigne l'héroïsme parce que l'héroïsme ne sait pas encore faire l'exercice, aveugle qui ne sait pas deviner que sous ces trois cent mille habits grotesques, dont pas un ne ressemble aux

autres, trois cent mille cœurs exhalent à l'unisson le même cri d'amour pour la patrie.

Passons sur ce triste épisode, car de ce moment-là Paris était condamné.

◦ ◦ ◦

Le même jour, on décide que Toul, par sa résistance, a bien mérité de la patrie ; et Toul est aussi fière de se voir délivrer un brevet de courage civique par les escargots de la défense nationale, qu'un peintre pourrait l'être de voir couronner un de ses tableaux par un vitrier.

◦ ◦ ◦

On commence aussi à mettre le feu dans les bois autour de Paris pour faire accroire aux Parisiens que l'on est décidé à se défendre sérieusement. Les bois étant humides, à cause de la saison, ça ne prend pas ; mais les Parisiens étant crédules, ça ne prend que trop.

◦ ◦ ◦

14 septembre. — On apprend que le roi de Prusse, indigné qu'un homme ait pu causer tant de malheurs, commettre tant de crimes et perdre ainsi son pays, vient d'assigner à Napoléon III, son prisonnier, la résidence du château de Wilhemlsoë, onze corps de bâtiment, cent quinze fenêtres sur le devant, parc, eaux vives, chasse, pêche, soixante-trois cuisiniers, deux cent vingt domestiques, gardes d'honneur, demoiselles d'idem à discrétion, abonnement au *Figaro* et cabinets à l'anglaise dans l'appartement.

La légende rapporte qu'à l'arrivée de cette nouvelle, on a entendu distinctement une voix sortir du cercueil de Tropmann et s'écrier avec amertume :

— Le crime est un métier bien ingrat ; le détail et même le demi-gros ne mènent à rien ; dans le gros seulement il y a de l'avenir.

16 septembre *et jours suivants jusqu'au* 19. — Fausses alertes ; tous les gens qui rentrent à Paris prétendent avoir vu les Prussiens dans les environs. On monte sur les buttes Montmartre avec des longues-vues et les cloches des maraîchers qui reluisent au soleil à deux lieues à la ronde sont uniformément déclarées être des régiments prussiens.

⁂

Tous les Parisiens en villégiature décampent et rentrent dans la capitale. Beaucoup qui n'ont pas le temps de rapporter leurs meubles cachent ce qu'ils peuvent dans des trous creusés à la hâte au fond de leur jardin.

Sous le prétexte d'y enfouir ce qu'ils ont de plus précieux, quelques-uns des plus intelligents y mettent leur femme entre deux matelas et font soigneusement maçonner l'orifice de la cachette.

En arrivant à Paris, ils sont pris d'un remords qui leur crie d'aller déterrer leur épouse ; mais ils n'y succombent — pour la forme — que le jour où les lignes étant coupées on ne peut plus sortir de Paris.

Alors ils se consolent et se disent :

— Il n'y a pas de ma faute !... Et puis au fait, comme les pendules sont avec, il fallait bien quelqu'un pour les remonter si ça dure longtemps.

C'est vers cette époque que se produit à Paris une maladie aussi bête que contagieuse et qui fait énormément de victimes, nous voulons parler du *delirium Prussmens* qui portait ceux qui en étaient atteints à voir des espions partout, jusque dans les mannequins des magasins de vêtements confectionnés et les lions de la fontaine du Château-d'Eau.

Il était alors très-imprudent de sortir de chez soi avec des yeux bleus faïence et une barbe jaune, car on s'exposait à être invité à passer onze fois par heure chez le commissaire de police.

Quelquefois même, — cela dépendait sur quel genre de patriotes on tombait, — l'invitation.... à la gorge avait quelque chose de si.... pressant que l'invité ne tardait pas à se trouver dans l'impossibilité de se rendre au poste autrement que sur un brancard.

※ ※

On a vu souvent, au plus fort de cette période de défiance mutuelle, deux individus se guetter, se suivre, se filer réciproquement pendant trente-six heures et se sauter au collet tous les deux en même temps pour s'arrêter comme espions prussiens.

Il se formait aussitôt un rassemblement énorme autour d'eux et on les emmenait devant le commissaire. A tout coup, les deux espions prussiens se trouvaient deux honnêtes citoyens français dont l'identité était reconnue immédiatement.

Ils se faisaient alors de plates excuses, mais ne se séparaient presque jamais sans avoir fait arrêter, comme espions, deux ou trois des curieux qui leur avaient servi de témoins.

C'en était arrivé à un tel point que beaucoup de citoyens, dégoûtés de passer toutes leurs journées chez les commissaires de police à se faire reconnaître comme Français, avaient imaginé de se déguiser en terre-neuve pour pouvoir circuler librement dans Paris et vaquer à leurs affaires.

On en cite même un qui, en dépit de cette précaution, avait été soupçonné par un patriote défiant dont il n'avait pu détourner les soupçons qu'en s'arrêtant, avec un rare bonheur d'imitation, contre le bas de la colonne de plusieurs becs de gaz du boulevard.

CHAPITRE XL

SUITES DU QUATRE SEPTEMBRE

Pendant que le général Trochu mettait, avec Jules Favre, la dernière main à son fameux plan de reddition à outrance, M. Thiers prenait le train et commençait sa grande tournée diplomatique, qui devait plus tard obtenir de si brillants résultats.

⁎ ⁎ ⁎

Le plan de cet homme d'Etat était des plus simples ; il consistait à aller implorer le secours de tous les rois de l'Europe en faveur de la République française, ce qui était à peu près aussi malin que de demander à un marchand de parapluies de faire dire des neuvaines pour que le temps se mît au sec.

⁎ ⁎ ⁎

M. Thiers n'ignorait pas, d'ailleurs, à quel point la cause démocratique était sympathique aux pieds couronnés sur lesquels il allait, cinq fois par jour, incliner son vieux toupet blanc ; mais comme il se croyait la finesse même, il ne doutait pas qu'il ne parvînt à les attendrir à l'aide d'un petit chatouillement spécial qu'il avait étudié en wagon.

⁎ ⁎ ⁎

Voici en quoi consistait ce chatouillement.

— Sire!... disait M. Thiers, je viens vous demander votre appui pour la France.

— Vous blaguez, Excellence!... répondait invariablement le sire, la France est en république, et comme la République française a pour spécialité d'ébranler tous les trônes qui l'entourent, vous n'avez pas pu sérieusement espérer....

Alors M. Thiers, dégaînant son fin sourire de vieille douairière à qui l'on rappelle ses succès à la cour de Louis XVIII, se penchait à l'oreille du souverain et lui disait tout bas :
— Oh, sire !... comment avez-vous pu vous méprendre sur la pureté de mes intentions !... Du moment que vous me voyez servir la République, vous devez bien vous douter qu'elle est aux trois quarts et demi flambée.

* * *

Grâce à ce procédé diplomatique, M. Thiers, comme on ne le verra que trop par la suite, obtint quelquefois, dans les cours qu'il visita, de ne point être envoyé à la cuisine pour y dîner avec les domestiques, mais c'est absolument tout ce qu'il put récolter d'avantageux pour la France.

*
* *

Du reste, presque tous les historiens qui ont épluché cette malheureuse période de nos annales, se sont plu à reconnaître qu'il fallait que les membres de la Défense nationale eussent autant l'envie de faire respecter la République qu'un angora celle de s'acheter un chapeau Gibus, pour la faire galvauder ainsi aux quatre coins de l'Europe par le plus bourgeois de tous les réactionnaires.

Le seul résultat du voyage de M. Thiers fut d'arrêter la colique immense de laquelle s'étaient sentis pris tous les rois de ce coin du globe en apprenant l'écroulement d'un trône voisin.

❖

On raconte même à ce propos qu'un potentat des environs, — nous croyons bien que c'est le czar, — le soir de son entrevue avec M. Thiers, serait rentré tout guilleret chez sa femme, la couronne sur le coin de l'oreille, et lui aurait dit :

— Thiers vient de me présenter la République française. Ça m'a enlevé un fameux poids de dessus l'estomac!... Elle n'a que le souffle!... Tu sais... un enfant de vieux!...

Ah!... tu me rassures!... aurait répondu la czarine, j'avais commencé les paquets de linge...

❖

Et là-dessus le couple couronné, transporté de joie, se serait mis à esquisser, en chemise, un pas de cancan impérial, que l'on qualifierait en même temps d'assez canaille, si ce n'était absolument la même chose.

❖

Pendant que les Prussiens se rapprochaient de plus en plus de Paris, et que Trochu continuait à se porter comme un charme, mais fort peu à leur rencontre, les journaux anglais qui parvenaient encore à Paris ne nous laissaient aucun doute sur la sympathie que leur inspirait la cause de la France.

A l'exemple de M. Perrichon qui prenait en grippe profonde l'homme qui lui avait un jour sauvé la vie, l'Angleterre, qui nous aurait peut-être pardonné Waterloo, où elle nous avait aidés à succomber, ne pouvait nous pardonner Inkerman où nous l'avions aidée à se relever.

Le *Times*, entre autres, voyant la France à terre, vomissait dessus de son mieux, et colorant sa haine d'une hypocrite pitié, ne cessait d'invoquer pour nous la clémence de Guillaume en lui répétant sans cesse :

— Aoh !... faisez pas souffrir paôvre French !... Achevez-la tôt de souite.

⁂

On verra plus tard que cette inimitié n'était pas partagée par le peuple anglais, qui n'eut rien de plus pressé, lors du ravitaillement de Paris, que de lui envoyer force convois de vivres offerts gratuitement à la population parisienne comme témoignage de fraternité.

⁂

Cela, d'ailleurs, n'a rien qui doive surprendre; seuls, les souverains ont intérêt à entretenir entre leurs sujets respectifs ces haines imbéciles qui leur permettent, à un moment donné, de les déchaîner les uns contre les autres et de donner à leurs querelles de famille une apparence de guerre de races.

⁂

Pendant ce temps, le gouvernement de la Défense nationale se claquemurait soigneusement dans les murs d'enceinte afin, sans doute, de laisser prendre, sans coup férir, à l'ennemi qui s'approchait, toutes les positions qui lui conviendraient et que l'on eût pu lui rendre insoutenables avec neuf heures de terrassement, suivant le système illustré par Totleben.

Car il est indispensable de ne pas perdre un instant de vue que la défense de Paris avait à sa disposition 600,000 paires de bras représentant, à raison de dix heures par jour, plus de CENT MILLIONS D'HEURES de travail.

C'est-à-dire plus qu'il n'en fallait, si on eût voulu, pour déplacer toutes les nuits la montagne du mont Valérien, le Moulin d'Orgemont et les hauteurs de Châtillon, et les porter sur n'importe quel point où leur présence eût été utile le lendemain matin.

Quant à l'armement de la population, le gouvernement de la Défense nationale y procédait avec la même vigueur.

De tous côtés des entrepreneurs offraient de livrer, avant le blocus, des centaines de mille fusils.

Mais on tâtonnait, on tergiversait... Enfin on finissait par marchander et à se tenir à trois francs cinquante.

*
* *

Puis, lorsqu'à grand'peine on était enfin tombé d'accord sur le prix, intervenait un nouveau scrupule administratif des intendances et de la paperasserie.

Et l'on demandait aux fournisseurs de justifier qu'ils n'avaient pas eu la petite vérole.

*
* *

Pendant ce temps les heures passaient, les Prussiens, avançant toujours, arrivaient se mettre entre Paris et les fusils en litige.

Tant et si bien que ceux-ci restaient en panne au Havre, ce qui rendait presque impossible aux Parisiens assiégés de les charger même par la culasse.

*
* *

Inutile de dire que le général Trochu travaillait à amener l'union et la concorde parmi les défenseurs de Paris en ne tarissant pas d'éloges pour ses mobiles bretons et en laissant tourner en dérision la garde nationale, dont le plus grand travers à ses yeux était de lire chaque matin la messe dans le *Rappel*.

C'est aussi vers cette époque que s'accentue l'émigration des *envolés volontaires*.

Les gares de chemins de fer en sont encombrées. Tous ont un rhumatisme ou une vieille tante à soigner en province.

Quelques-uns partent nu-tête, en voisins, pour bien faire comprendre qu'ils vont simplement mettre leur famille en lieu sûr et qu'ils ne font qu'aller et venir ; mais à peine ont-ils passé les fortifications qu'ils se recoiffent de leur casquette de voyage et envoient à la capitale un long baiser d'adieu dans lequel ils mettent toute leur âme.

* * *

Quelques-uns — c'est Cham qui l'assure — se sauvent en annonçant qu'ils font partie d'un mouvement tournant dont ils ne donnent pas l'itinéraire, mais que l'on a su depuis consister dans l'opération stratégique suivante :

Chaque franc tourneur devait quitter Paris en secret par la gare qui lui conviendrait le mieux, se rendre directement à 150 lieues de Paris sans laisser son adresse à personne et là... attendre le moment propice... pour filer plus loin au besoin.

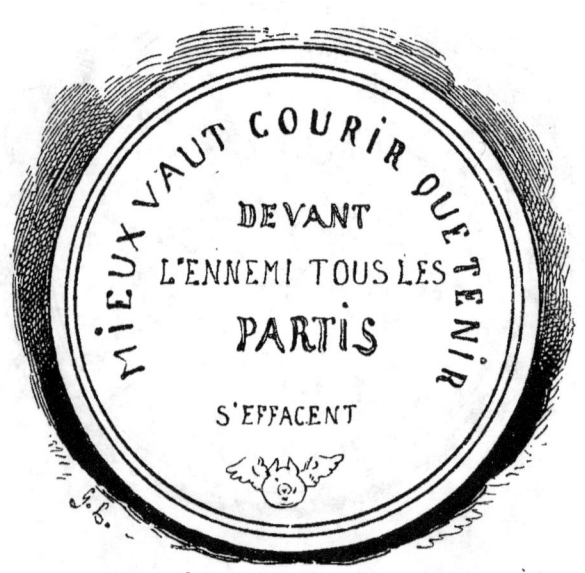

Bon nombre d'artistes devant leur fortune à Paris se font un impérieux devoir de ne point quitter la capitale sans donner l'ordre à leur domestique de se faire inscrire, en leur absence, dans la garde nationale. Nous ne les nommerons pas ici, une table alphabétique d'honneur leur étant spécialement réservée à la fin de cette histoire.

※

Mais nous pouvons dès à présent, et sans préjudice d'autres citations ultérieures, donner ici les noms de quelques artistes qui poussèrent la naïveté jusqu'à croire que leur notoriété ne les dispensait pas de remplir leur devoir.

Nous prendrons donc au hasard : MM. Villaret, Belval, Caron, Ambroise Thomas, Vaucorbeil, Bizet, Diaz, Berthelier, etc..., qui tous, pendant le siége, mangèrent du riz et reconnurent des patrouilles avec un remarquable talent.

※

Vers le 16 septembre on put lire dans les feuilles allemandes :

« Une forte partie de l'armée prussienne a reçu l'ordre de se concentrer sur la Somme. »

A quoi le *Tintamarre* répondit immédiatement :

« Mais il nous semble qu'ils ne font que ça depuis six semaines, de se concentrer sur toutes les sommes possibles. »

※

Enfin, le 19 septembre un train *d'envolés volontaires* est attaqué par les Prussiens à Choisy-le-Roi. L'on acquiert ainsi la certitude que l'investissement de Paris est complet et que rien ne pourra plus nous venir du dehors en secours ni vivres.

Le moment fatal est arrivé ; chacun sent qu'il va falloir payer de sa personne et en prend crânement son parti.

Tous les citoyens qui ont encore un peu de peur au ventre ou de viande conservée en magasin la dissimulent soigneusement et se préparent avec enthousiasme, les uns à vendre chèrement leur vie, les autres à vendre encore plus cher leurs comestibles.

La première partie de notre œuvre est achevée. Nous allons maintenant entrer dans le vif du blocus de Paris. Dans cette période et jusqu'au dénouement du drame que nous avons entrepris de narrer, nous retrouvons à chaque instant nos créatures de prédilection : Picard et Trochu et les trois Jules.

* * *

Nous ne fermerons pourtant pas ce chapitre sans rendre hommage à l'attitude des femmes du peuple de Paris.

Plusieurs journaux de joie ayant trouvé drôle de conseiller aux femmes de partir et de laisser leurs maris aux remparts, les femmes du peuple relevèrent cette injure et protestèrent vivement contre le rôle que l'on se permettait de leur assigner dans le drame patriotique qui allait se jouer.

* * *

C'est avec orgueil que nous enregistrons ce fait.

Nous n'imaginons, en effet, rien de plus honteux que ces associations sans âme où la femme abandonne son mari au moment du danger.

Et s'il nous a été donné d'assister trop souvent, hélas!... à ces désertions, c'est encore là une corruption de plus à porter au compte du régime énervant qui nous en a valu tant d'autres.

* * *

Voilà où mènent les unions sans amour.

Dans les moments d'abondance et de chiffons : le simulacre hypocrite du dévouement.

Viennent la lutte et le malheur : l'abandon, le lâche abandon, sous prétexte d'attaques de nerfs!...

Cette fois encore l'exemple vient d'en bas : — la vertu vient d'où l'on souffre.

Marquises et bourgeoises partirent aux bains de mer. C'était leur place.

Les femmes du peuple restèrent à Paris. C'était la leur.

Le Traquambu'ancier.

CHAPITRE XLI

LE BLOCUS — LA SIMILI-DÉFENSE

Aussitôt que Paris fut complétement investi, les imaginations travaillèrent, et ce fut à qui mettrait sur pied un ou plusieurs plans de débloquement. — Les journaux surtout s'en donnèrent une indigestion. Beaucoup ne valaient pas le diable, mais le cœur y était.

Notre devoir d'historien nous imposerait l'obligation de donner à nos lecteurs, à titre d'échantillon, le plus inepte de ces plans, mais nous sommes dans l'impossibilité de le faire, le général Trochu de Sainte-Geneviève ayant déposé le sien chez un notaire qui n'a pas voulu nous le communiquer.

Faute de mieux, nous leur offrirons le suivant, qui bien certainement ne devait pas valoir, dans son genre, celui de l'illustre général.

※

« Aux Membres de la Défense nationale,

« J'ai imaginé un plan au moyen duquel je sauve infailli-
« blement la capitale. Je l'offre à ma patrie, le voici :
« Je creuse la terre tout autour de Paris sous l'armée
« ennemie, et je blinde le plafond de mes voûtes avec de
« l'acier fortement aimanté. Une belle nuit, quand tout est
« prêt, je feins, sur toutes les lignes prussiennes, une atta-
« que générale ; éveillés en sursaut, les fantassins mettent
« leurs bottes et se rangent en bataille, les cavaliers
« montent à cheval ; mais au moment de s'ébranler...
« impossible!... Ils sont rivés à terre par mon aimant qui
« fixe au sol les clous de leurs semelles et les fers de leurs
« chevaux. Il n'y a plus alors qu'à les laisser mourir de
« faim.

« Vive la France!...

« EUSTACHE GABILLET,
« Garçon limonadier et patriote. »

Nous nous bornerons à la reproduction de ce plan, qui fit, dit-on, hausser les épaules aux membres de la Défense nationale. On prétend même que l'un d'eux proposa de faire enfermer l'auteur dans une maison d'aliénés ; mais que Garnier-Pagès dit à ses collègues :

— Prenez garde, messieurs ; en décidant que l'auteur d'un plan peut être aujourd'hui envoyé à Charenton, vous admettez que l'auteur d'un autre peut demain être envoyé à Toulon. C'est une question de principe.

Le général Trochu, qui présidait, émit l'avis qu'il ne fût pas donné suite à la proposition.

Le 20 septembre, un incident se produit :

Vers huit heures du soir, le vent étant du sud, on entend de l'intérieur de Paris un bruit strident et prolongé qui semble venir du quartier Latin.

Tout le monde sort sur les portes, les plus curieux traversent l'eau pour se rapprocher du bruit. On croit généralement à une première représentation d'un drame de Montépin au théâtre de Cluny, tant les sifflets sont intenses. Pas du tout!... C'est un corps de troupes prussiennes qui opère un mouvement au delà du fort de Vanves, et dont les officiers font le commandement au sifflet.

En reconnaissant sa méprise, Paris est rassuré.

* * *

Le même jour, le général Ambert, à qui le gouvernement de la Défense avait confié un commandement supérieur dans la garde nationale, convoque ses officiers pour le petit boniment d'usage.

Les officiers applaudissent au discours et répondent par le cri de : Vive la République! Le général Ambert, furieux, déclare qu'il ne veut pas crier ça. Les officiers l'arrêtent et on le destitue.

Bon exemple, hélas!... trop peu suivi!... car il devrait être archidémontré que l'on ne fondera jamais la République sans républicains.

Ce malheureux système, qui consiste à prétendre récolter des asperges dans un champ ensemencé de luzerne, nous coûtera toujours très-cher.

* * *

Le 20 septembre eut lieu le premier combat sous Paris,

à Châtillon. Ce jour-là commença à se dérouler le plan Trochu, qui, depuis, ne cessa de s'exécuter avec une remarquable exactitude.

Il est vrai qu'une fois la note donnée un enfant de cinq mois eût continué la série : laisser prendre une bonne position à l'ennemi, l'attaquer et ne pas la reprendre, tout le mystère était là. Le général ne se démentit jamais.

Nous ne signalerons que pour mémoire les bruits d'intervention diplomatique qui se produisirent à cette époque et qui se sont perpétués pendant toute la durée du siége.

M. Thiers était alors en train de nous moissonner à

l'extérieur une forte ration de camouflets dynastiques, et chaque fois que l'illustre homme d'Etat éternuait à Vienne, à Londres ou à Pétersbourg, et qu'une cour étrangère lui avait dit : Dieu vous bénisse !... le télégraphe ne manquait pas de nous envoyer des dépêches qui faisaient pressentir une solution pacifique.

* * *

Ces potins d'antichambre, qui avaient pour résultat d'émousser l'enthousiasme de la population parisienne, faisaient en même temps le compte du gouvernement de la Défense nationale, qui préparait de longue main la reddition à merci de Paris.

Pendant ce temps, la garde nationale s'organisait avec

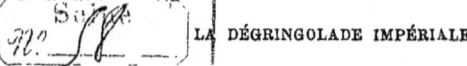

un entrain admirable, et cette phase du siége restera comme un des plus consolants souvenirs pour ceux qui ont eu l'honneur d'attraper des puces tous les quatre jours sous les tentes de nos remparts.

* * *

Personnellement nous avons assisté à ce réveil splendide d'un patriotisme duquel il était presque permis de douter après dix-huit années d'abaissement moral; et s'il nous reste, de l'accomplissement de notre devoir, une satisfaction légitime, nous n'en conserverons toute notre vie que plus vif et plus implacable le mépris et la haine de ces hommes qui, pendant que cinq cent mille citoyens demandaient à combattre, laissaient manger le pain blanc par les chevaux et les chiens, pour hâter le moment où ils pourraient enfin nous parler de honte.

* * *

Le zèle de la garde nationale était admirable.

On voyait chaque matin sur les places publiques des hommes de quarante à cinquante ans suer sang et eau pour apprendre le maniement du fusil.

Rentré chez lui, le citoyen oubliait tout : affaires, femme, enfants, belle-mère, déjeuner ; il reprenait son *flingot* et s'en allait dans une pièce reculée repasser la leçon qu'il avait reçue le matin de son instructeur.

Beaucoup en rêvaient la nuit.

Et leurs épouses, réveillées par un violent coup de crosse sur le parquet, les voyaient faire l'escrime à la baïonnette en chemise au beau milieu de la chambre à coucher en criant comme des sourds.

Une... deusse... Parez et pointez!... Une... deusse.... troisse... Un pas en avant... Parez... Un pas en arrière... Demi-tour... Parez et pointez...

Les punaises étaient dans la désolation, elles n'avaient pas une minute de tranquillité.

Quoiqu'il nous en coûte de trouver un cheveu sur le patriotisme de Paris, notre devoir d'historien nous commande de ne point passer sous silence un de ses côtés quelque peu véreux.

Nous voulons parler des innombrables corps de *traquambulanciers* que les premiers jours du siége virent éclore.

Les *traquambulanciers*, — qu'il ne faut pas confondre avec les vrais ambulanciers, — se recrutèrent presque entièrement dans les petits et gros crevés de l'Empire qui avaient manqué le dernier train avant l'investissement, et qui, décidés à être honnêtes puisqu'ils ne pouvaient faire autrement, cherchaient à se refaire une virginité à l'aide d'une casquette et d'un brassard à croix rouge.

En un mot, le *traquambulancier* était presque uniformément un *envolé volontaire* à qui on avait coupé une aile… et la ligne d'Orléans.

Le *traquambulancier* était dans la force de l'âge et s'était fait colloquer dans une infirmerie en qualité d'aide-élève-auxiliaire-officier de santé pour soigner les fils de sa patrie et particulièrement celui de sa mère.

Il échappait ainsi aux billets de garde de son sergent-major et se réservait adroitement, en même temps qu'une ration de pain blanc, quand viendrait pour ses concitoyens le moment du macadam cuit au four, le droit de dire plus tard, comme le plus écloppé des éclaireurs Franchetti : *Nous avons bien souffert !*

∗ ∗ ∗

Entre l'*envolé volontaire* et le *traquambulancier*, la postérité, qui ne doit d'argent à personne, n'établira guère qu'une nuance : c'est que le *traquambulancier* n'avait pas eu l'heure de la gare.

∗ ∗ ∗

Le début de l'investissement de Paris donna naissance à l'un des faits les plus caractéristiques du siége : l'approvisionnement des denrées alimentaires chez les particuliers et leur accaparement par les futurs exploiteurs de la famine.

Ce fut là une des gloires du gouvernement de la Défense nationale en général, et en particulier, de Jules Ferry, chargé de l'administration municipale.

On ne saurait, en bonne conscience, s'étonner que les bourgeois à leur aise aient, dès les premiers jours du siége, empilé dans leurs armoires, leurs cartons à chapeaux et leurs pianos, des vivres suffisantes pour leur consommation de dix-huit mois ; la peur galopait les intestins de ces braves gens pour qui le côté le plus menaçant de nos désastres était, à coup sûr, la perspective d'être privés de côtelettes de veau en papillotes.

⁂

On ne pourrait davantage s'en prendre aux marchands

de comestibles qui étaient dans leur rôle professionnel en entassant dans leurs caves, des boîtes de sardines à quinze sous qu'ils espéraient revendre cent trente-cinq francs deux mois après.

Mais des gens envers qui la population parisienne devra toujours se faire un devoir de dessécher de reconnaissance, ce sont les membres de la Défense nationale, qui ont autorisé de semblables spéculations et qui, pour ne pas être accusés de socialisme (qui donc y pensait, grands dieux?...), ont voulu jusqu'au dernier jour que, dans une ville assiégée, un million de citoyens qui la défendaient perdissent leur santé au profit de deux mille marchands de salaisons qui y gagnaient (??) leur fortune.

。°。

A compter de ce moment, la fièvre de l'accaparement industriel, qui devait conduire le hareng saur de quinzième année à faire prime à la corbeille de la Bourse, n'eut d'égale que la rage apportée par les particuliers dans leurs approvisionnements de ménage.

。°。

On cite des exemples inouïs de cette *ventrouillomanie*. Dans plusieurs maisons calées, le salon avait été con-

verti en un vaste grenier d'abondance où étaient entassées des victuailles de toutes sortes : un jambon pendait à chaque branche du lustre et des candélabres ; la bibliothèque regorgeait de boîtes de conserves ; les crinolines de madame, cousues dans le haut, avaient été transformées en sacs et remplies de haricots secs.

Dans chaque compartiment du casier à musique, on faisait pondre des poules. Les plantes grasses qui ornaient les jardinières avaient été remplacées par des plantes de salsifis ; dans la cave à liqueurs, une lapine grosse était l'objet des soins les plus tendres ; les poissons rouges de l'aquarium avaient fait place à de beaux goujons de Seine, friture de l'avenir.

Pas un coin enfin qui ne fût utilisé pour l'alimentation.

C'est ainsi que la partie riche de la population se préparait à partager avec l'autre les horreurs de la faim, toujours sous la protection d'un gouvernement assez démocratique pour tolérer cette application fantaisiste des règles de la solidarité d'un peuple en face du malheur.

Le 21 septembre, Paris, qui se préparait à répandre jusqu'à la dernière goutte de son sang pour la France, apprit que M. Jules Favre venait de répandre à Ferrières jusqu'à la dernière goutte de ses larmes sur les bottes de M. de Bismark.

Il faut renoncer à peindre la déception du peuple parisien à la nouvelle de cette démarche humiliante qui prit depuis le nom de : *Journée des grandes eaux de Ferrières;* nous devons cependant, sans nous appesantir sur les détails de cette célèbre entrevue, la reproduire dans toute sa vérité.

En voici le procès-verbal :

A deux heures, un valet annonce M. Jules Favre.

BISMARK. — Jules Favre!... Qu'est-ce que c'est que ça?...

LE DOMESTIQUE. — Vous savez bien... c'est l'homme qui vient de Paris pour arranger l'affaire.

BISMARK. — Ah! oui, c'est vrai... Qu'il entre, mais qu'il s'essuie les pieds!...

Jules Favre est introduit. Quoique la scène se passe au second, il trouve le moyen de s'incliner devant M. de Bismark jusqu'à l'entre-sol.

BISMARK. Eh bien! monsieur... m'apportez-vous les clefs de Paris?

JULES FAVRE. — Excellence!... le roi, votre maître, a déclaré qu'il ne faisait la guerre qu'à l'Empereur, l'Empereur est pris, je pense que vous n'avez pas l'intention d'aller plus loin et je viens vous prier de nous faire la petite note de ce que nous vous devons.

BISMARK. — Volontiers. Vous me devez trois milliards d'indemnité, l'Alsace et la Lorraine.

JULES FAVRE, *étouffant un premier sanglot.* — Comment, Excellence!... est-il possible que vous prétendiez abuser ainsi de votre position... D'ailleurs vous n'ignorez pas que la France est en République, que l'idée révolutionnaire peut soulever la nation et anéantir vos armées.

BISMARK. — Regardez-moi donc un peu sans rire, monsieur Jules Favre, en me contant des machines de ce genre-là!... Est-ce que vous vous prendriez pour Danton, par hasard?... Ne sais-je pas aussi bien que vous à quoi m'en tenir sur le compte de votre prétendue République?...

Allons, allons!... pas de ces balivernes entre nous qui sommes tous deux vieux dans le métier... Un nouveau 92 pourrait m'effrayer, il est vrai; mais comme je sais parfaitement que vous et vos compères n'êtes ni de taille, ni de poil à le recommencer, j'en profite.

Jules Favre, vaincu par l'émotion, ne peut retenir ses larmes, Bismark lui avance un crachoir.

JULES FAVRE, *d'une voix entrecoupée.* — Pardonnez-moi ma faiblesse, Excellence!... Tant de malheurs pour ma pauvre patrie!...

Le crachoir déborde sur le parquet.

BISMARK. — Oh! ne vous gênez pas, je ferai éponger.

L'inondation monte et les pleurs de Jules Favre atteignent déjà la cheville de M. Bismark; celui-ci met rapidement ses deux pieds sur la table en s'écriant : Ah! fichtre, mais!... vous allez me flanquer un rhume de cerveau.

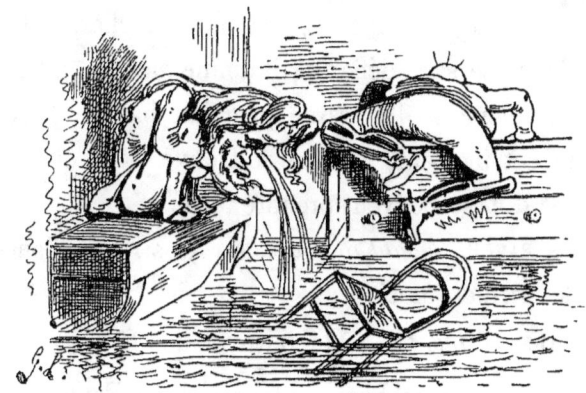

Ça gagne... ça gagne toujours; Bismark et Jules

Favre sont obligés de monter debout sur leur chaise pour pouvoir continuer l'entretien à pied sec.

JULES FAVRE, *pleurant*. — Voyons, Excellence!... soyez clément... faites-nous une petite concession. (L'eau ayant dépassé sa chaise, il saute sur la commode.)

BISMARK, *s'installant sur le marbre de son secrétaire*. — Impossible!... tout ce que je puis faire, c'est d'exiger toute l'indemnité comptant et de vous diviser le reste en annuités.

Jules Favre pleure toujours; gagné par le flot, il saute en haut du lustre et s'y cramponne. Bismark en fait autant. A ce moment, l'eau, qui trouve une issue par les fenêtres entr'ouvertes, se précipite en cascade sur le trottoir.

BISMARK, *impatienté*. — Ça devient embêtant à la fin!... La République française devrait bien m'envoyer autre chose que des bornes-fontaines!... Qu'on m'apporte à déjeuner !..

Le domestique arrive avec un plateau chargé. En ouvrant la porte sans défiance, il donne passage au torrent qui le renverse et l'entraîne jusqu'au bas de l'escalier. Grâce à cet incident, la pièce se trouve vidée et les deux hommes d'Etat peuvent prendre terre.

JULES FAVRE, *coulant toujours*. — Ainsi, Excellence!... c'est le dernier mot?

BISMARK, *ricanant*. — Oui, citoyen de l'Ecluse.

Ce mauvais calembour arrache à Jules Favre une grimace qui fait redoubler ses sanglots; il surmonte son émotion et prend congé de Bismark en lui disant d'un ton aimable :

Excellence!... J'emporte de cette entrevue un souvenir bien doux. L'entretien que je viens d'avoir avec vous sera le plus beau jour de ma vie... Entre nous, la République n'en a pas pour longtemps, et vous entrerez sous peu dans Paris, que nous allons faire semblant de défendre pour la forme. Si vous bombardez Rueil, je vous recommande ma propriété, j'y ai un tas de bibelots auxquels je tiens beaucoup.

o *o o

Ainsi se termina cette brillante négociation à la suite de laquelle Jules Favre déclara, des larmes dans la voix, qu'il ne céderait ni un pouce de terrain ni une pierre de nos forteresses.

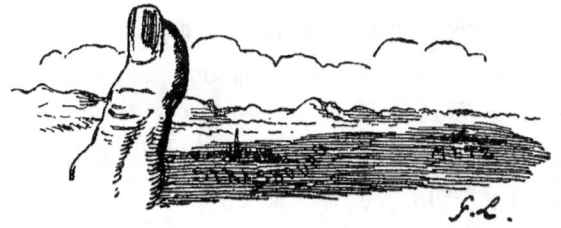

o *o o

Jules Favre, en quittant M. de Bismark, regagna sa

voiture en canot, porté dans les rues de Ferrières sur les flots de larmes qu'il y avait répandues.

Si la postérité juge un jour à propos d'élever un monument à la mémoire du célèbre avocat, nous lui recommandons ce plan d'un de nos plus célèbres architectes :

PLAN POUR L'ÉDIFICATION

De la Fontaine Jules Favre

Une statue en éponge, grandeur naturelle, représentant Jules Favre accroupi dans l'attitude de la désolation, donnant par chacun des yeux deux cents litres d'eau à la minute et se les essuyant avec le drapeau de la France.

Au-dessous, en guise de légende, gravés en lettres d'or, ces simples mots : COMME JE M'EN FICHE, AU FOND !...

* * *

Le lendemain on lisait dans les journaux :

« On a craint un instant pour les jours de notre célèbre « orateur Jules Favre. — Depuis qu'il s'est trouvé associé « aux malheurs de la patrie, il a versé tant de larmes « que l'on a redouté une *pleur*ésie. »

D'ailleurs M. Jules Favre n'était pas le seul à pleurer, M. Thiers pleurait aussi.

On vit le moment où l'on n'allait plus pouvoir sortir à Paris qu'en bateau.

o *o* o

Plusieurs imprimeurs eurent même l'idée d'utiliser ce torrent de larmes officielles et firent prévenir MM. Thiers et Jules Favre que s'ils voulaient bien prendre la peine de venir tous les matins parler des douleurs de la patrie sur leurs réserves de papier, ils leur donneraient à chacun sept francs par jour comme trempeurs.

o *o* o

Vers le 22 septembre, les lettres de province n'arrivent presque plus à Paris.

Cependant, s'apercevant que quelques-unes parviennent encore à franchir leurs lignes, les Prussiens usent d'un moyen très-extraordinaire : pour empêcher la distribution de nos lettres, ils doublent les *postes*.

❋

La garde nationale continue à s'équiper et à s'exercer, c'est une véritable rage ; la bonne volonté est immense; les progrès sensibles.

Au commandement de *Reposez!.. arm's!..* le roulement des crosses sur le pavé ne dure plus guère que vingt-deux minutes.

Quelques gardes sont bien quelquefois un peu en retard sur ce délai ; mais tout honteux, ils déposent l'arme à terre sans bruit pour ne pas se faire remarquer.

❋

Le 23 septembre, on voit partir de Paris le premier ballon poste, emportant un fort chargement de lettres et de dépêches pour la province ; ce ballon passe au-dessus des lignes prussiennes, qui essaient de l'arrêter à coups de fusil; Nadar, qui commandait l'aérostat, crie à un uhlan :
— Ouvre la bouche et ferme les yeux!...

.....? .....! .....!! .....!!!

En voyant ce nouveau moyen de correspondance, Bismark fit un si long nez que l'on craignit un instant qu'il n'atteignît le ballon avec et le culbutât.

※ ※ ※

Pendant ce temps, les Prussiens avaient pris leurs positions autour de Paris et commençaient à échanger avec nos forts quelques obus bien sentis.

Fort heureusement pour Paris, il avait fait venir quelques artilleurs de la marine dont l'adresse est fort réputée, et qui répondaient avec beaucoup de précision aux batteries ennemies.

*_**

On en cite particulièrement un, — dont nous regrettons de n'avoir pu nous procurer le nom, — qui accomplit, dans l'un des forts de Saint-Denis, de véritables prodiges.

Un jour, à 7 kilomètres, il pointe si juste que son boulet enleva la tête d'un officier bavarois et en prit la place sur ses épaules. Le coup avait été si net que l'officier s'en alla tranquillement pour dîner comme d'habitude et ne s'aperçut de la transformation qu'au moment de manger sa soupe.

*_**

Toutes les nuits, quand les Prussiens tiraient, il se faisait un jeu de couper en deux leur obus au vol.

Une autre fois il aperçoit, au moulin d'Orgemont (8 kilomètres et demi), un soldat prussien debout, le long d'une haie, dans l'attitude d'un homme qui a bu beaucoup de bière.

Il prend un bout de papier, y trace quelques mots à la hâte, le colle avec un pain à cacheter à la culasse d'un obus de sept, charge, pointe, tire!...

Et cinq secondes après, avec une bonne lorgnette, on eût pu voir le pauvre diable d'Allemand, l'air tout... confus, se baisser comme quelqu'un qui a laissé tomber quelque chose, se relever ensuite, très-surpris de voir qu'un papier vient de lui être glissé dans les dix doigts, le déplier tristement et y lire avec une amère stupéfaction ces deux mots : « Pauvre Gretchen!...»

C'était la missive de l'artilleur français.

Déjà à ce moment on commençait à parler de la possibilité d'un bombardement de Paris, et la Société des gens de lettres crut devoir protester éventuellement contre cet acte de barbarie. Pour être juste, nous devons déclarer que l'opportunité d'une semblable protestation ne fut pas très-appréciée ; on la trouva assez généralement puérile et peu digne ; et il sembla étrange qu'au moment où tout le monde devait être occupé à se défendre, quelques citoyens, — des écrivains surtout, — trouvassent encore le temps de se plaindre.

Le 25 septembre paraît le premier fascicule des *Papiers de la famille impériale.* Nous n'avons pas à en entretenir nos lecteurs, cette collection étant dans toutes les mains.

Il suffira de rappeler, en passant, que la publication de ces documents par le pouvoir causa un assez grand scandale, et que certaines feuilles *morveuses* jetèrent feu et flamme, prétendant que cet exposé des saletés impériales était compromettant pour certains noms qui y avaient été mêlés ; que ces révélations, dailleurs, n'intéressaient pas le public ; que le respect dû à la vie privée était indignement violé, etc., etc... On voit le reste d'ici.

⁂

A ce sujet, nous ne pouvons résister au désir d'affirmer une conviction très-enracinée chez nous, c'est qu'il n'y a pas de vie privée pour les gens qui, régnant sur les autres, sont sensés leur donner l'exemple de toutes les vertus, et que, lorsque par bonheur l'occasion s'en présente, on ne saurait donner au peuple trop de détails sur la façon dont vivaient les simples mortels dont ils avaient eu la bêtise de faire des demi-dieux.

Quant à ce qui concerne les gens compromis par la publication des papiers impériaux, nous demanderons simplement à ceux qui poussent les hauts cris, s'il est d'usage, quand on examine le dossier d'un criminel, de ne faire la besogne qu'à moitié, sous le prétexte d'épargner la réputation des particuliers qui ont eu des rapports avec eux.

Enfin, nous croyons fermement que rien de ce qui touche aux faits et gestes des souverains ne peut être indifférent au public, et que la simple reproduction du carnet de dépenses d'un empereur ou du livre de blanchissage d'une impératrice peut parfois en dire plus long au peuple que trente-cinq pages de commentaires sur une seule de leurs actions publiques.

⁂

Ajoutons que les fascicules dont il est question durent déplaire à certains journaux mondains assez en vogue, qui se trouvèrent tout à coup convaincus, sans miséricorde, d'avoir été entretenus par la basse bicherie et la haute gredinerie parisiennes.

⁂

Voici, d'ailleurs, à titre d'échantillon, quelques copies de pièces trouvées dans les papiers intimes de la famille impériale.

⁂

FRAGMENTS D'UN CARNET SUR LEQUEL L'EMPEREUR CONSIGNAIT LES ACTES LES PLUS IMPORTANTS DE SA VIE

Jeudi 19. — Pris trois billets de loterie, un lavement au son et Morny en train de me filouter des cigares.

. . . .

Vendredi 21. — Petite scène avec Eugénie à propos de la Bellanger.
Pour avoir la paix, promis de ne pas évacuer Rome.

. . . .

Dimanche 23. — Commandé un complot à Piétri.

. . . .

Mercredi 11. — Envoyé Eugénie visiter congrégations religieuses.

Joué à la hausse pendant qu'elle jouait à l'abbesse.

* * *

DÉBRIS D'UN PAPIER DÉCHIRÉ QUI PARAIT ÊTRE UNE ORDONNANCE DE MÉDECIN

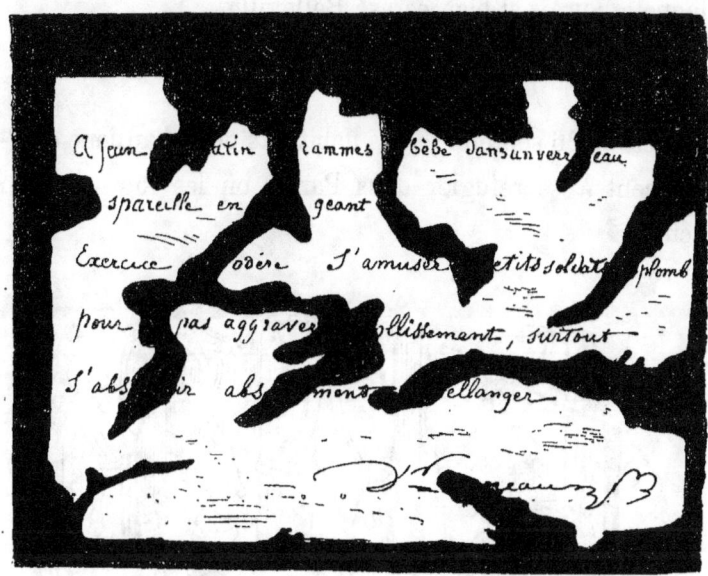

BROUILLON D'UNE LETTRE ADRESSÉE A LE BŒUF

Mon cher Maréchal,

La France ayant besoin de fusils et moi d'argent, il faut absolument commander ce matin 200,000 chassepots, les décommander ce soir et m'envoyer la somme qu'ils auraient coûtée.

Sur ce, général, je prie Dieu qu'il vous ait en sa sainte garde. Il y a cinquante mille balles pour toi.

NAPOLÉON.

DÉPÊCHE A L'IMPÉRATRICE

Sedan.

Tout est perdu. Ai rendu 120,000 hommes et 500 canons. En pleure de rage. Une si belle armée, avec laquelle aurais si bien écrasé Belleville.

* *

Vers le 26 septembre, les habitants de la banlieue commencent à se réfugier dans Paris; on les loge où l'on peut.

Beaucoup sont installés dans les appartements vides

du boulevard Malesherbes ; ils prétendent faire monter leurs vaches et leurs porcs par le grand escalier et se plaignent quand il y a un piano à l'étage supérieur.

Les femmes font la lessive et étendent sur le balcon le linge de leurs huit enfants et de leur grand'mère ; les concierges essaient de faire respecter la consigne de leur immeuble.

Pour toute réponse, les émigrés installent des poêles en fonte dans leur local pour faire la cuisine et font des trous dans les glaces des fenêtres pour y passer les tuyaux.

❊

Déjà la gêne commence à se faire sentir; aussi l'administration du mont-de-piété s'empresse-t-elle de restreindre ses avances et ne plus prêter que trente francs à la fois, ce qui — eu égard aux faux frais qui restent les mêmes — augmente le taux de l'intérêt et le porte à quelque chose comme quinze pour cent.

❊

Ce fut aussi à la fin de septembre que l'on mit en question l'élection d'une Assemblée constituante. Cette idée souriait particulièrement à M. de Bismark, qui savait fort bien que la province enverrait toujours de bons vieux députés disposés à signer les traités de paix les plus extravagants ; mais l'incident n'eut pas de suite.

❊

Pendant ce temps, la commission des barricades se mettait à l'œuvre et bâtissait des redoutes dans tous les quartiers excentriques.

Le peuple de Paris commençait bien à se dire un peu en lui-même que les pavés de la place Clichy ne seraient jamais d'un grand secours pour faciliter le ravitaillement de Paris par la gare d'Orléans ; mais il regardait faire les barricades avec une certaine curiosité et semblait même prendre des notes sur leur savante construction en se disant : Ça peut servir plus tard.

* * *

Le 1ᵉʳ octobre vit s'accentuer le plan Trochu par les combats de Thiais, Chevilly et Choisy. Qui a lu un compte rendu d'une des journées de cette lamentable campagne les a lus tous.

A la première attaque, nos troupes pleines d'ardeur enlèvent les positions ennemies. Pour s'y maintenir il leur faut des renforts et de l'artillerie. Renforts et artillerie regorgent dans Paris ; mais le général Trochu de Sainte-Geneviève, qui est probablement à confesse, trouve toujours le moyen de les envoyer huit heures après que les Prussiens, revenus en force, ont repris les positions conquises au prix de tant de sang.

* * *

La demi-douzaine de combats livrés péniblement en six mois par le général Trochu sont tellement taillés sur le même patron qu'il devient écœurant d'en faire la narration.

Lui-même commença si bien à comprendre que le bulletin de ces journées brillantes devait jeter un froid dans le public, qu'il inventa dès ce jour-là pour son compte rendu un mot de la fin qui devint un des plus impitoyables clichés du siége : *Nos troupes se sont repliées en bon ordre.*

Le gouvernement de la Défense nationale tenant compte des murmures qui s'élevaient contre son inaction, décida le 3 octobre de frapper un grand coup. Il se réunit en conseil solennel et, après avoir pris l'avis de tous les chefs de corps sous la présidence de l'indomptable Trochu, il décida et annonça à la population anxieuse que l'on allait immédiatement... faire couler en bronze la statue de

Strasbourg comme témoignage d'admiration pour la résistance de cette ville.

En même temps, on pria quelques feuilles officieuses de faire pressentir un prochain mouvement offensif de nos soldats contre les troupes d'investissement, pour faire patienter Paris et lui faire manger encore quelques journées de ses approvisionnements.

* * *

Le même jour parut l'arrêté qui prescrivait les mesures à prendre en prévision du bombardement de Paris. Pendant une semaine ce fut un brouhaha indescriptible dans toutes les maisons.

Aux précautions indiquées par l'autorité chaque particulier voulait en ajouter un certain nombre de son invention ; et il faut renoncer à décrire les fantastiques travaux de blindage qui furent le résultat de cette fièvre. Nous nous bornerons à quelques exemples qui en indiqueront suffisamment la mesure.

D'abord, à chaque étage, sur le carré, on avait placé un baquet plein d'eau, lequel fuyait par le bas avec une régularité qui s'est rarement démentie.

Cette précaution, qui parut longtemps inutile, finit

cependant par produire son effet. Les concierges ne renouvelant pas l'eau des baquets, ceux-ci finirent par se couvrir à la surface d'une épaisse couche de mousse, et plusieurs asthmatiques à vue basse montant chez leurs amis habitant le cinquième étage les prirent pour des banquettes recouvertes de velours vert, s'y assirent souvent pour se reposer un instant.

Louis Ulbach et Charles Monselet, entre autres courts d'haleine célèbres, y furent pris en allant dîner chez Victor Hugo. Heureusement, ce jour-là ils avaient des pantalons fond blanc.

Quant aux tas de sable que l'on avait apportés au milieu de chaque cour pour éteindre les bombes incendiaires, il devinrent plus tard, quand le gaz disparut des maisons, un véritable triomphe pour les locataires qui rentraient le soir sans lumière, une tarte à la crème dans une main et des œufs à vingt-cinq sous la pièce dans l'autre.

Dans l'intérieur de certains appartements les précautions contre le bombardement étaient poussées à un point bien autrement avancé.

Les plafonds, les murs et les fenêtres étaient matelassés et, la nuit, les locataires dormaient dans leurs tuyaux de cheminée en se tenant suspendus par les mains à une corde de ramoneur.

Dans certains quartiers on avait transformé les caves en logements et les passants pouvaient lire des écriteaux dans ce goût :

A LOUER PRÉSENTEMENT

AU DEUXIÈME
Au-dessous de l'entre sol

Ce local peut convenir à un photographe qui aurait son atelier autre part.

CHAPITRE XLI

SIÉGE DE PARIS

Vers le 5 octobre, la viande de boucherie manqua. On commença par manger les chevaux.

Le *Tintamarre*, qui, au milieu de nos douleurs, n'oubliait jamais de soutenir la population de ses conseils hygiéniques, donna le suivant à ses lecteurs :

« Le cheval n'est pas aussi indigeste qu'on pourrait le croire; seulement, il faut autant que possible le manger sans selle. »

* *

Le 6 octobre, le bruit courut que Napoléon III venait d'adresser un manifeste à la France.

Paris étant complétement bloqué, il fut très-difficile de se procurer ce document.

Aussi plusieurs circulèrent-ils qui furent tous reconnus apocryphes.

Enfin, un exemplaire du vrai manifeste put pénétrer dans nos murs.

Le voici :

       * *
     *   *

NAPOLÉON A LA FRANCE

« Français !...

« Trompé indignement par Le Bœuf, qui devait très-bien savoir que je n'avais pas d'armée, puisque nous en avions mangé l'argent ensemble, je me suis engagé dans une guerre qui était destinée à reculer nos frontières de douze lieues et la république de trente-cinq ans.

« Je n'ai pas réussi, c'est vrai ; mais je demeure persuadé que Gambetta n'a pu retourner mes campagnes en six semaines.

« Qu'on me rende Pietri, Bazaine et mes préfets à poigne, je réponds qu'un plébiscite me donnera huit millions de voix.

« Je puis rentrer en France le front haut. J'ai rendu mon épée à Guillaume, mais j'avais eu le soin d'enlever les pierres précieuses de la monture.

« Français !...

« Sous mon règne la prospérité renaîtra et les fautes commises seront autant de leçons pour l'avenir. Je ne par-

LES TYPES DU SIÉGE

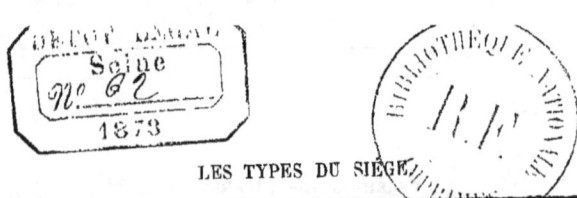

Un Franc-fileur.

tirai plus en guerre sans avoir fait fusiller tous les membres de la gauche.

« J'attends d'un moment à l'autre l'appel de la France.

« Ne dites pas à Eugénie que je vous ai adressé un manifeste, elle me rase avec son Pie IX.

« NAPOLÉON. »

Dès les premiers jours d'octobre, quelques inquiétudes et quelques défiances se traduisirent par des manifestations des républicains enfermés dans Paris.

Placés entre les Prussiens qui se resserraient chaque jour et les hommes de la Défense qui se relâchaient à vue d'œil, les Parisiens commençaient à se demander si le soin de leur honneur avait été placé dans des mains bien solides.

❄

Certaines précautions prises contre certains bataillons maigres de la garde nationale que l'on affectait d'armer avec des fusils sans chiens pendant que l'on réservait des chassepots pour d'autres bataillons gras, indisposèrent Flourens, — un jeune républicain ombrageux.

Et cette mauvaise humeur assez légitime donna lieu à des protestations assez vives qui n'annonçaient rien de bon.

Cependant Gambetta était parvenu à franchir, en ballon, les lignes prussiennes, et son arrivée à Tours donna de l'espoir à Paris.

On comptait beaucoup sur le jeune tribun pour soulever les provinces ; et l'espoir d'être bientôt secondés excita encore l'ardeur des Parisiens.

❄

Mais il était dit que le découragement et les obstacles viendraient toujours du dedans.

Le 8 octobre était arrivé. On sait que le 8 octobre est le jour de payement des petits loyers.

Tout le monde pensait, non sans quelque raison, que le premier soin du gouvernement de la Défense nationale serait de prendre des mesures pour que les 300,000 travailleurs sans ouvrage, qui défendaient Paris, ne fussent point à la merci des 15,000 propriétaires, qui avaient presque tous franc-filé avant l'investissement.

∗ ∗ ∗

Le pont aux ânes d'un gouvernement de salut public était, en effet, de décider que les défenseurs d'une ville assiégée devaient être protégés, d'abord et avant tout contre les difficultés matérielles de la vie.

Plusieurs projets très-sages avaient été soumis aux membres de la Défense pour conjurer la crise des loyers.

Un, entre autres, était une trouvaille.

Il consistait à payer tous les propriétaires avec des obligations nationales dont le montant devait être ensuite couvert par un emprunt.

De cette façon, personne ne perdait rien.

Et les contribuables de la France entière eussent participé, comme c'était justice, à cette charge qui devait être essentiellement une charge nationale, puisque Paris soutenait le choc pour l'honneur et dans l'intérêt de la nation tout entière.

∗ ∗ ∗

Mais les membres de la Défense nationale, en mettant le nez sur ces projets démocratiques, leur trouvaient nous ne savons quelle odeur de socialisme qui leur fit se boucher précipitamment le nez avec un profond dégoût.

Et les locataires furent abandonnés au bon ou au mauvais vouloir de leurs Vautours ordinaires, comme si la France était dans son état habituel de calme et de prospérité.

*
* *

Ce premier manquement aux principes révolutionnaires, les seuls qui fussent de mise en pareille circonstance, fut une première douche d'eau glacée sur l'enthousiasme de la population parisienne.

Elle comprit, dès ce moment, que ses destinées étaient livrées à des hommes sans initiative et sans tempérament, qui reculeraient toujours devant les mesures démocratiques.

De ces hommes qui s'imaginent que l'on sauve une nation en péril en se faisant un cas de conscience de ne toucher à rien, de laisser tout correctement en place et de ne pas déranger d'une demi-minute les heures habituelles de leurs trois repas.

Lorsque du fond de leurs retraites champêtres, où ils se farcissaient de volailles grasses à bas prix, les propriétaires francs-fileurs apprirent que les loyers de leurs maisons — défendues par leurs locataires — couraient toujours, ils s'épanouirent d'une douce joie.

On en cite un, possesseur d'une grande maison dans un faubourg, qui s'écria à table, après avoir fait quelques chiffres au crayon sur la nappe :

— Je gagne 330 francs à cette affaire-là!...

o o o

Le monstre venait de faire ce calcul effroyable que, sur ses 85 locataires parisiens, qu'il savait à la diète forcée par suite des circonstances, il réalisait un bénéfice de soixante-cinq pour cent sur ses frais de vidange.

Dans le courant du mois d'octobre eurent lieu les premiers essais de phare électrique destiné, disait-on, à inonder de lumière les sorties nocturnes que l'on projetait.

Mais les membres de la Défense ne pensaient à rien de pareil, c'était déjà facile à deviner, même sous leur phare.

* * *

Cette idée donna naissance à une nouvelle toquade qui prit le nom de signalomanie.

Aussitôt que les Parisiens apercevaient une lumière en mouvement derrière les rideaux d'une fenêtre d'un cinquième étage, ils s'attroupaient sur la chaussée en se montrant la croisée du doigt.

Et trois minutes ne s'étaient pas écoulées que tout le monde était tombé d'accord pour décider que c'était un signal donné de l'intérieur à l'armée assiégeante par un espion prussien.

* * *

De graves accidents faillirent avoir lieu par suite de cette exagération de défiance patriotique; car les passants ne manquaient jamais de monter dans la maison d'où partait cette lueur traîtresse et envahissaient l'appartement soupçonné dans l'intention bien arrêtée d'en pendre séance tenante les locataires aux porte-manteaux de l'antichambre.

Neuf fois sur dix le fameux signal lumineux provenait tout simplement de l'allée et venue d'une bougie aux intentions pures.

Et quand les zélés patriotes avaient enfoncé la porte, ils se trouvaient en présence d'un monsieur ou d'une dame en chemise, debout sur son lit et cherchant des punaises dans les plis de ses rideaux.

* * *

Ou bien le signal était vraiment un signal, mais auquel

la politique était complétement étrangère, comme on va le voir par l'histoire suivante.

* * *

Un gros et riche marchand de toiles du quartier des Jeûneurs faisant partie, en sa qualité de classe-dirigeant, d'un des bataillons gras de la garde nationale, avait trouvé le moyen de se faire nommer capitaine en second de sa compagnie.

M. Lardouillois, c'était son nom, était un de ces excellents bourgeois comme il y en a tant, vertueux avec leur femme laide, mais très-follichons au dehors.

Il était, en cette qualité, le protecteur finançant d'une certaine petite actrice d'un théâtre de mauvais genre, Mlle Lœlina, qui avait entrepris à forfait, et à raison de 3,000 francs par mois, l'extinction de ses ardeurs quinquagénaires.

* * *

Or, M. Lardouillois se trouvait de garde avec sa compagnie à la porte Courcelles dans la nuit du 21 ou 22 septembre, quand tout à coup son sergent-major vint le réveiller en lui disant qu'on venait d'apercevoir des signaux lumineux au cinquième étage d'une maison voisine.

Il n'y avait pas à en douter ; depuis un quart d'heure on avait vu s'échapper de cette fenêtre, par intervalles, des jets de lumière excessivement vive et qui étaient dirigés, tantôt vers un point, tantôt vers un autre.

∘[∘]∘

M. Lardouillois boucla en toute hâte son ceinturon, prit trente hommes résolus et se transporta vers l'endroit qui lui avait été indiqué, non sans caresser *in petto* la séduisante perspective du ruban rouge que le gouvernement ne saurait manquer de lui octroyer en récompense d'un tel service rendu à la patrie.

∘[∘]∘

M. Lardouillois et ses trente hommes résolus arrivèrent devant la maison qui leur avait été désignée, levèrent le nez et constatèrent, en effet, que, d'une fenêtre ouverte au cinquième, s'échappaient par intervalles des rayons éblouissants qui tâtaient l'espace et semblaient chercher le point sur lequel ils devaient se fixer.

∘[∘]∘

M. Lardouillois à la tête de ses trente hommes résolus entra chez le concierge et lui demanda d'un ton bref qui logeait au cinquième.

Le concierge répondit que c'était un jeune homme très-bien, M. Oscar Poilsoyeux, photographe.

M. Lardouillois et ses trente hommes résolus escaladèrent les cinq étages et, ayant trouvé la clef sur la porte, pénétrèrent comme trente et une bombes chez M. Poilsoyeux, qu'ils virent tranquillement occupé à diriger dans l'azur les rayons d'un puissant appareil à projections lumineuses.

✿ ✿ ✿

Cinq des trente hommes résolus de M. Lardouillois sautèrent sur M. Poilsoyeux, très-surpris, pendant que M. Lardouillois se précipitait sur l'appareil et en tirait une petite plaque de verre sur laquelle il lut :

« *Le 338ᵉ bataillon n'est-il pas de garde aujourd'hui à la* « *porte Courcelles?... Dans ce cas, on pourrait entrer cette* « *nuit?... Répondez vite!...* »

✿ ✿ ✿

— Plus de doute, messieurs, vous le voyez... dit le capitaine Lardouillois à ses trente hommes résolus, c'est bien un espion...

— Oui... oui... à mort l'espion!...

Et les trente hommes résolus, qui avaient bâillonné Oscar Poilsoyeux, se disposaient à en faire une pelote à baïonnettes, quand M. Lardouillois les arrêta d'un geste capable.

✿ ✿ ✿

— Pas de précipitation, leur dit-il ; nous avons là une

occasion superbe de rendre un immense service à notre pays, soyons malins!... Au moyen de cet appareil, je vais envoyer la dépêche qui était préparée sur cette plaque, et nous attendrons la réponse, qui ne peut manquer d'arriver immédiatement... De cette façon nous prendrons tous les traîtres !...

« Bravo!... Vive le capitaine!... » hurlèrent les trente hommes résolus de M. Lardouillois.

* * *

Ce qui fut dit fut fait : M. Lardouillois insinua la plaque dans l'appareil à projections et attendit.

Derrière cet appareil, un cadre tendu d'une grande bande de calicot blanc avait été disposé par Oscar Poilsoyeux pour recevoir la réponse à sa dépêche.

* * *

En effet, cinq minutes ne s'étaient pas écoulées que M. Lardouillois et ses trente hommes virent un jet de lumière venant de l'intérieur de Paris inonder le châssis garni de calicot, et purent lire très-distinctement sur la bande ces trois lignes écrites d'une petite écriture fine et mal formée :

« *Oscar, mon chienchien chéri!... Oui, tu peux venir cette
« nuit... Et viens vite, vite, vite... mon gros mufle de
« Lardouillois est de garde à la porte Courcelles.* »

« Ta Lœlina. »

La tête des trente hommes résolus de M. Lardouillois,
on peut encore à la rigueur se la figurer, mais celle de
M. Lardouillois, c'est absolument impossible.

Il fut pris d'une attaque d'apoplexie et l'on fut obligé de

le porter chez lui, où il garda le lit pendant toute la durée du siége.

Mlle Lœlina est devenue depuis une demi-mondaine très à la mode.

M. Lardouillois a été décoré pour son dévouement à la chose publique.

Quant à M. Oscar Poilsoyeux, il a fait une grosse fortune en appliquant à la publicité commerciale son appareil à projections.

CHAPITRE XLIII

LE TESTAMENT AUTHENTIQUE DE NAPOLÉON III

En inventoriant les papiers intimes de l'Empereur, on trouva le testament suivant, dans le boudoir de Marguerite Bellanger.

Nous avons cru devoir le reproduire *in extenso*.

* * *

« Moi Napoléon III, par la grâce de Dieu, mes préfets
« à poigne, mes soupières électorales et la brigade Pietri,
« EMPEREUR DES FRANÇAIS, ai fait, sain de corps et d'esprit,
« et sous la dictée de Marguerite Bellanger, le testament
« suivant :

« Au moment de déclarer au roi de Prusse une guerre
« qu'il m'est devenu impossible de ne pas faire si je veux
« empêcher les républicains de déposer leurs doctrines le
« long de mon trône, je veux, par le présent, assurer l'exis-
« tence de ma dynastie pour le cas où, en faisant semblant
« de servir Mars, je succomberais aux... désagréments
« d'avoir trop servi Vénus.

« Je lègue mon
« trône et ses ac-
« cessoires à mon
« fils Louis, qui
« prendra en y
« montant le nom
« de VÉLOCIPÈDE IV.

« Voulant donner à ma bien-aimée épouse Eugénie une
« preuve de ma confiance et de mon amour, je la fais
« régente de France jusqu'à la majorité de mon fils.

« Je ne mets à ce legs qu'une condition, c'est qu'à ses
« petits jeudis elle respectera ma mémoire et ne racontera
« pas à ses invités les mystères de mon édredon.

« Je considérerais n'avoir rien fait pour mon fils en lui
« léguant le pouvoir, si je ne lui laissais en même temps
« la manière de s'en servir.

« C'est pourquoi je lui adresse les instructions suivantes,

« que sa mère lui fera
« apprendre par cœur
« et réciter soir et ma-
« tin après son iodure
« de potassium.

« Mon cher Louis,
« Tu es bien jeune
« encore pour te sou-
« venir de ce qui s'est
« passé avant ta naissance. Qu'il te suffise de savoir
« que si en décembre 1851 ton père avait été à cheval sur
« les principes, tu ne le serais pas aujourd'hui sur ton
« vélocipède impérial.

« De naïfs casuistes me reprochent d'avoir troué à coups
« de mitraille, sur les boulevards, mon contrat de mariage
« avec la république de 1848.

« Ils prétendent que, sous le prétexte de sauver la
« France, j'ai assassiné les Français; ne t'occupe pas de
« ces racontars, mon cher Louis.

« D'ailleurs, si l'on continue à te jeter ces méfaits à la
« figure, réponds crânement que les fautes sont person-
« nelles, qu'un enfant n'est point responsable des crimes
« de son père et que tout ce qu'il peut faire c'est d'en pro-
« fiter.

« Jusqu'à ta majorité ne te tourmente pas trop du gou-

« vernement. Ta mère est là pour
« te conserver une couronne, à
« laquelle sont attachés ses appoin-
« tements et ses frais de toilette.
« Contente-toi de faire ce que
« l'on appelle une vie de Poli-
« chinelle. Suis les cours de Mlle
« Schneider sur l'art de gouverner les hommes ; change
« de chevaux, de femmes et de linge. Prie 2900 de te faire
« attribuer des mots
« spirituels par ses
« reporters, — en
« payant, bien en-
« tendu.

« Mais aussitôt que
« tu auras atteint ta
« majorité, mon cher
« Louis, oh ! alors,
« cher enfant, ton véritable rôle commencera, et c'est
« là que mes conseils te serviront.

« Ecoute-moi bien, c'est très-sérieux.

« Si tu veux conserver le pouvoir, n'écoute pas ce que
« te dira Potin, c'est un phraseur ; parce que, vois-tu, le
« pouvoir c'est tout le contraire des petits pois.

« Pour conserver les petits pois, il faut enfermer hermé-
« tiquement les petits pois ; tandis que pour conserver la

« royauté, il faut enfermer hermétiquement les répu-

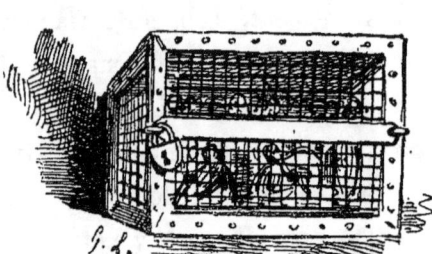

« blicains ; ne sors
« jamais de là, ou
« tu es fichu.

« Un excellent
« truc que je te re-
« commande, parce
« qu'il m'a été d'un
« grand secours, c'est le truc du *couronnement de l'édifice*.
« C'est très-simple :

« Tu prends de mauvais moellons, — je parle au figuré,
« — tout ce qu'il y a de plus inférieur en qualité. Plus c'est
« vermoulu, plus c'est pourri, mieux ça vaut.

« Tu rassembles tous tes sujets devant ton tas de plâtras,
« et tu leur dis avec aplomb :

« — Vous voyez bien ces matériaux... Eh bien, avec ça,
« je vais vous construire un édifice solide, qui s'appellera
« la Société, et sur ce monument, mes amis, je placerai,
« quand le moment sera venu, si vous êtes bien sages, cette
« colossale statue de bronze que vous voyez par terre, et
« qui pèse cinquante millions de quintaux. Elle s'appelle
« la Liberté. Ce sera le
« couronnement de l'édi-
« fice.

« Tes sujets se roulent
« de joie sur le macadam.
« Si quelques-uns d'en-

« tre eux se refusent à prendre part à cette allégresse, les
« casse-tête de tes sergents de ville les ont bien vite con-
« vaincus ; tu commences à gâcher, et petit à petit, sans te
« presser, tu élèves ton édifice de boue et de crachats.

« Tu utilises pour cette construction tout ce que tu trou-
« ves de plus sale, de plus vil, de plus abject : de vieux
« bâtons de maréchaux podagres, de vieilles loques de
« juges vendus, des manuscrits d'écrivains à gages, etc.

« Tu cimentes ces immondices avec de la fange, et pour
« dissimuler cette mosaïque écœurante, cette Babel d'ordu-
« res, tu la dores aux frais du budget sur toutes les faces,
« sur tous les angles.

« De temps à
« autre un cri
« s'élève :

« — Eh bien...
« et ce *couronne-*
« *ment!*... quand
« est-ce ?

« Tu fais enfermer l'auteur de cette interruption subver-
« sive à Sainte-Pélagie.

« Enfin, un beau jour, au bout de dix-huit ans, alors que
« les réclamations sont devenues pressantes et insuppor-
« tables, que tout le monde réclame le fameux couron-
« nement, tu assembles de nouveau ton peuple, et tu lui
« tiens ce langage :

« — Mon édifice est complétement dépourvu de solidité,

« les fondations sont pourries, les murs lézardés, les
« poutres craquent. Si je couronne cette bâtisse frauduleuse
« avec la Liberté que j'avais préparée à cet effet, et qui
« est d'un poids écrasant, tout s'effondre et vous êtes ense-
« velis sous les ruines. Répondez!... voulez-vous garder
« l'édifice sans couronnement, OUI ou NON.

« Tes ramollis de sujets se disent :

« Bah!... ça durera toujours bien autant que nous,
« restons comme nous sommes !

« Ils répondent OUI dans les soupières à double fond ;

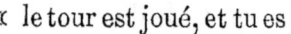

« le tour est joué, et tu es
« tranquille pour douze
« nouvelles années.

« Je ne saurais trop
« te recommander aussi,
« mon cher Louis, d'en-
« tretenir chez tes sujets
« la crainte salutaire des « *partageux* » et de l'*hydre révo-*
« *lutionnaire.* »

« Pour cela, aie constamment sous la main (du reste,
« Piétri t'expliquera ça) quelques centaines de chenapans
« qui, moyennant quarante sous par soirée, casseront des
« réverbères sur les boulevards en criant : *Vive la sociale!..*

« A un signal convenu, ces aimables voyous s'écartent
« et les agents de police se précipitent le casse-tête au
« poing sur la foule, assommant quelques braves gens,

« qui étaient en train d'acheter des polichinelles à treize

« sous pour leurs bébés
« ou à consulter les affi-
« ches de théâtres.

« Le lendemain, tu fais
« imprimer dans le *Pays*
« que tu as sauvé la
« France.

« Nota. — Il est indispensable que tu ne négliges
« jamais une seule occasion de sauver la France.

« Ah!... pendant que j'y pense!... place le plus possible
« en valeurs étrangères les petites économies que tu ne

« manqueras pas de
« faire en te privant sur
« la nourriture... de ton
« peuple

« Quand on a mis son
« argent dehors, c'est
« bien plus facile à em-
« porter...

« Un dernier conseil, mon cher enfant.

« Il pourra t'arriver ce qui arrive à beaucoup de mo-
« narques — (on leur fait tant de misères!). —

« A un moment donné, les républicains finiront certai-
« nement par t'embêter sérieusement, et comme ils réus-
« sissent toujours à trouver des désœuvrés pour écouter

« leurs sottises, tu devras faire une énergique diversion
« dans l'opinion publique.

« Moi, qui te parle, j'ai essayé de tout pour faire oublier
« à mes sujets qu'ils ne devaient pas se laisser tondre sans
« crier :

« Je les ai aidés à tripotailler à la Bourse.

« J'ai encouragé le théâtre obscène.

« J'ai subventionné des feuilles licencieuses.

« Tout cela certainement, mon cher Louis, est excellent
« pour corrompre un peuple et l'amener à un degré de
« malléabilité désirable.

« Mais ce qu'il y a de supérieur pour détourner com-
« plétement son attention, c'est une bonne petite guerre !

« Ce moyen a surtout
« pour avantage de jeter
« un voile protecteur sur
« certains coins du budget.

« Je m'explique, car tu
« es encore neuf dans le
« métier.

« Il t'arrivera comme à
« tout le monde d'avoir
« 800,000 hommes sous
« les armes... dont 600,000 dans leurs foyers, et de
« fourrer tous les ans dans ta poche l'argent que le pays
« te donnera pour l'entretien de ces 600,000 guerriers...
« de paille.

« D'un moment à l'autre, la mèche peut être éventée
« (les républicains sont si mal intentionnés!).

« Avec une bonne guerre, personne ne pense plus à
« demander de comptes; et pendant que la nation fait
« rimer : *guerriers* avec *lauriers* et *bataille* avec *mitraille*,
« tu régularises tes... erreurs d'addition.

« Au retour de
« la campagne, tu
« passes sous des
« arcs de triom-
« phe. Il n'y a rien
« de tel pour faire
« enrager Roche-
« fort et Flourens,
« ça les recule de
« onze ans chaque
« fois.

« Je termine, mon cher Louis, en te recommandant
« aussi un procédé libéral dont l'excellence m'a souvent
« été démontrée. Je le dois à Ollivier.

« On te turlupinera constamment pour te demander la
« liberté de la presse, de réunion, etc., etc.

« C'est une toquade en France.

« Ton intérêt à toi, cela va sans dire, est à tout prix de
« tuer la liberté. Seulement, il faut t'appliquer à le faire
« le plus adroitement possible.

« Ollivier avait pour cela trouvé un moyen très-ingé-
« nieux. Il tuait la chose par l'abus.

« Lorsque dans les journaux et dans les clubs on me
« disait de grossières injures ou des choses qui n'avaient
« pas le sens commun, il laissait faire.

« Si, au contraire, on discutait mon gouvernement avec
« des arguments serrés et irréfutables, il poursuivait,
« suspendait, condamnait, etc., etc.

« Tu vois d'ici comme il
« était malin ce singe-là.

« Ce que la liberté pour-
« rait produire de bon, il
« l'étouffait.

« Ce qu'elle produisait
« d'absurde, il le donnait
« à la foule comme un
« échantillon, et ça lui ser-
« vait d'épouvantail.

« Tu vois qu'au fond,
« ce n'est pas sorcier, seu-
« lement, il fallait y penser.

« Voilà, mon cher Louis, les instructions que je tenais
« à te donner. Etudie mon histoire, suis mon procédé et
« tu régneras heureux.

« **Condition expresse.** — Entoure-toi surtout de
« serviteurs incorruptibles, et pour cela les rois n'ont guère

« qu'un seul moyen, c'est de les prendre tout corrompus.

« Ton père qui te
« bénit. Tu ne peux
« pas voir comme je te
« bénis.

NAPOLÉON.

« **Legs particuliers**. — Je donne par le présent :
« à mon cousin le
« prince Napoléon,
« un cheval de ba-
« taille que j'ai fait
« dresser tout ex-
« près pour lui. Il
« répond au nom de *Sthirléfluth*, et quand il entend
« le moindre coup de feu, il part comme une flèche...
« du côté où il n'en entend plus.

« A mon cousin Pierre, une douzaine de torpilles de
« salon pour recevoir ses visiteurs.

« A la princesse Ma-
« thilde, un meuble de bou-
« doir en velours grenat
« et vert avec tourniquet-
« compteur en bois de rose
« dans les ressorts du ca-
napé.

« A Eugénie, ma bien-aimée épouse, le plaisir d'être
« débarrassée de moi.

« Quant à mes bons amis et familiers Machin, Chose
« etc., etc., je ne leur donne rien, persuadé qu'ils ne
« manqueront pas d'utiliser les premiers moments de
« désespoir que leur causera mon trépas, à fouiller dans
« tous mes tiroirs.

« Je remercie l'honorable
« M. Devienne, mon intelli-
« gent ministre des affaires
« étrangères à la politique,
« des services qu'il m'a ren-
« dus dans le temps où je
« n'en menais pas large avec
« Eugénie.

« Je lui conserve ses émo-
« luments de procureur vrai-
« ment impérial, le priant
« d'aider mon fils — comme il l'a fait pour moi — à
« marcher droit et ferme dans
« le sentier de la demi-vertu.

« Je désire que mes funé-
« railles se fassent avec une
« grande pompe, et que l'on
« dépose sur mon cercueil
« mes décorations, mon ser-

« ment de fidélité à la République et le morceau de jam-
« bonneau que je portais à Boulogne dans mon cha-
« peau.

« Eugénie suivra mon convoi à pied, voile baissé : si
« elle va jusqu'au cimetière sans rire en dessous, je lui
« donne une robe en velours groseille pour porter mon
« deuil.

« Mon corps reposera à Saint-Denis, à côté de mes
« prédécesseurs à qui je ne demande pas d'en être plus
« fiers pour ça.

« Sur ce, je prie Dieu qu'il vous ait tous en sa sainte
« garde, et supplie N. S. P. le Pape, à qui j'ai rendu
« quelques services, d'obtenir pour moi une place au ciel,
« si toutefois de basses intrigues n'ont pas fait donner la
« dernière qui était réservée aux gens de mon espèce à
« mon collègue Troppmann.

« **Codicille.** — Je lègue ce qui me reste de cosmé-

« tique à moustaches, plus 500,000 francs en obligations
« mexicaines à Touchatout, du *Tintamarre*, à charge par
« lui : 1° de reconnaître tous mes enfants naturels qui
« naîtront dans les cinq premières années qui suivront
« ma mort ; 2° d'acheter ma *Vie de César* et de la faire
« illustrer par son ami Hadol ; 3° d'écrire l'histoire de
« mon règne pour faire suite à sa célèbre *Histoire de*
« *France Tintamarresque.*

« NAPOLÉON III. »

* * *

Les débuts du siége virent naître aussi une catégorie de journaux épileptiques qui ne parlaient chaque matin que de brûler Paris, que de faire sauter Paris, que de noyer Paris, etc., etc.

* * *

Il y en eut un jour un qui commença ainsi sa divagation :

« *Ensevelissons-nous sous les décombres fumants, et que*
« *Guillaume, broyant sous sa botte nos os calcinés...* etc., etc. »

* * *

C'était absolument idiot, et le *Tintamarre*, qui avait à cette époque ajouté, pour la circonstance, quelques grains de plomb dans les lanières de son fouet, dut rappeler à l'ordre ces braillards insensés.

Il le fit en ces termes :

* * *

« Dieu que c'est bête !...

« Il n'y a rien du tout à « calciner », tremblards !...
« qui nous faites l'effet de hurler pour tromper la peur...
« Il y a à se défendre le mieux, le plus longtemps pos-
« sible, et c'est tout.

« Quant à se brûler, se noyer, se faire sauter, etc.,
« c'est l'affaire du moment. Ça se fait ou ça ne se fait
« pas... Ça dépend.

« Mais en tous cas, cela ne s'annonce pas quinze jours
« à l'avance comme un concert.

« Il est inconcevable que le public ne s'élève pas contre
« les effarements de ces journaux épileptiques qui
« semblent exagérer le danger et le rendre par avance
« terrifiant dans le but d'ôter tout courage à la population
« faible et de faire retenir les hommes par les femmes
« évanouies.

« Arrière donc, uhlans de la peur !...

« S'il faut sauter, on sautera ; mais taisez-vous et ne
« faites pas avorter les femmes enceintes. »

Vers le 10 octobre commença à s'organiser le service des dépêches privées par ballons montés.

Chaque aérostat emportait des milliers de lettres de Paris pour la province.

Et les envolés volontaires pouvaient ainsi régulièrement être rassurés sur le sort des bibelots qu'ils avaient laissés à Paris.

Cela leur faisait de douces digestions.

Quelques pigeons voyageurs réussissaient aussi à franchir les lignes ennemies et nous apportaient des nouvelles de la province qui se levait avec beaucoup de calme.

* * *

En même temps, le gouvernement de la Défense nationale faisait publier que Paris avait encore du pain pour jusqu'au 30 novembre.

La vérité est que le gouvernement de la Défense n'en savait rien du tout ; la preuve, c'est que, même après en avoir laissé manger aux chiens et aux chevaux, Paris en eut pour jusqu'au 15 janvier.

Mais il fallait bien avoir l'air d'avoir passé les nuits à dresser des récapitulations et des statistiques.

Le moins que l'on puisse faire lorsque l'on s'est chargé de sauver une nation, c'est de feindre d'être absorbé dans sa tâche et de bourdonner comme la mouche du coche en épatant le pays par des colonnes de chiffres alignées au hasard.

* * *

En tous cas, le gouvernement de la Défense eût-il été persuadé que Paris avait du pain pour deux mois qu'il n'en serait que plus coupable de n'avoir pas décrété le rationnement immédiat, afin d'en faire pour quatre.

Il était évident que si la France avait quelque chance d'être sauvée, ce n'était que par la résistance prolongée de Paris, donnant le temps aux armées de l'intérieur de se former.

Gagner deux mois, c'était peut-être gagner tout.

Le gouvernement de la Défense semble avoir mis constamment son honneur à les perdre. C'est son affaire.

Il règlera ce compte-là avec l'histoire comme il pourra.

∗ ∗

Les 13 et 14 octobre eurent lieu les combats de Montrouge, de Boulogne et de Bagneux.

Nous n'en entreprendrons pas le récit. Ils étaient organisés par Trochu. Cette marque de fabrique dispense de tout commentaire.

Partout on « se replia en bon ordre » faute de l'artillerie nécessaire, toujours commandée le surlendemain pour l'avant-veille.

***

A l'un de ces combats, M. de Dampierre fut tué.

Saluons sa mémoire comme il convient ; mais non sans hausser les épaules au tapage infernal que firent les journaux de *high-life* à l'occasion de ce trépas d'un blasonné.

Ces feuilles maladroites firent tout ce qu'il était possible pour faire croire et pour faire dire qu'un membre des classes nobles et dirigeantes mourant pour son pays était chose extraordinaire.

Ce jour-là moururent glorieusement aussi, à côté de M. Dampierre, — et sans un bout de réclame dans le *Figaro* — deux mille pauvres soldats qui n'avaient peut-être pas autant intérêt que lui à défendre la France.

***

Nous avons déjà parlé, — et nous aurons l'occasion de parler souvent encore des *envolés volontaires*.

Plusieurs d'entre eux avaient laissé leur maison à la garde de leurs domestiques, lesquels firent quelques difficultés pour laisser les mairies loger les gardes mobiles dans les appartements vacants, sons le prétexte que cela salirait les tapis.

On fut obligé de parler un peu sec à ces larbins trop zélés pour leur faire comprendre que, dans une ville assiégée, c'est bien le moins que ceux qui sont partis pour ne pas la défendre ne reprochent pas à ceux qui sont restés de faire un peu de poussière.

Ce petit conflit inspira même à un petit journaliste la boutade suivante :

« Si j'étais mobile, je demanderais d'abord un billet de logement pour une maison pleine de punaises.

« Je tâcherais de les ramasser toutes et j'irais à la mairie demander à être envoyé ensuite dans une maison du boulevard Malesherbes dont le propriétaire serait allé défendre les remparts de Paris à Trouville-sur-Mer.

« Là, je me secouerais de toutes mes forces le dernier jour avant de partir.

« Et j'irais mourir avec joie. »

Vers le 15 octobre, on fit courir des bruits de paix.

On parla même d'un traité que devait signer Napoléon III captif, au nom de la France.

Nul doute, d'ailleurs, que Guillaume, — si la chose eût été faisable, — se fût prêté à cette combinaison ; car Guillaume avait, en ce moment-là, une énorme toquade : c'était de se persuader que, depuis Sedan, il avait en sa possession un empereur, alors qu'il ne possédait en réalité qu'un membre dépareillé des Petits-Ménages.

Il voulait à toute force que l'on traitât son prisonnier en souverain régnant, et son raisonnement ne manquait pas d'une certaine roublardise. Il se disait :

— Si je puis faire accroire que c'est vraiment un empereur que j'ai comme prisonnier, ça vaut de l'argent,

tandis que si ce n'est qu'un simple vieux gâteux, ça ne vaut plus rien du tout.

∘ ∗ ∘

Guillaume se chatouillait donc de toutes ses forces pour arriver à se convaincre qu'il avait un empereur dans ses bagages et que le Quatre-Septembre n'avait pas diminué de dix sous la valeur de son prisonnier.

On ne peut pas empêcher un timbré qui possède un

montoir en fer-blanc du *Figaro* de le mettre dans un riche écrin et de répéter toute la journée :

« Voyez-vous, mon beau chronomètre en or... je ne le donnerais pas pour dix mille francs !... »

Il n'y a que la foi qui sauve.

o o o

Seulement, quand on a un remontoir en fer-blanc et qu'on le croit en or, si l'on veut conserver ses illusions, il ne faut pas s'aviser de le porter au mont-de-piété, parce que l'employé vous répondrait :

« Mais, vieille bête... ça n'a aucune valeur !... »

Et cette réponse vous crèverait le cœur.

o o o

De même, quand on a un vieux baveux pour prisonnier de guerre et que l'on tient absolument à se figurer que c'est un empereur de prix, il faut bien se garder de dire à l'ex-peuple de cet ex-souverain :

« Je vous rends votre monarque... Combien m'en donnez-vous ? »

Parce qu'alors ce peuple ne manquerait pas de vous répondre :

« Gardez vos saletés… nous ne reprenons les flacons à aucun prix. »

Ce qui vous mettrait la mort dans l'âme.

* * *

Guillaume n'eut pas cette sagesse, il persista à croire qu'il était en possession d'un empereur d'une valeur extravagante, jusqu'au jour où il fut forcé de reconnaître qu'il entretenait à raison de soixante mille francs par an un vieux bahut dont il ne tirerait jamais quinze sous.

Le 17 octobre, on apprit que Garibaldi était venu d'Italie tout exprès pour secouer fortement les provinces, et qu'il y réussissait même un peu.

Trochu, en recevant cette nouvelle, ne dissimula pas sa mauvaise humeur.

Le concours d'un soldat qui passait pour un des fondateurs des déjeuners du gras-double ne pouvait être que fatal à la France.

Vers le 20 octobre, on vit apparaître à Paris les premiers plastrons à l'usage de la garde nationale.

Cet enfantillage devint bientôt une véritable fureur.

On faisait des plastrons en toutes sortes de choses : en peau, en toile, en soie, en laine et même... en papier.

Tous, bien entendu, étaient donnés par leurs inventeurs comme à l'épreuve des balles les plus coniques et les plus explosibles.

Cependant les marchands qui offrirent de les essayer sur eux avant l'achat furent relativement assez rares.

* * *

Ces plastrons étaient naturellement destinés à être portés sur la poitrine.

Cependant, ceux qui les achetaient les mettaient, selon leur fantaisie, sur telle ou telle partie du corps qu'ils croyaient la plus menacée selon leur tempérament.

On vit un jour, dans une boutique de la rue Vivienne, un garde national qui venait d'acheter un de ces plastrons, en partant monter sa garde, ôter sa tunique et se poser le plastron en plein sur le dos.

Le marchand lui fit observer en souriant qu'il devrait s'en acheter un second pour le mettre sur l'estomac.

Mais son client lui répondit de l'air d'un homme qui sait ce qu'il fait :

— Oh! non... c'est inutile !...

Il faut bien croire que celui-là *aussi* avait « son plan ».

❊

Le 20 octobre, on constata que le charbon de bois allait faire complétement défaut.

Mais les Parisiens cherchèrent une consolation à ce malheur dans la pensée réconfortante qu'ils n'avaient plus rien à faire cuire.

❊

Ce fut aussi à cette époque que le papier vint à manquer.

Un citoyen zélé trouva le moyen de conjurer les effets de cette pénurie et adressa au gouvernement de la Défense le projet suivant, qui ne manquait pas d'une certaine ingéniosité :

❊

« Messieurs,

« Au moment où les journaux disparaissent faute de
« papier, j'ai trouvé un moyen très-simple pour que
« le public avide de nouvelles ne souffre pas de cette
« disette.

« Les citoyens qui voudront lire un journal se réuni-
« ront deux par deux et, après s'être dépouillés de leurs
« vêtements, s'en iront à l'imprimerie du journal qu'ils
« désirent lire.

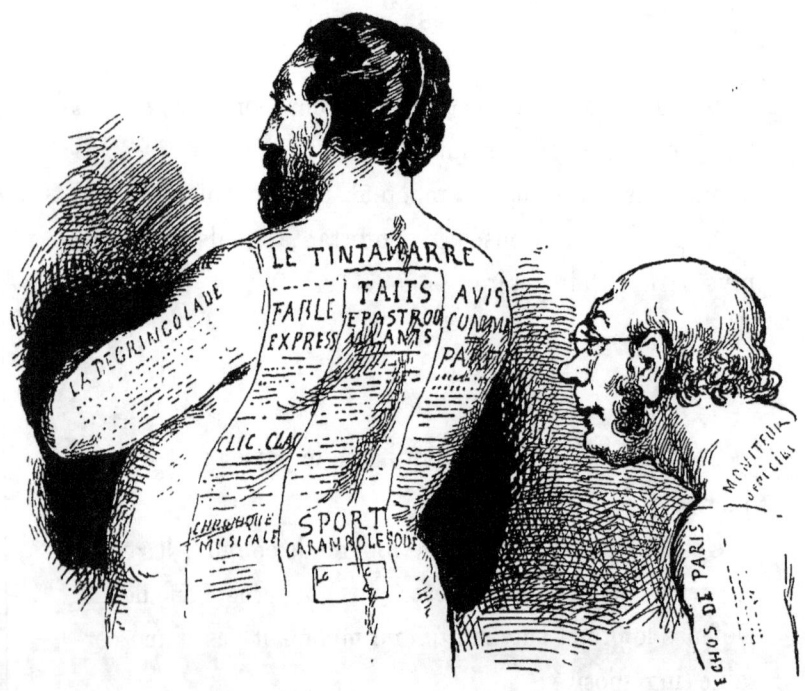

« On le leur imprimera sur la peau du dos, le recto à
« l'un, le verso à l'autre.

« Et cela pour un sou.

« Ils n'auront plus qu'à se le lire réciproquement à haute
« voix et à se laver à la potasse pour recommencer
« le lendemain.

« J'ai l'honneur d'être, Messieurs, etc., etc.

« Post-scriptum. — Le feuilleton du journal devant
« naturellement occuper dans le dos des lecteurs la partie
« que vous savez, il serait bon d'ordonner par un décret
« qu'il fût imprimé en caractères assez gros, afin que les
« lecteurs ne fussent pas obligés de mettre le nez dessus
« pour le lire. »

☙

Nous avons parlé en temps et lieu du *traquambulancier*, ce type qui restera comme une des meilleures notes comiques du siége de Paris.

A la fin d'octobre, le nombre des gens de toutes conditions qui se fichaient de leurs concitoyens et *la leur faisaient* à l'ambulance, était devenu considérable.

☙

Ce qui se vendait de casquettes et de brassards à croix rouge est incalculable.

C'est d'ailleurs là une des manifestations du cœur humain.

Dans n'importe quelle situation terrible, on est étonné

de la quantité de gens impétueux à qui la première idée qui pousse est de s'adjuger la tâche dangereuse de préparer les matelas.

S'il s'agit d'un incendie, ils sont les premiers sur le théâtre de la catastrophe; mais quànd les autres ne pensent encore qu'à se mettre aux pompes et à la chaîne, eux songent à aller chercher du phénol chez tous les pharmaciens du quartier pour panser les sauveteurs qui pourront attraper des brûlures.

Si une bataille éclate, leur zèle est le même; seulement, au moment où tout le monde saute sur un fusil, eux, avec une prévoyance et un sang-froid extraordinaires, sautent sur un irrigateur.

Bref, l'ambulançomanie ne tarda pas à prendre des proportions colossales.

Les *traquambulanciers* se couvraient littéralement le corps de croix de Genève pour se mettre à l'abri du feu de l'ennemi et des factions aux remparts.

Cette rage alla même jusqu'à une interprétation trèsfantaisiste des facultés protectrices reconnues jusque-là au drapeau des ambulances.

On cite un banquier de la rue de Londres qui fit mettre sur sa maison une immense croix de Genève.

Comme on lui demandait la raison de cette précaution, il répondit :

— C'est pour que l'on ne tire pas sur ma caisse.

Le 20 octobre, on apprit que le roi Guillaume, qui était arrivé à Versailles, avait couché dans le lit de Louis XIV pour faire une petite douceur aux puces du roi Soleil, à jeun depuis un siècle.

Ce fut aussi à cette époque que l'on rouvrit les théâtres, fermés depuis l'investissement.

Sectionnaire d'arrondissement préposé à l'alimentation.

Signe caractéristique du tempérament des Parisiens. Ils voulaient bien mourir; mais du moment où il fallait attendre quinze jours, ils ne pouvaient se résoudre à ne pas rire pendant ce temps-là.

* * *

L'inaction du général Trochu de Sainte-Geneviève excita même la verve de certains vaudevillistes.

Il y en eut un, entre autres, qui alla proposer aux directeurs du Palais-Royal une pièce en un acte intitulée : *le plan Trochu*, et qui se composait de cette scène unique :

Gil-Pérez, en lieutenant de la garde nationale, essayait d'expliquer ledit plan de la façon suivante à son brosseur Priston :

— Place-toi là!... Bien... Attention!... Tu vas comprendre tout de suite... fixe!... Garde à vô!...

Priston prenait un air très-attentif.

— Peloton!... criait Gil-Pérez... Portez... arrm!... Apprêtez... arrm!!... En joue... attendez province!...

Et le rideau tombait.

                o o o

Quant aux projets conçus par des cerveaux ardents pour exterminer les Prussiens, ils fourmillaient toujours.

L'un proposait l'emploi de bombes asphyxiantes;

L'autre voulait leur envoyer des obus bourrés de poudre sternutatoire qui devaient les faire se briser la tête les uns contre les autres dans des spasmes horribles.

Un troisième prétendait qu'il était parfaitement possible de les aveugler tous en leur envoyant, au moyen d'un immense miroir monté sur pivot au-dessus des tours Notre-Dame, des rayons de soleil dans l'œil.

                o o o

Un célèbre astronome, M. Dupuy de Lôme, conçut un projet plus hardi :

Il voulait que l'on construisît à la hâte dans Paris soixante-dix mille ballons qui, contenant chacun cinq hommes munis de projectiles, se fussent élevés tous ensemble dans les airs et eussent fait pleuvoir sur l'armée prussienne une grêle de bombes, de biscaïens et de grenades.

* * *

Ce projet gigantesque fut poussé assez à fond, et les magasins de nouveautés du *Coin de Rue* et Godchau avaient même proposé d'affermer ces ballons pour y publier leurs annonces.

Mais on dut y renoncer faute de gaz.

* * *

Vers le 25 octobre, les vivres étaient devenus tellement rares, par suite des accaparements commerciaux et particuliers tolérés par le gouvernement de la Défense, que l'on songea enfin au rationnement.

On délivra alors aux citoyens des cartes d'approvisionnement qui leur donnaient le droit d'acheter quelques grammes de viande de cheval tous les trois jours.

* * *

Ce fut ici que commença à se révéler dans toute sa puissance le génie culinaire de la grande cité.

On sala les chiens,

On traqua les rats,

On chassa les moineaux sur les toits,

On farcit des cloportes et des araignées,

On fit des pâtes alimentaires avec le mastic des carreaux,

On accommoda à la bordelaise les champignons des porte-manteaux.

Les pédicures vendirent jusqu'à trente francs de petits flacons de cinquante cors, que l'on faisait tremper pour les gonfler, et que l'on mangeait après les avoir introduits dans de vieilles coquilles, comme moules à la marinière.

✧ ✧

On transformait en escalopes de veau les visières de képis hors de service.

On mangeait des manchons sautés.

On improvisait sur les balcons et sur les marbres de commode des jardins sur lesquels on cultivait des salsifis.

❊ ❊ ❊

Plusieurs citoyens roublards et portés sur leur ventre simulèrent des hémorrhoïdes pour se faire ordonner par leur médecin deux douzaines de sangsues qu'ils dévoraient au gratin aussitôt que le docteur avait les talons tournés.

Les vieux collets d'habits étaient hors de prix pour les sauces brunes.

Et enfin, on cite des marchands de vin de barrière et des cantiniers qui firent de petites fortunes en vendant au poids de l'or leurs vieux jeux de cartes, sans lesquels il n'y avait plus de pot-au-feu possible dans l'enceinte des fortifications.

❊

Il va sans dire que, pendant que la population parisienne se régalait de barreaux de chaises en branches en guise d'asperges, tous les citoyens aisés qui avaient pu, sans aucun obstacle, faire de plantureuses provisions au début du siége, avaient leurs quatre repas abondamment pourvus de viande conservée, de légumes secs, etc.

On prendrait le gouvernement de la Défense nationale pour un autre, si l'on supposait qu'il eût songé un seul instant à mettre, dès l'investissement, la main sur les comestibles, et à décréter que, dans une ville assiégée comme sur un navire en détresse, les vivres ne sont à personne et sont à tout le monde dans la même proportion.

Mais un tel système eût pu créer un précédent socialiste, et à tout prix les membres de la Défense n'eussent voulu entendre parler de sauver Paris et la France à l'aide de telles infamies.

Il valait bien mieux que l'on rendît Paris faute de vivres, quitte à s'apercevoir, le lendemain de la capitulation, que, avec ce que les bourgeois ventrouillards et les épiciers rapaces avaient enfoui dans leurs caves et leurs placards, on eût pu tenir quinze jours de plus.

❊

Pendant tout le temps du siége, l'âpreté féroce des marchands de comestibles fut surtout remarquable.

En moins de six heures, le cours des boîtes de douze sardines montait de 18 francs.

Les restaurateurs vendaient jusqu'à l'odeur qui s'échappait de leurs cuisines.

Moyennant 5 francs par minute, ils vous permettaient de stationner sur le trottoir en face leur soupirail et de manger votre pain sec au fumet de leurs ragoûts.

On payait d'avance. La minute écoulée, ils fermaient impitoyablement et hermétiquement le vasistas.

On n'osait plus sortir le soir dans les rues avec des valeurs sur soi.

Les valeurs, c'étaient par exemple : un navet, des queues de poireau ou une odeur de friture restée, imprégnée dans ses vêtements.

○

Dans les bazars à cinq sous, les tabatières en écorce dites queues de rat continuaient à valoir cinq sous quand elles n'avaient plus leur queue de rat; mais si l'on en voulait une avec sa queue de rat, c'était 16 francs.

○

Les exigences des marchands de comestibles devinrent bientôt si énormes qu'elles mirent souvent les agents de l'autorité dans un cruel embarras.

L'épisode suivant en est une preuve.

○

Un matin, aux halles, une ménagère s'arrête devant l'éventaire d'une revendeuse.

— Combien cette queue d'oignon? demanda-t-elle.
— Dix-sept francs cinquante, ma petite chatte!...
— Dix-sept francs cinquante!... C'est une horreur, je l'emporte pour rien.

Et la cliente, sautant sur la queue d'oignon, se met en devoir de s'éclipser avec.

— Au voleur!... au voleur!... à la garde!... vocifère la marchande.

Un garde national arrive et s'informe de la cause du débat.

Quand il est au courant, il dit tranquillement à la marchande :

— Ma foi... vous comprenez... j'ai bien entendu crier : Au voleur !... mais je ne savais vraiment pas qui arrêter !...

◦ ◦ ◦

Enfin, pour donner une idée exacte de la consommation à cette époque, mentionnons ici qu'un savant mathématicien — ces gens-là ne perdent jamais leur sang-froid — calcula que la digestion moyenne des Parisiens s'effectuait avec une vitesse de 4 kilomètres à l'heure.

Quant au général Trochu de Sainte-Geneviève, une seule chose l'aidait à supporter nos privations, c'était la pensée que les Parisiens ne faisaient pas gras le vendredi.

◦ ◦ ◦

C'est le moment de parler aussi d'un des détails les plus caractéristiques du siége de Paris : *les queues aux boucheries.*

◦ ◦ ◦

Si les hommes ont le droit de maudire à jamais le général Trochu, qui, pendant six longs mois, leur refusa obstinément toute occasion de combattre et de verser leur sang pour la France, les femmes, au contraire, doivent avoir des trésors de reconnaissance pour M. Jules Ferry, l'administrateur habile, qui les mit largement à même de montrer tout le zèle et le dévouement dont elles étaient capables.

Grâce à un système intelligent de distributions de vivres, dans des locaux trois cents fois plus qu'insuffisants, l'on put voir chaque jour sur les trottoirs de longues files de pauvres femmes, à peine couvertes, piétinant sur place de six heures du matin à midi, — souvent le nourrisson pendu à la mamelle, — et s'en revenir quelquefois bredouilles, sans avoir pu rapporter au logis les centigrammes réglementaires de viande infecte auxquels elles avaient droit.

Les fluxions de poitrine s'abattirent abondamment sur ces héroïques créatures, qui n'eurent jamais un mot de plainte ou de découragement sur les lèvres.

Dans sa langue olympienne, Victor Hugo a dit un jour :

« L'homme sur qui s'appuie tout un peuple a besoin de s'appuyer sur une femme. »

Jamais si noble et si puissante parole ne fut ni plus vraie, ni mieux vérifiée que pendant le siége de Paris.

Epouses, mères, sœurs ou amantes n'eurent pas un moment de défaillance.

Et ceux qui les ont vues, la veille de Montretout, suivre, en leur portant leurs fusils et leurs sacs, frères, fils et fiancés dont étaient composés les bataillons de marche, savent que, s'il eût été donné au peuple parisien de s'ensevelir sous ses ruines plutôt que de se rendre, les femmes eussent été les premières à mourir auprès des hommes dont leur exemple et leurs baisers eussent fait autant de héros.

※

Jamais on ne vit tant de queues sur tous les points de Paris à la fois.

Il y en eut même une très-longue tous les jours en face le théâtre du Vaudeville.

Mais, pour que l'on ne nous traite pas de « blagueur », hâtons-nous d'ajouter que c'était pour la cantine municipale placée à côté de cet Odéon du centre.

※

Une boisson qui ne manqua pas pendant le siége, ce fut l'absinthe. On a même prétendu que les Prussiens en laissaient passer autant que l'on voulait.

Ils savaient qu'après le général Trochu ils ne pouvaient avoir dans Paris de meilleur auxiliaire que ce liquide vert.

Quant au vin, il y en avait également de grandes quantités.

Seulement, la spéculation aidant, le prix du vin ordinaire augmenta, les débitants donnant pour prétexte qu'il ne restait plus que des crus fins.

Inutile de dire que le gouvernement de la Défense ne s'opposa pas plus à ce trafic dégoûtant qu'il ne s'était opposé à l'accaparement des comestibles.

Pourtant, c'était le cas ou jamais de donner la réplique à cette grande dame qui avait dit un jour, croyant rire :

Si le peuple n'a pas de pain, qu'il mange de la brioche, en disant sérieusement :

— Si le peuple n'a plus de gros-bleu, qu'il boive le château-margaux!...

* * *

Disons un mot, en passant, de la façon tout à fait intelligente dont les états-majors faisaient instruire la garde nationale.

Des gardes de trente heures aux remparts.

Des factions imbéciles pour lesquelles on employait cinquante sentinelles sur un espace où quatre eussent suffi.

Des exercices interminables pour arriver à leur faire porter le petit doigt bien juste sur la couture du pantalon.

Toutes choses enfin qui peuvent constituer des *troupiers finis* quand on a devant soi trois années de caserne pour les instruire.

Mais toutes choses absolument inutiles, — ou tout au moins secondaires, — lorsqu'il s'agit de mettre en huit jours des hommes en mesure de tirer un coup de fusil, ne fût-il pas décomposé très-exactement en dix-huit mouvements bien corrects.

* * *

Quant au tir à la cible, — le pont aux ânes d'une défense improvisée, — pas l'ombre!...

L'auteur de cette histoire, — et il demande pardon à ses lecteurs d'introduire ici cette parenthèse, — atteste que le bataillon dont il a fait partie n'a été conduit, pendant toute la durée du siége qu'UNE SEULE FOIS au tir de Vincennes, et que chaque homme a tiré six balles, — pas une de plus, — dans un grand amas de terre devant lequel on l'avait placé.

Si encore ces six balles eussent été tirées individuellement et dans une cible, cela eût pu encore servir à quelque chose; mais elles le furent en feu de peloton, et toute la coquetterie du commandant consista à ce que les cent vingt coups de feu ne fissent qu'une seule détonation.

Quant à savoir où étaient allés se loger les projectiles, il paraissait s'en soucier comme le général de Failly de son artillerie.

* * *

Et, comme pour tous les bataillons cela se passait de même que pour celui duquel nous parlons, il en résulta que les trois cent mille gardes nationaux parisiens eurent, tout le temps du siége, dans les mains des fusils dont ils ne connurent jamais la portée, ce qui les exposait, — si le moment fût venu de s'en servir, — à envoyer des balles un peu partout, excepté sur l'ennemi.

* * *

Pourtant le simple bon sens devait indiquer aux états-majors en bottes vernies du gouvernement de la Défense que la cible devait, en une pareille circonstance, passer avant tout exercice militaire.

Il ne prendrait à personne, pendant un incendie, l'idée d'installer au pied d'un bâtiment en flammes une école pour apprendre aux citoyens qui sont accourus faire la chaîne à passer des seaux d'eau en mesure.

Dans ce cas-là, l'essentiel est de jeter le plus d'eau possible, sans s'occuper si les gauchers rompent l'harmonie du mouvement.

* * *

Le 25 octobre, une lueur immense vint tout à coup inonder de sa clarté Paris et ses environs et jeta l'alarme tant dans la capitale que dans l'armée prussienne.

A l'intérieur, on crut à nous ne savons quelle manœuvre des soldats de Guillaume.

Et ces derniers, de leur côté, s'imaginèrent que les assiégés avaient incendié Paris.

C'était tout simplement une aurore boréale.

Une fois rassurés, les deux camps convinrent que c'était là, de la part de la nature, une véritable farce de fumiste.

* * *

A ce moment s'accentua la pénurie des voitures de place, par suite de l'abus du pot-au-feu à la viande de cheval.

Il était excessivement difficile de trouver un fiacre.

De plus, lorsque l'on avait réussi à en avoir un, on était obligé de supplier le cocher de ne pas aller trop vite, afin de ne pas échauffer la viande de son cheval, que l'on se savait exposé à manger le lendemain.

On vit même certains bourgeois raffinés se faire pour règle de ne jamais prendre, en sortant du théâtre, une voiture *aux couleurs de leur quartier*, pour laisser reposer les chevaux qui devaient fatalement venir dans leur assiette, vingt-quatre heures après, à l'état d'entrecôte à la bordelaise.

Le 28 octobre, le gouvernement de la Défense, craignant un bombardement, fit voiler le dôme des Invalides, dont la dorure éclatante eût pu faciliter le tir des artilleurs prussiens.

Immédiatement — et comme il arrive toujours en pareille circonstance — l'exagération s'en mêla et beaucoup de citoyens se mirent à recouvrir impitoyablement avec de vieilles toiles tous les objets qui leur semblaient trop brillants.

Les uns voulaient noircir l'Arc de triomphe.

Les autres demandaient que l'on enveloppât l'Obélisque avec de vieux paillassons très-sales.

Il y en a même un qui proposa de barbouiller à la suie le crâne extrapoli du général Trochu.

∗ ∗ ∗

Le 31 octobre, la nouvelle de la reddition de Metz par Bazaine, qui avait été annoncée la veille par le journal le *Combat*, se confirma.

Bazaine avait rendu, sans combattre, 150,000 hommes, 800 canons et 50 drapeaux. En apprenant cette trahison, la population parisienne fut prise d'un accès de rage.

Quelques hommes hardis se mirent à la tête d'un mouvement communaliste, déjà depuis longtemps menaçant, et envahirent l'Hôtel de Ville.

∗ ∗ ∗

Cette tentative échoua. Nous ne nous hasarderons pas à la juger.

La facilité avec laquelle les coups d'Etat se font bénir à Notre-Dame quand ils ont réussi, fait hésiter à maudire les émeutes qui ont avorté.

Nous nous abstiendrons donc jusqu'à nouvel ordre — moins moral — d'examiner si l'essai de communisme du 31 octobre portait en lui un germe sauveur ou fatal.

Cependant, il est une chose que l'on peut constater dès à présent :

C'est que l'on ne sait pas ce qu'eût fait de mal la Commune pendant le siége.

Et que l'on sait parfaitement tout ce que le gouvernement de la Défense n'a pas fait de bien.

o°o

Celle-là eût-elle fait mieux que celui-ci?

Non, sans doute, s'il s'agit du mal que les membres de la Défense se sont donné.

Oui, peut-être, s'il s'agit du résultat qu'ils ont obtenu.

La Commune eût-elle placé plus de canons sur les remparts et en moins de temps ?

Eût-elle fabriqué plus vite des canons et des mitrailleuses?

Eût-elle fondu plus de boulets, remué plus de terre, préparé plus de torpilles ?

Nous n'en savons rien.

❊

Mais la Commune fût certainement entrée dans le mouvement révolutionnaire, comme le nageur résolu entre dans l'eau, tout d'un coup... la tête la première... sans la tâter du bout de l'orteil... sans se frictionner en tremblotant le creux de l'estomac... V'lan!...

❊

La Commune de 1870 n'eût pas laissé M. Jules Favre aller pleurnicher devant les valets de chambre de Guillaume.

Elle n'eût pas envoyé M. Thiers *finasser* auprès de tous les monarques de l'Europe.

Voilà pour l'extérieur.

❊

A l'intérieur, la Commune de 1870 eût confisqué les biens des fuyards pour acheter des chemises aux défenseurs de Paris.

Elle eût libéré l'ouvrier sans travail de son terme d'octobre — et des suivants au besoin.

Elle eût décrété que les veuves et les enfants des citoyens tués pour la patrie étaient adoptés par elle.

Elle eût cassé, révoqué, destitué, chassé tout fonctionnaire entaché de bonapartisme.

Elle eût éloigné les douteux, emprisonné les traîtres.

Elle eût nommé, jusqu'au dernier, les mouchards de l'ancien régime.

Elle eût mis les scellés sur tous les biens des serviteurs interlopes de l'ancien régime.

Elle eût décrété d'accusation Napoléon III et ses complices.

Etc., etc.

Et tout cela n'eût pas donné un canon de plus aux remparts, un chassepot de plus aux mobiles, un sac de farine de plus au grenier d'abondance, c'est possible.

Mais tout cela eût créé une force qui vaut à elle seule des millions de mitrailleuses : le souffle populaire.

Tout cela eût fait dire au peuple, et c'est le peuple qui sait mourir :

« Ce coup-ci, il paraît que c'est bien pour nous. »

Ce qui était bien autre chose que de lui laisser penser à force de mollesse et d'indécision :

« Allons... ce sont toujours les mêmes blagueurs! »

* * *

La tentative communaliste vaincue, le gouvernement de la Défense nationale fit ratifier ses pouvoirs par un plébiscite, tout comme l'Empire, et reprit tranquillement ses petites opérations de sauvetage à la papa.

* * *

On créa des compagnies de marche en prenant dans la garde nationale sédentaire les célibataires au-dessous d'un certain âge.

Il faut bien le dire, cette mesure fut le signal d'une certaine recrudescence de mariages.

Pas mal de citoyens aimèrent mieux entrer en ménage qu'en campagne ; et sainte Catherine, habituée à être coiffée très-abondamment, faillit attraper un rhume de cerveau par suite de la rareté des bonnets qui lui étaient offerts.

* * *

Il y eut même des jeunes gens très-bien qui, redoutant que l'on en arrivât à incorporer aussi les hommes mariés sans enfants, allèrent supplier M. de Foy de leur chercher sur ses catalogues des jeunes filles assez dévouées pour leur donner un rejeton dans les deux premiers mois de leur mariage.

Les veuves avec cinq enfants firent un instant prime.

* * *

Pendant ce temps, Guillaume fut frappé par un coup terrible auquel il ne s'attendait pas.

Les francs-maçons de Paris se réunirent, le jugèrent et le condamnèrent à nous ne savons au juste quoi.

Il fallait une circonstance comme celle-là pour que beaucoup de gens apprissent que Guillaume avait été admis dans la franc-maçonnerie.

Nous pensons même que cette découverte inopinée dut détourner plusieurs citoyens de solliciter leur admission dans cette honorable société.

Sans creuser à fond la question, il nous semble pourtant à première vue que le moins que pourrait faire la franc-maçonnerie, qui repose sur tout ce qu'il y a de plus pur et de plus élevé en fait de principes, serait de blackbouler impitoyablement les candidats dont la profession consiste à violer toutes les règles du droit, de la justice et de l'humanité.

❊

Et il doit être fort peu régalant, au moment où l'on se dispose à demander, comme un honneur, son entrée dans un cercle que l'on croit des mieux composés, d'apprendre tout à coup que l'on est exposé à y coudoyer des empereurs.

* * *

Le mois de novembre ne fut marqué par rien de bien extraordinaire, si ce n'est que les vivres devinrent de plus en plus rares, et les proclamations décourageantes du général Trochu de plus en plus abondantes.

* * *

Vers le 15, la préfecture de police publia une note recommandant aux citoyens de ne pas transformer en biftecks les chiens de berger qu'ils rencontraient errant sur la voie publique, parce que l'on attendait plusieurs de ces intéressants animaux porteurs de dépêches de l'extérieur.

Naturellement tous les citoyens se firent un cas de conscience de serrer d'un cran la boucle de leur pantalon chaque fois qu'ils voyaient passer un chien qui semblait chercher sa route.

Nous pouvons le dire, à la louange des Parisiens, ils saluèrent stoïquement, à partir de cette époque, tous les chiens qu'ils rencontrèrent, sans que jamais une pensée impure de pot-au-feu ou de roquet à la mode vînt seulement ébranler leur patriotisme.

* * *

Rien que l'idée qu'il pouvait mettre en daube le salut de la France ou manger en grillades l'espoir de la patrie, donna à chaque citoyen la force de ne voir dans les barbets crottés que des messagers de joie sacrés et inviolables.

* * *

On raconte qu'un jour, un pauvre *trente sous* de Belleville, dont les enfants n'avaient pas mangé depuis deux jours, se trouva nez à nez, sur le boulevard extérieur, en revenant du rempart, avec un pauvre chien éreinté.

Tirer sa baïonnette et se précipiter sur la pauvre bête fut l'affaire d'une seconde.

Mais le sentiment du devoir prit à temps le dessus.

Et on le vit s'éloigner vivement du malheureux chien et lui disant :

« Toi... si j' te repige, quand t'auras porté tes lettres... »

* * *

Il faut bien dire aussi que quelques chiens, qui ne portaient rien du tout, exploitèrent cette situation avec une profonde canaillerie.

On en cite qui, pendant toute la durée du siége, farfouil-

LES TYPES DU SIÉGE.

Un garde sédentaire.

laient dans les tas d'ordures ou vaquaient à leurs amours aussi tranquillement que si leur viande n'eût pas été cotée à 200 francs le gramme.

Roublards en diable, aussitôt qu'ils voyaient un passant se lécher les lèvres en les regardant, ils prenaient un air très-affairé, très-éreinté, tiraient une langue énorme, se roulaient dans la boue pour faire croire qu'ils étaient venus en quinze heures du quartier général de l'armée de la Loire, et couraient en boitant dans la direction de l'Hôtel de Ville.

Aussitôt qu'on les avait perdus de vue, ils se remettaient à faire une noce épouvantable avec le premier faux-messager ou la première fausse-messagère qu'ils rencontraient sur le trottoir.

⁎ ⁎ ⁎

C'est ainsi que la démoralisation civique, dont les *traquambulanciers* avaient donné le fatal exemple, s'était propagée jusque dans les rangs d'une catégorie d'êtres jusqu'alors exempts de cette honteuse infirmité humaine qu'on appelle le lâche égoïsme.

Ce fut en ce moment qu'un génie méconnu, le citoyen Gagne, dont nous avons eu déjà l'occasion de parler à nos lecteurs, proposa, pour que Paris pût tenir plus longtemps, de manger les hommes au-dessus de soixante ans.

Proposition bizarre si l'on veut, mais qui semblera encore bien autrement extraordinaire quand nous aurons dit que le père Gagne avait, à cette époque, soixante-trois ou soixante-quatre ans.

○ ○ ○

Nous sommes, en effet, si peu accoutumés à voir les législateurs proposer des lois qui doivent les atteindre ; il est tellement rare d'entendre un député millionnaire demander l'impôt progressif, ou un haut fonctionnaire réclamer la suppression des gros traitements, que l'on reste ébahi au spectacle d'un vieillard proposant de sauver son pays en mangeant autre chose que les enfants de six mois.

Jamais Ernest Picard ni Jules Simon, dont l'embonpoint fut l'orgueil de ces tristes époques, n'eussent songé à prolonger la résistance de la capitale en décrétant que l'on ferait cuire d'abord les hommes gras.

Jamais le général Trochu n'eût demandé qu'on commençât par manger les hommes chauves.

Jamais Saint-Genest n'eût pensé à proposer de faire du bouillon gras avec les imbéciles...

Etc., etc...

Le citoyen Gagne, lui, donna l'exemple du vrai dévouement : de celui qui consiste à ne pas payer de la personne des autres.

Que sa mémoire soit bénie et respectée !

Victor Hugo, lui-même, donna la réplique à ce grand apôtre, par ce quatrain resté célèbre :

« *Je lègue à Paris — non ma cendre,*
« *Mais mon bifteck, morceau de roi.*
« *Femmes! si vous mangez de moi,*
« *Vous verrez comme j'étais tendre!*

*_**

Vers la fin de novembre, on commença à parler alternativement d'armistice et de bombardement.

Les portes de Paris furent fermées le soir à cinq heures. Une grande sortie était imminente.

En effet, le 29 novembre, le général Ducrot, après avoir lancé une proclamation superbe qui fit pleurer d'enthousiasme la population parisienne, entama son mouvement sur Choisy, Avron, etc.

❁ ❁ ❁

Hélas!... le général Ducrot avait juré de ne rentrer dans Paris que mort ou victorieux. Il y rentra vivant et vaincu, après avoir continué les traditions de tous les grands capitaines du second Empire, en emportant pour passer la Marne un pont trop court d'une vingtaine de mètres.

Ce pont, resté tristement légendaire, fut la continuation, et pour ainsi dire le couronnement, de cette immense série de bévues phénoménales que les notables guerriers impériaux avaient fait défiler sous les yeux larmoyants de la France depuis l'entrée en campagne.

❁ ❁ ❁

Ajoutons cependant à la décharge du général Ducrot que si son pont se trouva trop court, cela tint sans doute à ce qu'il avait trop aisément coupé dedans.

C'est là, — croyons-nous, — la seule excuse un peu propre qu'il pourra invoquer en rendant ses comptes à l'histoire.

* * *

Le 9 décembre, les troupes rentrèrent à Paris et un armistice fut conclu pour enterrer les morts.

De ce jour, le découragement commença à envahir la population.

Les nouvelles de province arrivaient désespérantes, les vivres étaient — ou semblaient — complétement épuisés.

Et pour comble d'amertume, M. de Moltke nous faisait parvenir la nouvelle de nos défaites extérieures par l'entremise du *Figaro*, auquel il expédiait des pigeons voyageurs intimes.

Quand des pigeons passent par ce chemin-là, ce ne sont plus des pigeons, ce sont des corbeaux!...

* * *

Vers le 15 décembre, le charbon de terre manqua, et naturellement le gaz et le coke.

Quant au bois à brûler, il n'en était plus question.

La saison aidant, ce moment devint le plus triste de tout le siége.

Le Parisien supporte aisément la faim. Il a la fringale gaie comme tout le reste.

Mais le froid lui est plus sensible.

Et l'obscurité le démonte.

∗ ∗ ∗

Rien ne lui paraissait plus navrant que ses boulevards presque obscurs et ses rues noires.

Il n'est pas prouvé qu'un Parisien n'ayant plus que deux onces d'huile n'en brûlerait pas une pour voir clair en mangeant l'autre.

∗ ∗ ∗

La rareté des aliments était arrivée à un tel point que quelques bourgeois accapareurs qui avaient mal équilibré leurs provisions, en étaient arrivés à offrir des échanges de comestibles par la voie du journal des *Petites Affiches*.

Chaque matin, on pouvait lire dans cette feuille des avis dans le goût suivant :

ON ECHANGERAIT volontiers un fond d'artichaut conservé contre deux trognons de chou en bon état. Écrire, bureau restant, à M. G. K.

∗ ∗ ∗

UNE PERSONNE qui n'avait emmagasiné que des haricots secs et qui en a attrapé trois indigestions, offre de troquer vingt-cinq de ces torpilles intestines contre une couenne de lard de cinq centimètres carrés, n'ayant pas été grattée à fond. M. F..., rue Tronchet, de 9 à 11 heures du matin.

*_**

A CÉDER contre un poids égal de friture, trois rangs de saucisson de Lyon, ayant servi à caler une commode depuis l'Exposition universelle de 1867. Ecrire *franco*, poste restante, aux initiales J. C.

*_**

Le 20 décembre, on apprit à Paris que Guillaume, jusque-là simplement roi de Prusse, venait de se faire proclamer empereur d'Allemagne.

Les Parisiens, quoique très-affamés, eurent encore la force de faire cette remarque que pour les Allemands — comme pour tout autre peuple — il n'y a pas beaucoup plus de différence à souffrir d'un roi ou d'un empereur, qu'il n'y en a pour un simple particulier à être malade d'un rhume de cerveau ou d'un coryza.

*_**

Vers Noël, la neige qui commença à tomber abondamment obligea le gouvernement de la Défense à suspendre les opérations militaires.

Ou, pour parler plus correctement, lui fournit un semblant d'excuse de ne point les commencer.

Quant à la famine, elle touchait à son paroxysme.

On mangeait les chats, d'abord pour eux-mêmes; mais surtout parce qu'ils détruisaient les souris.

*
* *

Toujours étonnants de belle humeur, les Parisiens ne renoncèrent point à faire le réveillon.

Ce fut épique!

Rien ne pourrait donner une idée de la variété des menus dévorés pendant cette nuit folle.

On mangea jusqu'aux bourrelets de fenêtres à la moutarde en guise de boudin.

Le 30 décembre, le bombardement commença sur la rive gauche, les obus prussiens arrivaient dans Paris jusqu'à la Seine.

C'est pendant cette période terrible que le Parisien fut vraiment merveilleux.

On l'avait vu rire et gouailler le ventre vide, et les pieds gelés; on pouvait se demander quelle contenance il ferait sous une pluie de fer et de feu.

On ne se le demanda pas longtemps.

Plus héroïque et plus blagueur que jamais, le Parisien courut après les obus de Guillaume pour en ramasser les morceaux.

Et les Gavroches des faubourgs se disputaient les bombes encore en l'air, comme si c'eussent été des hannetons.

o o o

Le grand bonheur du Parisien était de ramasser un obus tout entier et de le rapporter chez lui.

L'acteur Berthelier — qui n'avait pas quitté les avant-postes pendant toute la durée du siége — était acharné à la collection de ces projectiles.

Le 1er janvier, il fit quelques invitations à dîner. Elles étaient conçues en ces termes :

« M. Berthelier prie M*** de venir dîner demain
« chez lui, à six heures.

« Au dessert, on dévissera un obus tout frais du jour. »

o o o

Dans la rue, on se faisait des scies de ce genre :

— Une nouvelle... tu sais, la bibliothèque Sainte-Geneviève, qui était fermée depuis le commencement du siége ?...

— Oui... Eh bien ?...

— Eh bien !... elle vient d'être ouverte ce matin.

— Ah bah !...

— Oui... par deux obus...

Place Maubert, un obus siffle en l'air.

Tous les passants se jettent à plat ventre.

— Ni hommes, ni femmes !... s'écrie un Gavroche, tous ambassadeurs japonais.

Dans les forts, c'était autre chose.

Les artilleurs de service avaient trouvé le moyen de transformer le bombardement en un jeu de macarons fort divertissant.

Ils avaient imaginé de creuser sur les plates-formes une série de trous ronds d'un mètre de diamètre et d'autant de profondeur.

Puis ils avaient numéroté ces fosses.

* * *

Quand un obus prussien était lancé sur un fort, les soldats suivaient tranquillement des yeux la marche du projectile, et avant qu'il n'eût atteint le sol ils pariaient entre eux pour tel ou tel trou.

Un dernier fait qui donnera une idée de l'effet de terreur produit sur la population par le bombardement.

Rue d'Assas, dans une petite chambrette au sixième, un Viala de seize ans était en train de poser un poêle.

Debout sur un mauvais tabouret, un coude de tuyau

d'une main, un marteau de l'autre, il sondait le mur pour trouver le conduit de la cheminée.

※

Arrive un obus qui troue net la muraille au-dessus de sa tête.

— Merci, Bismark... Mince de prévenance !... s'écrie-t-il.

Et il enfonce son bout de tuyau dans le trou béant.

※

A peine le bombardement de Paris fut-il commencé que le commerce des obus prit une activité dévorante.

Chacun voulait posséder un morceau de ces projectiles, qu'il faisait immédiatement monter en presse-papier, en bougeoir et même en pendule.

Naturellement l'industrie et la contrefaçon ne tardèrent pas à s'en mêler.

Et nous ne répondrions pas qu'il soit difficile de trouver aujourd'hui sur certaines étagères des bibelots provenant de vieilles ferrailles de démolition de la rue aux Ours, étiquetés avec candeur :

MORCEAU D'UN OBUS PRUSSIEN
Tombé sur le 47 de la rue Notre-Dame-des-Champs
DÉCEMBRE 1870.

Le 1ᵉʳ janvier 1871 surprit Paris en plein bombardement et en pleine famine.

Ni l'un ni l'autre de ces fléaux n'altérèrent la solennité de ce jour de fête.

C'est surtout dans ces choses-là que le Parisien ne se laisse déranger par rien.

La nature des étrennes fut légèrement modifiée, voilà tout.

En guise de fondants, de marrons glacés et d'oranges, on s'offrit réciproquement, coquettement enveloppés dans du papier dentelle :

Une pomme de terre ayant coûté quarante francs.

Un petit pain (d'un sou en temps ordinaire), gros comme une noisette de beurre salé ;

Un œuf frais pondu dans un carton à chapeau par une poule tenace ;

La moitié d'un oignon ;

Une feuille de chou de Bruxelles ;
Etc., etc...

⁂

Tous ces présents étaient accueillis avec des transports de joie.

Pendant cette journée, les plus heureux furent encore les hommes, parce qu'ils avaient chance d'embrasser — en lui souhaitant la bonne année — une femme qui se mettait du coldcream sur la figure.

⁂

Nous connaissons un jeune gentlemen, très-répandu dans le monde élégant, qui affirme avoir déjeuné ainsi pendant les huit premiers jours de janvier en faisant des visites de nouvel an.

⁂

Le 9 janvier, il faillit avoir une affaire avec le mari d'une dame, sur les joues de qui il prenait son repas.

— De quel droit, s'écria l'époux ombrageux, embrassez-vous ma femme si longuement ?...

Heureusement le jeune homme ne manqua pas de présence d'esprit. Il répondit simplement et avec un accent d'honnêteté profonde et du ton d'un homme qui n'a pas mangé depuis trente-six heures :

— Je vous donne, monsieur, ma parole d'honneur de

gentilhomme, que je n'embrassais pas madame... je la léchais!...

Le mari, rassuré par cette explication fort plausible, ne poussa pas l'affaire et, pris lui-même à ce moment de violents tiraillements d'estomac, se contenta de dire d'un ton assez amer :

— Vous pourriez au moins me laisser un côté.

∗ ∗ ∗

Ce fut vers cette époque que l'on commença à parler de cette puérilité, nommée la ligue antiprussienne.

Chacun jurait ses grands dieux qu'à l'avenir, il n'aurait plus aucun rapport avec aucun Allemand.

Il fallait les chasser de partout : des bureaux, du commerce, des établis de tailleur, des échoppes de savetier ; ne les accepter ni comme domestiques, ni comme employés, ni comme ouvriers, ni comme décrotteurs.

L'anathème fut général.

∘ ∘ ∘

Le chef d'orchestre Pasdeloup, lui-même, promit au critique Francisque Sarcey de ne plus exécuter dans ses concerts aucune composition de Richard Wagner, sous le prétexte que celui-ci était Allemand.

Pasdeloup, d'ailleurs, n'a pas tenu parole ; et il a bien fait.

Car, au risque de nous faire conspuer, comme cela nous est arrivé chaque fois que nous avons tenté de réagir contre cette prussophobie inepte qui n'est en somme que du patriotisme à faux, nous dirons encore que ce genre de proscriptions est enfantin.

Il n'y a pas plus de raisons pour priver du *Rienzi* les

gens qui aiment cette note-là, qu'il n'y en aurait pour interdire la choucroute à ceux qui l'adorent.

Soyons dignes, c'est très-bien; mais ne soyons pas bébêtes.

Ce n'est pas Guillaume qui a fait le *Tanhauser*, ce n'est pas Richard Wagner qui a bombardé l'hospice de la Pitié.

Ces petites vengeances à côté ne sont pas sérieuses; la revanche n'est pas là.

* * *

D'ailleurs, maintenant que sept années ont passé sur cette velléité d'ostracisme bouché, il ne serait plus possible heureusement d'en retrouver la moindre trace.

Les Allemands qui veulent venir en France y sont accueillis comme ils doivent l'être et peuvent lutter partout avec nous, dans les emplois, dans les affaires et dans les arts, de capacité, d'intelligence et de talent.

* * *

Il serait à désirer que cet amalgame des nationalités s'accentuât et devînt général; car plus les peuples s'enchevêtreront dans le travail, plus il deviendra difficile de les désenchevêtrer pour le combat.

Les rois sont les seuls dont cette union ne fasse peut-être pas positivement le compte.

Mais il faut bien espérer que nous touchons à l'instant

où le contentement des monarques sera le cadet de nos soucis.

Du reste, même au plus fort de l'accès de chauvinisme étroit dont nous parlons, le rire en fit déjà justice.

C'est ainsi que l'on vit des cascadeurs du théâtre des Variétés : Léonce et Baron, échanger ce dialogue où la prussophobie aiguë du moment était traitée par son côté ridicule :

— Moi, disait Léonce, jamais je ne consentirai à emprunter de l'argent à la maison Lyon-*Allemand*.

— Moi, répliqua Baron, je ne louerai jamais un appartement avec des cheminées à la *prussienne*.

— Et moi, je n'accepterai jamais un canon *qu'rue* P........ igale!...

— Et moi, jamais je ne mangerai plus de pommes de terre *Fritz*.

Tout cela était bien idiot, n'est-ce pas?... Eh bien, pas plus que de se promettre de confondre à jamais dans un même sentiment de haine les Allemands qui viennent travailler honnêtement en France pour nourrir leurs enfants, et les souverains qui les y amènent de force chercher les milliards qui doivent aider à les tenir asservis.

※

Le 19 janvier eut lieu la célèbre sortie de Montretout que le gouvernement de la Défense nationale, poussé par l'opinion publique, avait été contraint d'ordonner.

Cette opération militaire devait naturellement avoir le sort réservé aux entreprises dont les chefs n'ont ni la foi eux-mêmes, ni la flamme qui peut la faire naître chez les autres.

※

Les Parisiens, surexcités au plus haut point par l'inexplicable longueur des entr'actes du grand drame qui devait décider du sort de la France, avaient vivement manifesté leur impatience.

Il s'agissait de les mener au combat, pour la forme, par simple manière d'acquit, afin de pouvoir leur dire le lendemain, après les avoir fait hacher bêtement :

— Vous voyez... il n'y a plus rien à espérer...

※

Quel autre sentiment, en effet, aurait pu dicter à un général une proclamation désolée et pleurarde comme celle que lança le général Trochu de Sainte-Geneviève la veille de Montretout.

Nous voyons encore l'expression de profonde tristesse qui se peignit sur le visage de tous les citoyens à la lecture de ce document qui devait, coûte que coûte, être une éclatante fanfare et qui n'était qu'une lugubre et funèbre litanie de la désespérance.

⁂

Il fallait vraiment que la garde nationale eût l'âme chevillée au ventre pour aller à un combat que cette proclamation larmoyante se complaisait à représenter à l'avance comme une tentative folle et une déroute assurée.

La journée de Montretout fut... ce qu'elle ne pouvait manquer d'être dans de telles conditions.

Passons...

D'ailleurs, il n'y avait déjà pas mal de temps que les agissements du gouvernement de la Défense ne faisaient plus illusion à beaucoup de monde.

A preuve, cette anecdote garantie authentique :

C'était la veille de Montretout. Dans la plaine de Nanterre, un vieux cultivateur labourait tristement son champ.

Un autre paysan passe.

— Eh bien, père Potard!... comment ça va-t-il *la* légume?...

— Heu... heu... comme ci, comme ça, père Langlois, mais encore mieux que la France, pas vrai?

— Bah!... faut pas désespérer... y a toujours le plan Trochu.

— L'plan Trochu!... laissez donc!... c'est comme le plant d'*asparges;* c'est bon qu'au bout de trois ans!

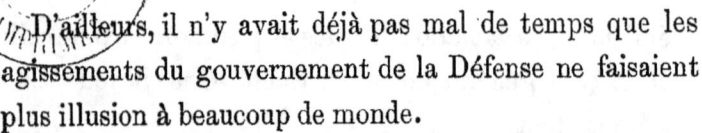

La France était trop malade pour que l'on ne vît pas, selon l'usage des corbeaux et des princes, tournoyer au-dessus de son corps étendu et presque inanimé, les descendants des familles royales qui avaient tour à tour régné sur elle.

En effet, presqu'en même temps que le journal l'*Union* insérait un manifeste ému dans lequel le comte de Chambord versait d'abondantes larmes sur le sort de « *sa bonne ville de Paris* » (*sic*), les princes d'Orléans accouraient offrir leurs services à la République.

Le prince de Joinville se montra, en cette circonstance, un des plus tenaces.

Après avoir été blackboulé par le général d'Aurelle, à qui il avait été demander une place dans l'armée de la Loire, fût-ce en qualité de « simple soldat » (en voilà une qui est usée!...), il revint à la charge vers le 10 janvier auprès du général Chanzy.

Ce dernier accepta l'épée du prince; mais se réserva d'en informer M Gambetta et de lui demander de confirmer sa décision.

Il faut le dire à la louange de M. Gambetta, — qui d'ailleurs a depuis largement racheté cet acte de fermeté et de logique républicaine, — pour toute réponse aux offres de service du prince de Joinville, il le fit arrêter au Mans et l'embarqua à Saint-Malo en le priant d'aller voir en Angleterre si les bords de la Loire étaient fleuris.

Nous n'avons pas, bien entendu, l'intention de mettre en doute le patriotisme des princes prétendants pleurant sur le bombardement de la cathédrale de Saint-Denis, et offrant de verser leur sang pour un pays qui leur avait versé tant de contributions.

Nous sommes même persuadé que ces princes magnanimes ne demandaient qu'à combattre pour la meilleure des républiques, c'est-à-dire celle qui préparerait le mieux la restauration de leur dynastie.

Mais ce n'en est pas moins avec une vive satisfaction

que nous constatons ce fait, malheureusement trop rare, d'un dictateur républicain assez soigneux de la tradition révolutionnaire pour ne pas confier la défense d'une république aux divers rejetons de monarchies, mortes sans doute, mais encore insuffisamment enterrées.

Nous l'avons déjà dit souvent, nous ne pouvons voir dans cette manie de représenter les princes prétendants comme de vrais démocrates prêts à se sacrifier pour la République, qu'une toquade absolument idiote et encore plus dangereuse.

Et nous nous entêterons jusqu'à notre dernier soupir à pratiquer cet excellent axiome de la *Cuisinière bourgeoise* politique :

« Pour faire un républicain, prenez un prince du sang
« bien gras, exilez-le pendant vingt-deux ans ; mais, au
« rebours des autres viandes, évitez de le faire revenir. »

Après la retraite de Montretout, il ne restait plus au gouvernement de la Défense nationale qu'à procéder à l'enveloppement de la pilule capitulative qu'il s'agissait de faire avaler aux Parisiens.

Le découragement, — ou pour parler plus exactement le manque de confiance dans les hommes chargés de la défense de Paris, — était à point.

La famine, arrivée à ses extrêmes limites, fit le reste et l'on put enfin lâcher le mot d'armistice, qui devait amener par une pente douce (douce!...) celui de reddition.

L'armistice permettait le ravitaillement de Paris. Le gouvernement en usa et en abusa pour mater la population.

Un instant, le bruit courut que M. Gambetta en province voulait résister quand même. Alors les journaux ventripotents, entre autres l'*Electeur libre* de M. Ernest Picard, affolèrent la population en annonçant qu'à la moindre velléité outrancière, venant même du dehors, M. de Bismarck ne laisserait plus entrer à Paris une seule charrette de légumes.

« Sois sage, tu auras du nanan », devint la consigne officielle.

Il était écrit que jusqu'à la fin de nos revers, nous devions avoir deux espèces de presse : celle qui s'obstinait à prendre les Parisiens par le cœur, et celle qui tenterait jusqu'au bout de les prendre par le ventre en disant chaque matin au peuple :

— N'écoute pas Gambetta avec ses décrets échevelés... Un peu plus Bismarck se fâchait et faisait couper net en deux le convoi de 238 bœufs qui se préparait à entrer dans Paris... Vois ce qu'il pourrait t'en coûter de prêter l'oreille aux discours des républicains... Sois sage, surtout!... et n'oublie pas que si c'est toi qui ouvres la bouche pour manger, c'est encore Guillaume qui tient la fourchette!... En un mot, si tu écoutes les hommes qui veulent te rendre l'honneur, tu n'auras pas de veau aux carottes.

L'armistice fut donc signé et les vivres commencèrent à arriver.

Alors il se produisit dans le commerce des comestibles de ces faits scandaleux qui vinrent condamner en dernier ressort les agissements ineptes des hommes de la Défense nationale.

A peine apprit-on que les comestibles allaient entrer à Paris, que de toutes les caves des marchands de mangeaille sortirent comme par enchantement des provisions de toutes sortes destinées à être vendues huit jours plus tard au poids du diamant si le siége se fût prolongé.

Dire le nez que firent les débitants de pois secs (récolte de 1843), étiquetés par eux trente sous la pièce, lorsqu'ils virent arriver aux halles des petits pois nouveaux du Midi, à quarante sous le litre!... c'est impossible.

Ce fut une véritable panique.

On cite un épicier du faubourg Montmartre qui faillit se brûler la cervelle dans sa boutique.

Quelqu'un lui arrêta le bras et lui demanda la cause de son désespoir.

Il répondit :
— Je suis ruiné... Je viens de faire ce matin une perte de trois cent cinquante mille francs...
— Pas possible!... comment cela?
— Dame!... c'est bien simple, le ravitaillement éclate juste au moment où les haricots secs allaient se vendre mille francs la paire... Je venais d'en retrouver hier soir dans ma commode un petit sac de cent soixante-quinze qui avaient servi à mon grand'père de marques pour le jeu de loto!... Comptez!...

LES TYPES DU SIÉGE.

Gardien de la paix.

CHAPITRE XLIV

LA CAPITULATION DE PARIS.

Le 21 janvier, le général Trochu déclara solennellement que le gouverneur de Paris ne capitulerait pas.

En effet, le lendemain il se démit de ses fonctions de général en chef et l'on mit à sa place le général Vinoy, qui... capitula.

⁂

Quoique la situation ne prêtât pas le moins du monde aux pensées folichonnes, il se trouva cependant beaucoup de gens pour remarquer que cette façon de faire endosser par un autre la honte suprême d'une reddition que l'on avait tout fait pour préparer pendant cinq mois à force de mollesse et d'incapacité, rappelait terriblement le procédé de ces roublards qui, après avoir séduit une jeune fille, la font épouser par un de leurs amis quand elle est enceinte de huit mois et trois semaines.

⁂

Les Prussiens posèrent leurs conditions. Ils demandaient l'Alsace, la Lorraine et cinq milliards d'indemnité.

Il fut convenu qu'une Assemblée nationale élue sur le pouce — mais sous l'état de siége — déciderait de l'acceptation ou du rejet de ces conditions.

o o o

En sus, la ville de Paris était imposée à part pour une contribution de guerre de cent millions.

Cette dernière circonstance donna même lieu à un fait assez curieux et qui prouve jusqu'à quel point peut aller le patriotisme.

Deux jours avant l'armistice, un citoyen de la rue Saint-Denis étrangla dans la nuit sa femme, sa belle-mère et son propriétaire.

o o o

Arrêté immédiatement et questionné sur le mobile qui avait pu le pousser à cet horrible crime, il répondit d'une voix chaude :

— J'avais entendu dire que l'ennemi allait imposer Paris à raison de cent cinquante francs par habitant... j'ai voulu économiser quatre cent cinquante francs à mon pays!...

❀

Aussitôt que les portes de Paris furent rouvertes commença la comédie homérique du retour des envolés volontaires.

Les membres de cette héroïque phalange furent prodigieux d'aplomb et de désinvolture.

Cœurs tendres, ils avaient quitté la capitale afin de ne point avoir la douleur de voir souffrir ceux qui y restaient.

Ventres dévoués, ils n'avaient pas voulu rester à côté de nous et s'exposer à voir diminuer notre ration de rats d'égouts et de haricots secs antédiluviens.

C'était d'un grand cœur !... et surtout d'un grand estomac !...

❀

Mais, aussitôt le danger passé, ils rentraient tous reprendre leurs petites occupations respectives : qui à son comptoir, qui à son théâtre, qui à son bureau, qui à ses rentes.

Nous nous retrouvions enfin : eux frais et gras, bondés et farcis des nombreuses poulardes sans débouchés de la province ; nous, encore tout courbaturés des remparts et desséchés par l'usage de la salade de copeaux à l'huile de quinquet.

Les premiers jours, nous les rencontrions sur le boulevard, et ils se précipitaient dans nos bras.

Nos os saillants faisaient des bleus dans leur chair fine et blanche, et nous nous écriions en les étreignant :

— Ah! mon cher, quel bonheur de vous revoir, il me semble que j'embrasse un édredon!...

* * *

Ils étaient tous jouflus et roses, faisaient plaisir à voir.

Nous, nous avions par-ci par-là une jambe de bois ou un nez d'argent.

Et le soir en rentrant chez eux, ils disaient à leur femme :

— Ah !... dis donc... à propos... j'ai rencontré Chose, tu sais bien... Le siége ne lui a pas profité. Est-il devenu laid, cet animal-là !...

*

Il leur arrivait aussi de nous demander à la première entrevue ce qu'était devenu Machin, qui était si gai en société.

Nous leur disions que... Machin avait eu la tête emportée aux avant-postes.

Et ils nous répondaient :

— Ah !... sapristi... c'est fâcheux... un garçon qui avait une certaine fortune.

*

Pendant quelque temps la légion des *envolés volontaires* fut l'orgueil de Paris.

Les défenseurs de la capitale étaient tous écornés, jaunis, fourbus, racornis par le bastion et les ragoûts d'essieux de voitures.

Eux seuls étaient beaux, eux seuls étaient grassouillets, eux seuls étaient luisants.

Sur le boulevard, au théâtre, partout... ils étaient les lions du jour, les femmes n'avaient de regards que pour eux.

Et sur leur passage on entendait ce bruissement flatteur :

— Oh!... ma chère!... regarde donc ce bel *envolé volontaire*!...

Un petit journal, qui naquit alors : *la Carmagnole*, eut même à ce sujet l'idée excellente de créer un jeton spécial à l'usage des francs-fileurs, et lança la chose en ces termes :

RÉPUBLIQUE FRANÇAISE.
ENVOLEMENTS VOLONTAIRES

Au nom de la République une et indivisible,

Considérant qu'un industriel intelligent fait annoncer dans tous les journaux un *jeton de présence* destiné à tous les citoyens qui sont restés à leur poste pendant le siége ;

Considérant qu'il est également juste d'offrir un souvenir à ceux qui sont partis ;

La *Carmagnole* décrète :

ARTICLE PREMIER

Un *jeton d'absence* est créé et sera délivré gratuitement à tous les Parisiens mâles qui seront allés voir en province ou à l'étranger si leur sergent-major ne leur avait pas envoyé un billet de garde pour le rempart.

ART. II

Ce jeton, frappé sur colle de pâte, portera d'un côté la mention suivante :

AU CITOYEN
(Nom et Prenoms)
ENVOLÉ VOLONTAIRE
La République
Reconnaissante
1870

De l'autre, au-dessus d'un vélocipède à trois roues, la devise suivante :

Mieux vaut courir que tenir.

Et en exergue, cette maxime généreuse :

DEVANT L'ENNEMI TOUS LES PARTIS S'EFFACENT

De nombreuses promotions suivaient ce décret énergique.

L'espace nous manque pour citer les noms de tous les citoyens qui furent bombardés du jeton d'absence des *envolés volontaires* créé par la *Carmagnole*.

Citons-en seulement quelques-uns au hasard :

Les citoyens Capoul, ténor ; Albéric Second, écrivain ; Abbatucci, ex-conseiller d'Etat (d'ordures) ; Jules Cohen, compositeur ; Faure, baryton ; Dalloz, du *Moniteur.*

* * *

Puis encore, les citoyens :

ROBERT FLEURY, peintre, auteur du fameux tableau des *Martyrs de la Pologne*, qui savaient si bien mourir... eux!...

ADRIEN MARX, reporter du *Figaro ;*

JÉROME, peintre, auteur du *Gladiateur défiant César* avant d'aller tomber dans l'arène ; — s'inspirant de son œuvre, il paraît qu'il aurait dit en partant :

— O Paris!... bien le bonjour! ceux qui vont se nourrir te saluent!...

* * *

Et enfin, car après tout ce n'est pas là une nomenclature assez ragoûtante pour la prolonger :

Les citoyens :

LABICHE, auteur dramatique, dont cette fugue ne fut pas le meilleur acte.

ROBERT YENNE, rédacteur du *Rappel*, où il avait rédigé avant la guerre des articles d'une crânerie remarquable ;

DAUBIGNY, paysagiste, dont le point de vue en cette circonstance ne sera peut-être pas le plus admiré.

Levassor (Pierre), fils du célèbre acteur qui a composé à ravir un rôle de soldat dans *Brelan de troupiers;* — il aura sans doute pensé que c'était assez pour la famille.

Dubuffe, peintre, auteur de l'*Enfant Prodigue*, tableau très-remarqué. — Enfant prodigue lui-même, le citoyen Dubuffe n'aura pas voulu revenir à Paris avant que nous n'ayons du veau gras à tuer pour fêter son retour.

Pendant l'armistice, les Allemands eurent pour les Parisiens qui franchissaient leurs lignes une exigence bien cruelle.

Ils voulaient que l'on s'adressât en prussien à leurs factionnaires pour demander des laisser-passer.

Nous forcer à parler allemand quand ils savaient que nous avions haché le reste de notre paille pour la mettre dans le pain!...

C'était barbare!...

＊

A propos de laisser-passer, une anecdote authentique qui peut-être pourra donner une idée assez exacte du renom favorable dont jouissait déjà à cette époque la feuille qui est devenue depuis l'office de publicité de ces dames :

Sur le boulevard :

— Je pars ce matin pour Chantilly, voir si ma propriété est encore debout.

— Avez-vous un laisser-passer pour circuler dans les lignes prussiennes?

— Ma foi, non.

— Vous en passerez pas alors..

— Ah bast!... tout de même... j'ai sur moi ma dernière bande du *Figaro*.

＊

L'ARMISTICE. — LES ÉLECTIONS

Les hostilités suspendues, la France fit — comme cela se pratique d'ordinaire — l'appel après le combat.

— Napoléon III dit mort — ou — vainqueur? cria-t-elle.

— Vivant!... répondit une voix.

— Ducrot dit mort — ou — victorieux?...

— Vivant!
— Bazaine?...
— Vivant!...
— Trochu?...
— Vivant!...

La France n'insista pas; elle se retourna d'un autre côté et se mit à penser à ses élections.

Pendant ce temps, les Prussiens campés autour de Paris continuaient à pratiquer la trêve des armes avec une conscience dont l'exemple suivant donnera une juste mesure :

A Sèvres, un soldat allemand étant entré boire chez un marchand de vin n'avait pas eu d'argent pour payer sa consommation.

Il voulut lui laisser son sabre en cautionnement; mais au lieu de le déposer sur le comptoir du marchand, il le lui déposa dans le ventre.

Dès les premiers jours de l'armistice, la réaction qui avait été un instant affolée par le 4 septembre recommença ses cris d'oie.

C'est ainsi que l'on vit un écrivain, M. Xavier Eyma, à qui les trente sous par jour de la garde nationale de Paris avaient, pendant cinq mois, donné des élancements Saint-Genestiques, crier aux ouvriers que s'ils avaient un peu de cœur ils renonceraient à leurs trente sous et retourneraient à leurs ateliers.

Le conseil était d'ailleurs excellent ; mais le journaliste ordremoralien n'oubliait qu'une chose, c'était de demander si les ouvriers trouveraient de l'ouvrage.

Pas de désordre ! — c'est bientôt dit quand on a son déjeuner dans l'estomac et son dîner dans le buffet.

Mais dans un moment où tous les travailleurs étaient affamés, perdus de termes arriérés, sans ouvrage et sans outils, le conseiller bien nourri qui leur criait : à l'atelier, fait trop songer à cet autre disant à un homme hurlant la faim :

— Allons, voyons... pas de bruit ! si vous n'avez rien à manger, déjeunez et que ça finisse !...

❊

De son côté, pour égayer un peu la situation, le rédacteur en chef du *Figaro*, à l'occasion du mardi-gras, lança un programme de gouvernement sauveur.

Le Barnum de Blanche d'Antigny, l'homme à la Villa-Soleil, l'inventeur des gourdins réunis, avait trouvé la combinaison suivante pour remettre la France sur pied sans douleur :

Programme (*sic*).

Le comte de Chambord, roi.
Le comte de Paris, héritier adoptif.
Le duc de Nemours, connétable.
Le duc d'Aumale, commandant de l'armée.
Le duc de Montpensier, grand-maître de l'artillerie.

* * *

Ce n'était pas trop mal comme cortége de carnaval, mais il manquait la fin :

Itinéraire :

Départ de Bordeaux — les Tuileries — le Louvre — les Quais — l'Hôtel des Postes — le nouvel Opéra — les Ministères — M. Fléchelle — les bureaux du *Figaro* — rentrée à l'abattoir.

Lorsque nos plénipotentiaires allèrent trouver M. de

Bismarck pour traiter, celui-ci, tirant un gros portefeuille gonflé, leur dit en le leur montrant :

— Un traité de paix!... j'en ai soixante-dix-sept là-dedans.

C'était exact.

Depuis trois mois, sans que Paris bloqué s'en doutât le moins du monde, la paix était mise à l'encan, requête Guillaume, — Bismarck, commissaire-priseur.

— Allons, messieurs les prétendants de tous les coins de l'Europe, disait ce dernier, approchez!... nous mettons

aux enchères le traité de paix et la couronne de France!... Voyez!... Mettez l'article en main, examinez!... Nous l'adjugerons au plus offrant!... Allons, messieurs, il y a marchand à trois milliards sans cession de territoire... Trois milliards cinq cents... Quatre milliards... Allons messieurs, c'est pour rien!... Chaud!... chaud!...

Et les amateurs ne tardaient pas à se présenter.

LE COMTE DE CHAMBORD

Je mets quatre milliards et demi, je restaure le pape, je démolis la colonne de la Bastille et je fais cadeau au roi de Prusse d'un abonnement à vie à la *Gazette de France!...*

LE PRINCE NAPOLÉON

Je donne cinq milliards, je désarme la France, jamais l'Europe n'entendra de ma part un coup de canon plus haut que l'autre...

LE COMTE DE PARIS

J'offre cinq milliards et demi et le parapluie de mon grand'père. Avec moi la France sera heureuse et l'Europe paisible. Je dis : *Papa, maman...* pas grand'chose avec.

LA MONTIJO

Je mets six milliards et j'y ajoute l'Alsace et mon mari. Je guiderai mon fils jusqu'à sa majorité dans le chemin de l'honneur et les sentiers mystérieux du budget de la

France. Quand il sera en âge de *travailler* tout seul, je me retirerai dans un cloître ; ou bien, épuisant ma garde-robe des cinq derniers jours de mon règne, je me ferai revendeuse à la toilette.

NAPOLÉON III

Je donne sept milliards... huit milliards... dix milliards... l'Alsace... la Lorraine... la Champagne et toute la circonscription d'Henri Rochefort... Je donne ma femme... Marguerite Bellanger... et un paquet de maryland...

A ce moment, les enchères deviennent frénétiques ; les concurrents se massacrent des yeux.

LE COMTE DE CHAMBORD

J'ajoute un milliard et je décore Villemessant.

LA MONTIJO

Deux milliards de plus !... la Franche-Comté, la Bretagne et quinze de mes chignons !...

LE PRINCE NAPOLÉON

Onze milliards et tous les pistolets de combat avec lesquels je devais me battre en duel avec Montpensier !...

LE COMTE DE PARIS

Quinze milliards !... la Touraine et la Normandie.

NAPOLÉON III

Vingt milliards!... et je cire tous les matins les bottes de Guillaume!...

* * *

Pendant trois mois, le délire de l'hôtel Drouot n'avait pas cessé. Bismarck, impassible, chauffait les enchères et acceptait toutes les offres.

Si elles faiblissaient un instant, il levait son marteau et disait :

— C'est bien vu... bien entendu... Personne ne dit mot!

Et la rage des amateurs redoublait.

* * *

Quand Bismarck eut en main toutes ces offres de traités, il se retourna vers MM. Thiers et Jules Favre.

— Voyons, et vous... vous ne mettez pas quelque chose?...

On sait le reste.

* * *

— Tenez!... ajouta-t-il, je vous donne la préférence, parce que tous ces gens-là ne me semblent pas trop sérieux. Vous, vous me faites l'effet de deux bons enfants qui ne remuerez pas le monde. J'étais bien décidé à ne pas traiter avec une République, et je crois que, mieux que personne, vous faites mon affaire. Voilà la paix... payez et emportez-la.

NAPOLÉON III, *furieux*.

Arrêtez!... j'ajoute cinq mill...

o o o

— Trop tard, répondit le commissaire-priseur en laissant retomber son marteau. Adjugé?...

M. Thiers s'avança vers le greffier pour solder le prix de son acquisition.

— Pour le compte de qui achetez-vous? demanda ce dernier.

— Mais pour le compte de la République.

— J'entends bien, reprit le greffier d'un air fin, mais laquelle?

M. Thiers se pencha à l'oreille du greffier et murmura quelques mots qui ne sont pas parvenus jusqu'à nous.

LE GREFFIER (*souriant avec malice et comptant son argent*).

— Ah!... à la bonne heure!... Je m'en doutais bien.

⁂

Lorsque Napoléon III apprit que la paix était conclue sans lui, il tomba dans un profond abattement.

Quelqu'un qui le vit à Wilhemlshohe nous envoya la relation suivante :

« Depuis sa captivité, Napoléon a beaucoup changé — « pas à son avantage, mais au nôtre. — Il mange peu, « digère mal et fond à vue d'œil. Quand il est seul, il

« s'enferme à double tour et se livre à ses amusements
« favoris.

« Il simule le Rhin sur le parquet en y faisant couler
« le contenu de sa carafe et le franchit à pieds joints une
« quinzaine de fois en riant aux éclats.

« Ensuite, il prépare des petites cages avec des épin-
« gles et des bouchons, et y enferme des mouches qu'il
« attrape à ses carreaux, après avoir posé sur chaque
« cage un petit écriteau : *Rochefort*, *Ténot*, *Flourens*,
« etc., etc., ce qui le fait rire encore deux bonnes heures.

« Après quoi, il se couche et s'endort en demandant
« régulièrement à son valet de chambre si les habitants
« de Belleville ne lui ont pas envoyé une adresse pour le
« supplier de remonter sur le trône. »

En dépit des négociations qui se poursuivaient relativement au traité de paix à soumettre à la nouvelle

Assemblée aussitôt qu'elle serait élue, quelques nuages
venaient obscurcir l'horizon.

MM. Thiers et Jules Favre avaient bien donné à M. de Bismarck l'assurance que la République française, dirigée par eux, était d'une pâleur de poitrinaire et ne donnerait jamais le moindre inquiétude à aucune des monarchies d'alentour.

Mais l'opinion publique, au courant de laquelle M. de Bismarck se tenait soigneusement, venait quelquefois démentir les assertions de ces messieurs.

o°o

Alors le grand chancelier entrait dans des fureurs bleues et menaçait de rompre toutes négociations si les

républicains de France avaient l'air de prendre leur République au sérieux.

M. de Bismarck voulait bien traiter avec une forme de

gouvernement bâtard et des hommes qu'il savait dans l'impuissance de relever la France.

Mais lorsqu'il craignait d'avoir affaire à une République *pour de vrai*, capable de refaire sérieusement en peu de temps le pays qu'il venait d'abattre, il devenait furibond.

※

Un matin qu'il avait reçu nous ne savons quelle nouvelle lui représentant les Parisiens comme résolus à tout pour ne pas se laisser de nouveau escamoter la République, il fit mander en toute hâte M. Jules Favre, et le dialogue suivant s'échangea entre eux :

M. DE BISMARCK, *furieux*

— Savez-vous, M. Jules Favre, que je suis fort mécontent.

JULES FAVRE, *d'un air modeste*

Son Excellence m'étonne, nous faisions tout notre possible pour lui être agréables... En ce moment encore on fond tous les bronzes et toutes les casseroles disponibles à Paris, afin de les remettre à Son Excellence sous forme de pièces de sept rayées.

M. DE BISMARCK

Assez !... Pas d'observations !... D'ailleurs, il ne s'agit

pas de cela... Un esprit funeste anime votre capitale... Savez-vous bien, monsieur, que je puis laisser vos Parisiens mourir de faim !...

JULES FAVRE

— Je le sais, Excellence.

M. DE BISMARCK

— Et ensuite que je puis les foudroyer tous en moins de dix heures !...

JULES FAVRE

— Oh ! Excellence... une fois qu'ils seraient morts d'inanition, ça leur serait peut-être égal.

M. DE BISMARCK

— Assez, monsieur, je n'aime pas ce genre de plaisanteries. Si j'ai dit une bêtise, je suis vainqueur.

JULES FAVRE

— Oui, Excellence.

M. DE BISMARCK

— Je me résume : Monsieur, j'entends que tout se passe en France avec le plus grand ordre, je ferai lancer sur Paris cinquante obus à pétrole par calembour que se permettra M. Rochefort sur notre compte.

JULES FAVRE

— Oui, Excellence.

M. DE BISMARCK

— Ensuite, au premier cri de vive la République qui sera poussé dans n'importe quel coin de la France, j'arrête le ravitaillement de Paris. Allez! j'ai dit.

JULES FAVRE, *sortant*

— Oui, Excellence.

M. DE BISMARCK, *rappelant Jules Favre dans l'escalier*

— Ici, Monsieur!..,

JULES FAVRE

— Qu'y a-t-il pour le service de Son Excellence?

M. DE BISMARCK

— C'était pour que vous fermiez votre porte.

* * *

M. Jules Favre remonta dans son coupé et revint à Paris.

Tout le long de la route de Sèvres il répétait :
— O misère!... O humiliation!... je pleure en dedans et je bois mes larmes!...

Et le vent soufflant par la fente de la portière lui répondait :

C'est le sort de ceux qui dédaignent les peuples d'être humiliés par les rois.

o o o

Ce qui n'empêcha pas M. Favre, une fois rentré dans son cabinet de dicter à son secrétaire la note suivante, destinée aux journaux :

« M. Jules Favre a eu aujourd'hui une longue entrevue
« avec le grand chancelier d'Allemagne, qui l'a beaucoup
« félicité sur l'attitude de la population parisienne pen-
« dant le siége.
« Discutant pied à pied le terrain avec une grande au-
« torité, Jules Favre a amené M. de Bismarck à d'impor-
« tantes améliorations dans les conditions de l'armistice. »

o o o

Ce qui n'empêcha pas non plus les Parisiens de s'écrier à la lecture de cette note :
— As-tu fini!...

o o o

Cependant on préparait les élections, qu'il s'agissait

d'enlever avant que la France n'eût le temps de se reconnaître.

M. de Bismarck insistait particulièrement pour qu'on les fît le plus vite possible.

Abonné de longue date au *Tintamarre*, il n'hésita même pas à avoir le petit mot pour rire en disant au gouvernement de la Défense :

— Dépêchez-vous... plus vos élections seront reculées, plus elles seront *avancées*.

* *
*

Il avait raison.

L'affolement des classes ventripotentes, dont le seul

souci était de recommencer à ventripoter, les avait déchaînés contre la République.

Et elles étaient prêtes à tout pourvu que se rouvre au plus tôt, pour eux, une nouvelle ère de ventripotaille.

* * *

N'osant pas cependant regarder la République en face et la combattre, les bourgeois prenaient un biais et se complaisaient dans ce raisonnement tartufe, qui est celui des conservateurs de toutes les époques :

— Certainement, disaient-ils, nous sommes républicains,

plus républicains que vous peut-être ; seulement, nous croyons qu'il nous faut un d'Orléans comme transition. Parce que, voyez-vous, la République n'est pas encore possible en France. Il n'y a pas assez de républicains. Pour faire des républicains, il nous faudrait une bonne République, et comme nous ne pouvons pas faire de République sans avoir de républicains...

Ça durerait comme ça pendant trois quarts d'heure.

* * *

Nous ne répondrions pas que cette prose ait beaucoup vieilli depuis sept années.

* * *

Bref, les élections s'annonçaient de telle sorte, grâce à la masse de gens de cette espèce, que les gens un peu clairvoyants n'eurent plus que très-peu d'illusions sur l'avenir que les hommes du 4 septembre avaient ménagé à la République.

* * *

Aussi chaque patriote récitait-il tous les soirs, avant de s'endormir, cette prière, qui peint l'état dans lequel se trouvait son âme :

« Sainte République, qui êtes dans nos cœurs, que votre
« nom soit sanctifié, que votre règne arrive!... Pardon-
« nez-nous nos plébiscites comme nous ne les pardonne-
« rons jamais à ceux qui nous ont *enfoncés*. Ne nous laissez
« pas succomber à la réaction et délivrez-nous d'*Aumale*,
« ainsi soit-il. »

CHAPITRE XLV

L'ARMISTICE. — LES ÉLECTIONS

Un dernier affront était réservé à Paris.

Le 1er mars, un corps d'armée prussien occupa les Champs-Elysées et le faubourg du Roule pendant six heures.

Cette humiliation n'avait aucune raison d'être, puisque l'armistice était conclu et que Paris n'avait cédé qu'à la famine.

Mais il paraît qu'il était nécessaire qu'elle nous fût infligée pour la bienvenue de ce roi de Prusse qui venait d'être tout fraîchement fait empereur d'Allemagne.

✧ ✧ ✧

Cette souillure fut d'ailleurs pratiquée par nos vainqueurs de la plus piteuse façon.

Il semblait qu'ils fussent plus honteux que nous du soufflet qu'ils appliquaient sur la joue d'un ennemi à terre.

✧ ✧ ✧

Quant à la population parisienne, elle fut en cette circonstance superbe de dédain et de fierté.

Convaincue depuis longtemps, par la conduite des hommes qui avaient dirigé la résistance à Paris, que le seul enjeu qui restait désormais à défendre était la République, elle ne prêta pas la moindre attention à la parade militaire allemande qui se jouait sur la place de la Concorde pour la grande joie d'un souverain étranger.

✧ ✧ ✧

Un de nos plus puissants caricaturistes représenta même cette journée dans un dessin vigoureux et profond, dont nous allons essayer de donner une idée.

※

Au premier plan, une colossale statue de la République.

Au pied de la statue des nains d'avocats, des gnomes de vieux diplomates à lunettes, des nuées d'intrigants, de fripons et de vilains personnages, frappant à coups de pioche le piédestal qu'ils ont déjà perforé, miné, ébranlé aux trois quarts.

Ils y vont de tout cœur, l'ouvrage avance ; ils attendent avec joie le premier craquement. Encore un peu de courage et l'immense statue va s'effondrer sous leurs efforts.

Au fond, l'armée prussienne défile triomphalement, tambours et fifres en tête, sur la place de la Concorde.

Au milieu un homme du peuple, un rude !... forte poigne, manche retroussée jusqu'au coude, chemise ouverte, cheveux hérissés.

Le corps penché en avant, il a l'attitude d'un homme qui guette. Son œil inquiet et menaçant fouille le piédestal où se cachent les démolisseurs. Il les devine, il les distingue.

De la main droite, il serre le chien d'un fusil dont la

crosse repose à terre. Et sa main gauche, étendue en arrière vers le défilé prussien, semble repousser ce tableau qu'il ne veut pas voir, ces fanfares qu'il ne veut pas entendre.

Et comme légende à ce dessin, l'homme du peuple disant :

— Ça ne me regarde pas... Je suis occupé !...

*

Ce croquis était, en effet, le vrai mot de la situation, et ce brave ouvrier exprimait bien le sentiment de tous les républicains, lorsqu'il se disait :

— Pour nous autres, l'ennemi n'est plus là. La ruine de la France est consommée, nous n'avons plus qu'à payer la carte de nos dix-huit années de honte et de lâcheté. Ces gens font leur métier de vainqueurs, nous avons le nôtre à faire aussi. N'oublions pas que pendant que les ennemis de la France se préparent à sortir par une porte, les ennemis de la République se disposent à entrer par l'autre. On nous dit : Pleurons nos malheurs !... Non... veillons sur nos espérances !...

*

Les élections furent ce qu'elles ne pouvaient manquer d'être dans de telles circonstances.

Sous le talon du vainqueur, sans préparation, sans réunions, affolée, ruinée, pantelante, la France nomma pour ainsi dire au hasard des hommes à qui elle donnait mission de signer la paix, rien de plus.

Après, on verrait ce que l'on aurait à faire. Telles étaient du moins les intentions du suffrage universel sommé, la baïonnette sur la gorge, de désigner des mandataires pour payer sa rançon.

※

La nouvelle Assemblée fut donc composée en grande majorité de conservateurs invétérés qui avaient toujours formé l'attirail *classe dirigeantelesque* obligé de toutes les monarchies passées et ne demandaient qu'à reprendre leurs fonctions sous n'importe quelle dynastie future.

o°o

Quand cette Chambre fut élue, une comédie curieuse se joua. Il s'agissait de trouver pour elle un lieu de réunion convenable.

Et par *convenable* les réactionnaires chargés d'installer les nouveaux députés entendaient naturellement, une ville sage et tranquille, située hors de portée des méchants.

o°o

Pendant quinze jours on fut à la recherche d'un siége social.

Fallait-il prendre Bordeaux?

LES TYPES DU SIÉGE.

Nos marins des forts.

Ou Poitiers?
Ou Fère-en-Tardenois?
Grave question.

*

Bordeaux paraissait incandescent; à Poitiers, la population se couche plus tôt ; on y serait peut-être plus tranquille.

Mais qui sait!... Si Gambetta allait y dépêcher quelqu'un!...

*

Non, décidément, Fère-en-Tardenois paraissait plus

sûr. En tapissant la salle du théâtre, l'Assemblée nationale y serait bien à son aise.

Le garde champêtre suffirait à la police de la porte ; on le disait très-brave homme et père de onze enfants.

Là, on pourrait délibérer sans craindre les cris de ces insensés qui ne voulaient pas que l'on signât le traité de paix en blanc, en laissant à M. de Bismarck le soin de le remplir.

⁂

On allait se décider, lorsque tout à coup un messager apporte la nouvelle que le perruquier-vétérinaire de Fère-en-Tardenois était un rouge, et qu'en rasant ses

clients, il leur récitait tout le temps les proclamations de Gambetta.

On craignit que cet énergumène ne parvînt à soulever la petite rue du Pichenet-qui-Gratte, déjà signalée par ses tendances subversives.

Et la chasse au siége social recommença de plus belle.

⁂

M. Thiers, surtout, mettait à la recherche d'un local sain, bien aéré et sans punaises, une activité énorme.

Il ne trouvait pas aisément, car il était très-difficile.

Suivons-le un peu.

⁂

Il sonne à la porte de Fontainebleau. Drelin! Drelin! (au portier) : — Vous n'avez pas quelque chose à louer dans la ville?

LE PORTIER

Pour quel métier?

M. THIERS

Pour réunir une assemblée nationale.

LE PORTIER

J'ai peut-être votre affaire : Une grande salle de huit cents mètres superficiels.

M. THIERS

Ça peut aller... Ah! dites-moi, les voisins sont-ils tranquilles?... Enfin, vous comprenez ce que je veux dire... Pensez-vous qu'avec trente-cinq mille hommes de troupes...

LE PORTIER

Heu... Heu... Je ne peux pas trop vous dire. Il y a quelques années, tout ce monde était bien calme... et puis, petit à petit... vous savez ce que c'est... Certainement on ne joue pas encore du cor de chasse dans les rues passé neuf heures du soir; mais il y a une cinquantaine d'individus qui reçoivent le *Rappel*... Je vous dis ça tout de suite, parce que je ne voudrais pas tromper mes locataires.

M. Thiers fait la grimace.

LE PORTIER

Ah!... et puis il faut que je vous dise aussi que le soir, trois fois par semaine, on tient un club sur la place du Marché... quelquefois, ça fait encore un peu de train.

M. THIERS, *se sauvant*

Merci. Je reviendrai un de ces jours.

LE PORTIER

Vous ne voulez pas voir le local?

M. THIERS

Oh! non... C'est inutile... je me rends compte.

Il continue sa route et arrive à Lagny.

(*A part.*) — Tiens, voilà un petit endroit qui n'a pas l'air méchant! (*Il frappe.*)

— Avez-vous quelque chose à louer?

o o o

Même jeu, mêmes questions. Au moment où M. Thiers croit avoir mis la main sur ce qu'il cherche, le portier de Lagny lui apprend qu'il y a dans le pays un ancien rédacteur de la *Marseillaise*.

M. Thiers se sauve comme un voleur.

Il s'arrête à Corbeil. Là, il y a une belle grange qui ferait bien l'affaire; mais l'un des adjoints a une réputation déplorable de libre-penseur.

A Meaux, autre local très-convenable : un salon de 400 couverts au *Lion d'or*, seulement le marchand de parapluies qui demeure sur la place du Marché a chez lui un buste de Barbès.

M. Thiers reprend sa route en se disant :
— Allons, décidément... je vais voir à Versailles.

Chemin faisant, il passe auprès d'une grande ville, entourée de fortifications énormes.

Tout à coup il s'entend appeler :

— Hé!... Pstt... pstt!... monsieur Thiers!... Est-ce que vous cherchez un local pour vos députés?... Venez donc... nous avons votre affaire très-bien!...

M. Thiers se retourne et aperçoit son interlocuteur, en costume de garde national, de faction sur un talus.

Il reconnaît qu'il passe devant Paris.

(*S'éloignant rapidement.*) — Ah!... non... par exemple!... Jamais de la vie!...

○ ○ ○

En fin de compte, on se décida pour Bordeaux et l'Assemblée nationale se réunit dans cette ville où elle fit... ce que nous verrons dans un prochain volume, car notre tâche s'arrête ici pour l'instant.

○ ○ ○

Nous avons entrepris d'écrire l'histoire de Napoléon III. C'est fait; puisque nous n'avons plus qu'à ajou-

ter que par une belle matinée de janvier 1873, la France

reçut la nouvelle que l'homme de Strasbourg, de Boulogne, de Sallandrouze et de Sedan venait de rendre à Dieu sa dernière cigarette.

○ ○

Dans la suite de cette histoire qui s'appellera : le *Septennat Tintamarresque*, nous reprendrons notre récit depuis les débuts de l'Assemblée de Bordeaux (1871) jusqu'à...

Ma foi, jusqu'au bout.

○ ○

Aussi bien, alors même que nous n'aurions pas été limité par notre cadre, il nous eût été difficile — quoique agréable — de pousser plus avant cette histoire.

Il y a surtout une diablesse de période, connue sous le nom de *Commune*, dont la narration a été jusqu'ici un écueil insurmontable pour tous les écrivains autres que ceux du *Figaro*, de **Paris-Journal** et du *Gaulois*.

Et là, le *Tintamarre* n'aura pas l'outrecuidante prétention de tenter l'épreuve.

※ ※

Ces feuilles honorables ont dit beaucoup de mal de la Commune. Elles ont peut-être eu raison.

Seulement nous croyons que leurs récits n'auront vraiment de valeur que le jour où d'autres pourront essayer d'en dire du bien.

※ ※

Lorsque nous écrirons, à notre tour, l'histoire de cette époque, nous pèserons avec honnêteté et nous jugerons selon notre conscience.

※ ※

Disons pourtant dès à présent que la Commune eut

quelquefois du bon, puisque les mariages qui eurent lieu pendant cette période furent déclarés nuls une fois l'insurrection vaincue.

Certes, il y a beaucoup de gouvernements, même réguliers, qui n'ont jamais laissé aux gendres faits sous leur règne l'espoir d'être un jour... amnistiés.

CONCLUSION

CONCLUSION

Car il en faut une.

Que fut, en somme, le héros dont nous avons retracé la vie?

Quel était son mérite?... Quelle fut son œuvre?... Et quelles conséquences eut son règne pour la France?...

C'est-à-dire, à quel degré avons-nous le droit de maudire sa mémoire?... Et jusqu'à quel point devons-nous haïr et redouter une nouvelle édition du margouillis napoléonien?

*
* *

A cette question : *jusqu'à quel point?* nous répondons hardiment : jusqu'au rond-point de Courbevoie!... Puisque c'est là qu'a été perchée la statue du premier des Bonaparte, et que sans le premier, nous n'aurions eu ni le second ni la perspective du troisième.

* * *

Napoléon III, que Paul de Cassagnac aime à se représenter comme un génie puissant et profond, ne fut jamais en réalité qu'un Rocambole gâteux dont tout le talent consistait à porter le même nom que le vainqueur d'Austerlitz, et dont toute la force était dans son absence complète de scrupules.

* * *

S'il eût eu, ne fût-ce que l'ombre d'un mérite, après avoir pris la France de force, comme un bandit, il eût tenu à honneur de lui faire de beaux enfants.

C'était bien le moins.

o°o

Au lieu de cela, que fait-il?

Il la terrasse, il la viole, il la souille, il s'étend dessus en bavant... et au bout de dix-huit années de ces attouchements lubriques mais impuissants, la France sort de ses mains sales, avilie, corrompue, flétrie, mourante, sans avoir produit ni un grand écrivain, ni un grand artiste, ni un grand savant, ni un grand poëte!... Pas même un médiocre soldat!...

o°o

Inventorions un peu cette navrante défroque, résidu de vingt années d'oripeaux, de clinquant et de prostitution.

o°o

Les Lettres? — Un seul mot dira à quel point était tombé le goût public et jusqu'où s'étaient vautrés les écrivains.

— Sire, dit un jour le directeur du *Figaro* à l'empereur, mon journal n'était possible que sous votre règne.

Ironique, cet aveu eût été terrible; sincère, il était navrant.

o °o

Les Beaux-Arts?...

Peinture : — enterrement du superbe projet de Chenavard qui avait rêvé et fait adopter, en 1848, un plan de décoration du Panthéon devant ramener la peinture à la tradition républicaine; c'est-à-dire : morale et philosophique.

o °o

L'Architecture? — Le Grand-Opéra, le chef-d'œuvre du genre paillettes — clinquant — et verroteries.

o °o

La Musique? — Offenbach!...

∗ ∗ ∗

L'Éloquence?

Rouher et Ollivier dedans.
Deschanel, Madier Montjau, Bancel dehors.

∗ ∗ ∗

Les Théatres?

Sardou joué dans huit salles chaque soir.
Victor Hugo interdit partout.

SCIENCES ? — Pendant que l'Allemagne fondait partout de splendides laboratoires, l'Empire logeait les siens dans des caves, sans appui, sans encouragements, sans subsides.

Un membre de l'Académie, pendant dix ans, dut nettoyer lui-même tous les ustensiles dont il se servait, le budget n'ayant pas laissé un coin où l'on pût loger 1,500 francs par an pour l'entretien d'un garçon de laboratoire, envahi qu'il était par les huit traitements du maréchal Vaillant (ensemble 240,000 francs).

Et de même partout.

⁂

Extinction systématique de **toutes forces** vives existant — obstacle à toutes celles **qui eussent pu naître** — mépris de tous les mérites — **patronage** de tous les vices — corruption de tous les **talents** — prostitution — lâcheté — décadence — gangrène — **abjection** — pourriture.

⁂

Tel fut le programme suivi **mot à mot et** jusqu'au bout du gouvernement de cet homme **dont nous avons** écrit la honteuse vie et qui mit en fin de **compte la** France où nous savons.

⁂

Puisse ce bobo dégoûtant que **notre cher** pays a attrapé à la lèvre en se laissant **embrasser par** un tel monstre, être le dernier de ce genre, car **il n'est pas** prouvé qu'une nation puisse en guérir deux fois.

⁂

Le bobo a crevé, — heureusement!... mais ce que nous avons vu sortir de dedans est bien fait, nous l'espérons, pour nous dégoûter à jamais d'attouchements qui produisent fatalement de tels maux d'aventure.

⁎ ⁎ ⁎

Le pus est sorti. Tout est bien!... La France est sauvée. Mais si ça lui était retombé sur la poitrine!...

TABLE DES MATIÈRES

Avant-propos 3

LIVRE DEUXIÈME

de 1866 à 1872

Chapitre Ier. — La Détente........................... 7
Chapitre II. — Session législative de 1867.............. 13
Chapitre III. — La neutralisation du Luxembourg....... 34
Chapitre IV. — L'exposition universelle de 1867........ 41
Chapitre V. — Paris et les Français en 1867............ 76
Chapitre VI. — Dénouement de l'aventure du Mexique (1867)... 88
Chapitre VII. — Les congrès............................ 107
Chapitre VIII. — Entrevue de Salzbourg (1867)......... 115
Chapitre IX. — Mentana 120
Chapitre X. — Points noirs (1867).................... 127

TABLE DES MATIÈRES

Chapitre XI. — Influence des Tuileries sur les mœurs (1867)... 145
Chapitre XII. — Un drame en famille................. 156
Chapitre XIII. — Débuts menaçants de l'année 1868..... 173
Chapitre XIV. — Corps législatif (1868).............. 183
Chapitre XV. — Un bout de saucisson................ 195
Chapitre XVI. — La *Lanterne*....................... 199
Chapitre XVII. — Voyage de l'Empereur et de l'Impératrice à Rouen (1868)................................ 223
Chapitre XVIII. — Deux nouveaux coups de griffes dans la vessie... 227
Chapitre XIX. — Fin de la session législative (1868)..... 211
Chapitre XX. — Manifestation Baudin (1868).......... 238
Chapitre XXI. — Le procès Baudin (1868)............. 243
Chapitre XXII. — Démonstration militaire du 3 décembre 1868.. 248
Chapitre XXIII. — Fin de l'année 1868................ 254
Chapitre XXIV. — Débuts de l'année 1869............. 267
Chapitre XXV. — Les candidatures officielles (1869)..... 275
Chapitre XXVI. — Nouvelles inquiétudes (1869)........ 290
Chapitre XXVII. — Manifestation du 26 octobre 1869.... 297
Chapitre XXVIII. — Précieuse diversion............... 305
Chapitre XXIX. — Fin de la session extraordinaire 1869. 315
Chapitre XXX. — L'Empire libéral (1869)............. 325
Chapitre XXXI. — Le guet-apens d'Auteuil (1870)...... 332
Chapitre XXXII. — Le procès de Pierre Bonaparte (1870). 338
Chapitre XXXIII. — Troubles du Creuzot (1870)........ 340
Chapitre XXXIV. — Le complot Beaury (1870)......... 345
Chapitre XXXV. — Le plébiscite (1870) 347
Chapitre XXXVI. — La question Hohenzollern.......... 359
Chapitre XXXVII. — Reprise de la session de 1870. Déclaration de guerre.................................. 366
Chapitre XXXVIII. — La guerre (1870)................ 380
Chapitre XXXIX. — Le quatre septembre (1870)...... 397

Chapitre XL. — Suites du quatre septembre	424
Chapitre XLI. — Le blocus. — La simili-défense	443
Chapitre XLII. — Siége de Paris	479
Chapitre XLIII. — Le testament authentique de Napoléon III	497
Chapitre XLIV. — La capitulation de Paris	595
Chapitre XLV. — L'armistice. — Les élections	627
Conclusion	647

PARIS. — TYPOGRAPHIE TOLMER ET ISIDOR JOSEPH
rue du Four Saint-Germain, 43.

www.ingramcontent.com/pod-product-compliance
Lightning Source LLC
Chambersburg PA
CBHW050319240426
43673CB00042B/1466